安徽省教育教学规划课题《初中课堂教学目标开...

马鞍山市"汤胜名校长...   ...主要研究成果

目标引领 活动达成

初中课堂精品课例展示

汤 胜◎主 编

安徽师范大学出版社

·芜湖·

图书在版编目（CIP）数据

目标引领　活动达成:初中课堂精品课例展示 / 汤胜主编.
— 芜湖:安徽师范大学出版社,2017.3（2025.1 重印）
ISBN 978-7-5676-1714-8

Ⅰ.①目… Ⅱ.①徐… Ⅲ.①课堂教学－教案（教育）－初中
Ⅳ.①G632.421

中国版本图书馆CIP数据核字(2016)第290242号

目标引领　活动达成

——初中课堂精品课例展示

汤胜　主编

责任编辑:舒贵波
装帧设计:张德宝
出版发行:安徽师范大学出版社
　　　　　芜湖市九华南路189号安徽师范大学花津校区

网　　址:http://www.ahnupress.com/
发 行 部:0553-3883578　5910327　5910310(传真)
印　　刷:阳谷毕升印务有限公司
版　　次:2017年3月第1版
印　　次:2025年1月第2次印刷
规　　格:700 mm×1000 mm　1/16
印　　张:20.5
字　　数:340千
书　　号:ISBN 978-7-5676-1714-8
定　　价:82.00元

如发现印装质量问题,影响阅读,请与发行部联系调换。

序

　　最近，收到了马鞍山市第八中学汤胜校长送来的《目标引领　活动达成——初中课堂精品课例展示》书稿，并嘱托我为该书写篇序言。这是马鞍山八中近几年从事目标教学研究总结整理出来的一部厚实的成果集。翻阅厚厚的书稿，阅读几十万字的教学课例，我表示由衷的敬佩。一方面，这本书是学校教师集体参与课堂教学研究的一个缩影，几十位老师，几十节课堂教学获奖课例，停留在纸面上的文字可数，背后的研究和付出无形。另一方面，书中所呈现的教学构想，即对"目标引领、活动达成"教学思路展开积极而有益的教学实践，对我们从事课堂一线教学的众多教师而言，具有一定的教学指导意义。

　　本书选取了精品课例20篇，每一篇精品课例都包括"教学设计""课堂实录"和"执教感言"三个版块。这些课例都是在目标教学研究的思想指导下构思完成，并在各级大赛中取得了优异的成绩。其中汤胜校长执教的《桥之美》，获得"2012年中国教育电视优秀教学课例评选"安徽省赛区一等奖，2013年首届全国基础教育数字资源应用评比一等奖；王国云老师执教的《香菱学诗》、毛婷老师执教的《观潮》获2013年安徽省初中语文优质课大赛一等奖；黄娟老师执教的《有理数的加法》获2010年"卡西欧杯"第七届全国初中青年数学教师优秀课观摩与评比活动一等奖；邓雪梅老师执教的《圆周角》获"2015年新媒体新技术教学应用研讨会暨第八届全国中小学互动课堂教学实践观摩活动"课例评比一等奖，等等，这些奖项几乎涵盖了所有学科。短短几年，一批教师成长，一批学科建设取得这些成绩，我们可以得出一些启示，那就是学校在办学中的指导思想和发展方向是正确的、稳定的，坚持了教师的专业发展第一，坚持了课堂教学优化第一的观念。国家督学、北京市十一学校校长李希贵认为，学校的力量，首先来自教师；当学校把教师放在第一位的时候，教师也会把学生放在第一位，因为教师的职业是塑造人，只有"用幸福才能塑造幸福，用美好才能塑造美好"。所以，教育管理者必须摆正心态，把教师放在第一位，要致力于促进教师的专业发展，提升教师的专业成就感，进而促进学生主体的发展。

　　一所学校要有一所学校的办学思想，学校的办学思想最终要落实在课堂教学效度的提升上；一所学校要有一所学校的办学精神，学校的办学精神最终孕育于日常孜孜不倦的教学研究中。从这个意义上来说，马鞍山八中做了很多很有益的探索和实践。近年来，八中的教育同仁持之以恒地立足课堂、聚焦课改、提升教学质量，不遗余力地为教师成长搭建平台，促进教师的专业发展。比如学校先后主办、承办和参与了全国第四期有效教学研讨会，安徽省推进素质教育经验交流会，魏书生教育思想大型报告会，第四期、第六期全国典型初中"同课异构"课堂教学研讨活动，安徽省初中语文优质课大赛等一系列活动，学校每年举办的教学研讨周长期邀请长三角区域教育名校共同参与。交流促提升，成果共分享。教师通过这种持续不断地互动研讨，激发热情，碰撞智慧，课堂的教学力才有强劲动力，教学的艺术性才有源头活水。

　　"目标引领、活动达成"是贯穿本书的一个主线，也是学校课堂教学探索的一个思路。按我的理解，"目标"是课堂教学的目的与方向，"活动"是目标学习及任务达成的过程与载体，二者相辅相成，共同实践和落实的过程即为"目标引领、活动达成"。我从事过多年的课堂教学实践和教学管理工作，我感受到的课堂教学目标方面存在的问题也还是比较实际的。目前课堂教学目标方面存在的诸多问题主要体现在：一是课堂教学目标的缺失问题。课堂教学中，很多教学目标存在纸面化现象，也就是教学目标只停留在教学设计中，在教学实践中缺乏有效的运用与落实。二是课堂教学目标的虚空现象。主要指课堂教学目标设定不具体，像语文等教学目标具有螺旋上升特点的学科，课堂教学目标设定没有层次性，教学目标不具有操作性，目标教学活动性不强。三是课堂教学目标的低效问题。主要指教师在目标教学过程中存在教学反馈意识与目标达成检测意识不强的问题。梳理并解决以上问题，使课堂在教学目标的引领下更加务实、高效的确是一项值得研究的课题。通过对目标的研究，引导教师加强对课堂教学活动的关注，有利于目标的落实与达成。活动是教学目标落实的载体，是师生对话交流的平台。高效的、艺术性的课堂教学活动更有利于提高学生的学习效度。在教学目标的开发与达成的实践研究过程中，增强教师活动意识和活动研究意识，最终提高课堂教学活动构建水平和活动开展水平,对于高效课堂建设意义重大。

　　八中的教学同仁立足于课题研究,着眼于课堂建设,不言艰辛,勤勉务实。这是一项教学业务,更是一种教育境界和教育精神。《目标引领 活动达成——初中课堂精品课例展示》,出自一校教师之手,内容水平层次不比大家名作,但此书的价值也正体现在此——所做的研究在一线教师中极具样本价值。其中案例不仅在探索初中课堂教学发展方向上给我们启示,还展现了众多教师成长过程和经历,这是一名教师如何从"平凡"走向"成熟",从"优秀"走向"成功"的关键。

　　是为序。

徐　良

2016年12月2日

前　言

一

　　2010年始,马鞍山八中教学研究团队即注重开展以"教学目标"和"学生活动"为内涵的课堂教学研究,经过近三年时间,初步取得一些研究成果:出版《语文高效课堂——基于目标·知识·活动的研究》;在校内部分学科课堂教学中初步形成"目标引领、活动达成"的教学思路,该研究成果获马鞍山市第七届教科研成果评比一等奖;教学课例多次获省级优质课大赛和中央电教馆课例评比一等奖。2014年,经过思考总结,学校研究团队又申报了安徽省教育科学规划课题《初中课堂教学目标开发与达成的实践研究》,研究至今,又将近三年。其间,又陆续涌现一批成果,如近20节教学课获省级以上一等奖,10多篇研究论文在国家级专业期刊发表……一项研究,立足课改,聚焦课堂,算来已近六年。六年时间不长,回首一瞬;但六年又不短,足迹留痕。本书遴选这几年学校教师的部分教学获奖或活动课例,以供参考。

二

　　当前,教学研究的价值与意义仍不容轻视。义务教育课程标准一般就课程目标分为总目标和阶段目标进行阐述,而总目标关注的是一个学科在人的培养方向上的总体目的和要求,阶段目标相对于总目标而言,虽然在知识与能力上更为具体、明确,但在具体课堂教学实践中,仍然不能完全独立作为课堂教学目标来使用。课堂教学目标的开发和设定必须结合课程目标、单元教学要求、学生的学情及教学评估指标来确定。课堂教学目标的这一特性决定了其必然需要教师在教学准备环节中进行目标开发。

　　另外,在目标教学研究深入推进当中,人们也逐渐认识到,"教师不可能提前完全确定教学目标应达到的潜在结果,而某些未曾预料到的活动有可能引出更有价值的结果。……'布卢姆在《教育评价》一书中提出教学目标编制有两种模型:一为任务模型,其编制程序是先描述教学单元结束时在行为结果上要达到的总体要求,……一为探索模型,其编制程序是先制定出某些预期要实现的目标,另一些目标则待在相互作用的教学情境中出现后再加以考虑,经过教学循环使教学目标逐步完善。'"[①]这些论述从另一个层面揭示了课堂教学目标其实还有教学生成性特征,这更印证了课堂教学目标开发与设定研究的必然性。

在具体的课堂教学过程中,教学目标方面表现出来的问题仍然是教学研究中较为常见的问题。如对于课程标准中三维目标的理解和落实仍无所适从,一些教师在课堂教学中不是将三维目标割裂,就是生搬硬套地将三维目标作机械罗列;一些教学目标仍停留在教学设计上,形成纸面化倾向,造成课堂教学目标不是没有,而是在教学中没有发挥作用;还有一些教学目标设定不尽合理、不具体清晰、不具有操作性,这些目标充其量只是一个方向,至于学生在学习中要走到哪里,走到什么程度,没有界定;另外,还有一部分教师在教学中对于目标没有达成意识,等等。概括来说,目前课堂教学目标在课堂学习层面存在三大问题,即教学目标没有深入到学习过程层面,教学目标没有深入到学习方法层面,教学目标没有深入到学习成效层面。这些问题仍然是课堂教学品质提升需要面对的首要问题,也是高效课堂建设必须解决的迫切问题。客观地说,目前课堂教学中教学目标存在的问题并不完全是简单的重视不重视问题,而是教师对于教学目标研究和实施的能力和水平问题。

目标教学重视教学目标的开发研究,但目标教学更应该重视教学实践层面的达成研究。这种从目标开发静态层面的研究向课堂教学实践动态层面的研究是目标教学研究的必然趋向,也是目标教学研究深化发展的必由之路,然而目前这种研究仍需要深入推进。总体来看,对于目标教学研究仍呈现出理论研究多、学习性研究多(如对于行为主义目标设置及格兰朗德目标内外性表述等)、目标优化设计研究多等"三多"现象,而对于目标实施过程研究、目标教

①李茂森,孙亚玲.论有效教学中教学目标的性质及其价值——读《课堂教学有效性标准研究》[J].内蒙古师范大学学报(教育科学版),2006,19(1):130.

学活动研究及目标达成度研究存在"三少"现象,这种"三多三少"现象让目标教学研究浮于表面,无法深入推进。

三

目标教学研究旨在引导教师树立正确的目标教学观念,解决当前课堂教学目标方面存在的问题或不足,引导教师加强对课堂目标教学活动的研究。活动是教学目标落实的载体,是师生对话交流的平台。高效的、艺术性的课堂教学活动更有利于促进教学目标的达成。在教学目标的开发与达成的实践研究过程中,增强教师活动意识和活动研究意识,最终提高课堂教学活动构建水平和活动开展水平。

目标教学理论研究和教学实践也有助于深入探求学生减负的途径与效度。学生减负最有效的途径是课堂教学的增效,目前诸多以高效课堂建设为核心的教育教学改革,都把优化课堂教学结构,提高课堂教学质量,把学生从繁重的作业负担中解放出来,当做改革的主要任务。目标教学研究目的之一是以课堂教学目标开发与达成研究为抓手,探求高效课堂建设途径与方法,从而为学生轻负高质学习提供支持与保障。

四

本书每篇课例按照"教学设计""课堂实录"及"执教感言"三个板块编写,力求最真实地还原课堂教学的实际,最大限度地突出课例的参考价值。

"教学设计"部分主要以表格形式来呈现,意在突出设计的目标性与活动性,以及目标引领与活动达成的教学构建性。读者据此可以直观地感受目标设置对课堂教学的引领作用,感受教学活动对目标达成的承载意义。"课堂实录"部分是从教学实践层面探究这种"目标引领、活动达成"的教学应用价值,从编写上依照教学设计的流程,基本再现课堂教学生态,为便于阅读,执教者将实录进行了分步处理。"执教感言"部分是执教者就自己完整的教学过程,包括教学设计和教学过程,展开教学反思,是对教学过程的再认识与再提高。

本书从去年开始组稿,历经一年多的时间,其间大量的时间用于文字的斟酌与内容的编校。这一年中,学校又有近十篇课例获中央电教馆教学课例评比一等奖,由于时间关系,未曾收录。另外,由于编者的水平有限,书中课例难免有语言或教学认识上的问题,敬请读者批评指正。

汤　胜

2016年9月19日

目　录

语　文

数　学

英　语

思想品德

历　史

目标引领　活动达成

目录

生 物

目标引领 活动达成

桥 之 美

课题:人教版八年级语文上册第三单元《桥之美》

背景:该课荣获"2012年中国教育电视优秀教学课例评选"安徽省赛区一等奖,并荣获2013年首届全国基础教育数字资源应用评比一等奖

执教者:汤胜

日期:2013年6月

【教学设计】

一、教材分析

　　《桥之美》是人教版八年级语文上册第三单元的一篇自读课文。本单元的五篇课文在一定程度上都属于有说明特征的文章,只不过有的偏重于平实的实体性事物的说明,有的注重文艺性事理的说明,如本文。如果不考虑单元教学因素,单纯从一篇文章的阅读上来说,本文似乎更符合文艺性小品文的特征,因此对于刚刚进入八年级的学生来说,理解起来就比较困难,课前与学生的交流中,学生也普遍反映文章内容不易理解。因此,指导学生读懂本文,进而掌握一些文艺性小品文的阅读方法,是本文教学的一大目标。

　　另外,本文的语言非常优美,恰如作者的画作一样。因此,在教学上,引导学生欣赏品味作品的语言,是教学的意义所在。当然,如何才能做到切实有效地品味,既感受了本文的语言魅力,又能做到掌握方法,学以致用,也是教学中需要思考的问题。

　　从目标设计方面来讲,"理解文章内容"和"品味文章语言"是课程标准中体现的教学目标,也是"知识与能力"目标在课堂教学上的体现与落实。但这两个目标是宏观目标,在具体的课堂教学中,还需要从"过程与方法"层面来设计出具体化、易操作、可达成的教学目标。因此,我针对本文并结合文艺性小

品文这一类文章的特点研究出具体的操作性目标,同时将"情感、态度与价值观"目标贯穿到课堂教学对话之中。

1.教学目标

(1)指导学生预习课文,自主学习文中词语,并逐步养成积累词语的习惯;

(2)能把握本文的写作内容。具体说出本文"桥之美"的欣赏角度;能结合文章段落,读出表达"桥之美"的关键性语句;将内容关联的语句联系起来,概括文章的写作内容;

(3)能在阅读中评析语言的情味。能找出本文具有情味的语句;能就找出的语句说出自己的阅读体会和感受,并能有感情地朗读这些语句。

2.教学重点、难点

理解本文写作内容既是重点,也是难点,评析本文语言的情味是教学难点。

二、学情分析

这篇文章,如果从文体特征上来说,学生阅读有一定的困难。首先,它虽然放在说明文单元,但不是规范的说明性文体,说明文知识的学习并不是本文学习的重点,因此,教学中需要涉及一些文体知识,是一个难点;其次,作为小品文学习,从内容到思想内涵的理解以及情感的把握,对于八年级学生而言有一定的困难。因此,在教学中正视难点,抓住内容理解这个突破口,引导学生找到一个适合本文内容理解的方法作为抓手,应是教学的首要问题。

三、教学方法

通过问题引导学生开展探究性学习,在对话中交流展示,并在教学中注重学生的思维训练。

教具准备:多媒体课件,呈现教学的主要思路、学法、内容等。

课时安排:1课时。

四、教学过程

(一)课前预习环节

目标引领	指导活动	学习活动
逐步培养学生在阅读中积累字词的习惯。	(1)教师布置学生课前自习课文,关注并积累文中词语; (2)通过阅读,初步了解课文内容。	自主学习词语,重点掌握字词的音、形、义;能在学习中自我培养学习词语的方法。

(二)课堂教学环节

目标引领	指导活动	学习活动
1. 导入环节 (1)通过预习情况反馈,引导学生注意预习方法,养成良好的预习习惯; (2)结合学情,呈现或告知教学目标。	(1)教师引导学生自主交流预习内容,如字词、语句或内容方面,并在交流的基础上,引导学生关注预习方法和预习习惯; (2)教师在课前与学生沟通中初步把握学生对本文的大致认知程度,并告知本堂课学习目标(课件呈现)。	(1)学生积极交流自己的预习成果,并学习别人好的预习方法; (2)学生明白本堂课的学习目标和任务。
2. 把握本文的写作内容 (1)引导学生养成关注文章标题的习惯和意识;	【教师引导】 我读文章有一个习惯,大家猜一猜?(同学思考)先读标题,标题是感知文章内容的一把钥匙,我们先来读一读标题《桥之美》是写"桥的美"的文章。	学生猜一猜老师的阅读习惯,并说一说标题的意思,在活动中提高阅读兴趣,并注意在文章阅读中关注标题。
(2)通过研读本文"桥之美"的欣赏角度,引导学生尝试抓关键句以提取文章有效信息的方法;	【问题引导】 你能从文中读出作者的身份吗? 【教师点评】 明确作者身份——画家;(课件呈现吴冠中介绍) 明确本文的写作角度——从画家的角度感受和欣赏桥之美。(板书:画家) 【教师小结】 从文中提取有效信息以解决问题是,中学生课堂阅读应具备的语文能力。	学生找文章有效信息:如"画家见的桥最多了","美术工作者大都喜欢桥"等,并交流。

目标引领	指导活动	学习活动
(3)通过找关键句,把握文段写作内容;	教师指导学生阅读文章的二、三两段,并作阅读指导: ①齐读文章第二、三段,并在朗读中思考写作内容; ②找出这两段中表达"桥之美"的关键性语句。 教师引导学生就所找出的语句,总结出"桥之美"在美术工作者眼中体现在"形式美"。(板书:形式美) 【教学小结】 学会从文章中找出关键性语句来把握课文内容,是一项重要的阅读能力。	学生朗读,并结合阅读指导开展阅读活动; 就阅读问题积极交流阅读心得和体会。
(4)运用找关键句法,把握课文内容。	教师引导学生在理解前文的基础上,找出后文体现桥梁"形式美"的语句,同时注意提醒——如果将本文看做是一篇说明文,那使用的主要说明方法是什么,以此引导学生更好地把握课文内容。 课件呈现文中几句表达"桥之美"的关键性句子: 其实更偏重于绘画的形式美——缘于桥在不同环境中的多种多样的形式作用(举例说明)——凡是起到构成及联系之关键作用的形象,其实也就具备了桥之美! 教师当堂小结教学目标。(课件呈现目标及教学内容)	学生根据指导梳理相关关键句,并当堂交流。

目标引领	指导活动	学习活动
3. 评析本文语言的情味 结合本文实际,教师总结一些品味语言的方法: 赏析语句中词语背后人物的情感。 从语词间的相互关联和映衬来品味。 注意品味语句所表现的主题。	教师作品味语言学习要求: ①教师让学生找一找、读一读文中优美的语句; ②教师指导学生领悟投影呈示的语言品味方法,朗读并赏析这些具有情味的语句; 教师指导朗读要在学生体味的基础上,点明这些句子重在揭示"不同环境",重在表现桥的"多种多样的形式作用",重在阐释"桥在不同环境中的多种多样的形式作用"这句话。	
4. 课堂总结	【教学总结】 教师引导学生回顾教学目标的基础,并点明学习目的,如关注和理解文本语句及语句中的关键词语,在此基础上理解文章的写作思路以及文章语言的情味。同时指出,本篇文章的写作视角——一位美术工作者眼中的桥之美。假如文章的作者不是一位美术工作者,那文章的表现形式和表现内容又会有不同,比如我们,比如其他人。桥是浓缩的历史精华,桥是美的化身,桥是智慧的体现,我们在今后的学习和体验中多留心,也会写出如此精美的文章。	学生自主阅读并交流文中优美的语句,并结合课件上的方法,谈谈自己的理解,要求入情入理,同时结合自己的理解再次通过朗读呈现。

语 文 · 桥 之 美

（三）课后复习环节

目标引领	指导活动	学习活动
课后复习巩固文章阅读中把握文章内容的"抓关键句"法等信息提取的方法。	教师有针对性地选择作业并检评： 　　（1）字词等语言训练题； 　　（2）把握文章内容的相关训练性习题。	（1）复习课堂学习内容； 　　（2）完成课后练习。

附：板书设计

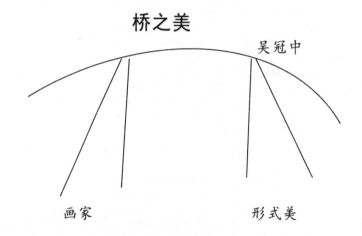

桥之美

吴冠中

画家　　　　　　　形式美

【课堂实录】

一、预习反馈,培养习惯

师:同学们,今天我们来共同学习一篇文章,课文的标题叫《桥之美》。

(板书"桥之美")

师:我想先来了解一下同学们对这篇课文的预习情况。请同学们谈一谈,你是从哪些方面来预习的?

生1:我预习了作者吴冠中。

师:很好,阅读作品要关注作者,这是个好习惯。除了了解作者,你们还预习了哪些内容?

生1:还预习了一些生字词。

师:你能举一个例子吗?

生1:第二段"煞它风景"的"煞"。

师:这个字我们为什么要积累?

生1:因为有点难写。

师:要关注文中疑难复杂的字词,这种预习的意识非常好。我们再来了解一位同学。

生2:我预习了文章的一些语句的意思。

师:你的预习已经非常深入了。通过刚才的了解,知道同学们在预习一篇文章的时候从作者、字词和一些语句入手,这些都是很好的预习方法。这篇文章不太好懂,是不是这样? 老师也认为不太好懂,所以我确定了两个学习目标,同学们一起来看看,这两个目标是什么?

生:一是理解文章写作内容,二是品析文中语言的情味。(课件呈示,生齐读)

二、初读课文,整体感知

师:之所以确定这两个学习目标,是因为这篇文章比较难懂,体现在文章的内容不好把握,另外本文语言很美,所以我们确立了第二个目标:品析文中语言的情味。老师在阅读这篇文章时总结了一些阅读方法,在这里和同学们交流一下。第一个学习目标是理解文章的内容方面,我积累的方法是什么呢? 我们要学会品味标题对文章内容的提示作用(课件呈示)。标题是文章的"眼睛",老师阅读文章有一个习惯,那就是先看文章的标题。

师:"桥之美"三个字,你从这个标题中能看出这篇文章写的对象是什么吗?

生(齐):桥。

师:那"之"是什么意思?

生(齐):"之"解释为"的"。

师:对。在文言文中,我们都知道,这里的"之"就是"的"的意思。那标题中三个字连起来的意思是?

生(齐):桥的美。

师:所以标题就是一把解读文章内容的钥匙。第二点,在阅读文章的时候,我们还要关注文章的作者,这篇文章的作者是谁?

生(齐):吴冠中。

师:(板书)同学们预习得非常充分。在回答问题的时候,眼光看着我,那就说明你们不看书,吴冠中这位先生的名字已经映在你们脑海中了,吴冠中先生大家了解他吗?

生1:吴冠中是我国的一位现代画家。他的油画代表作有《长江三峡》《鲁迅的故乡》等,中国画代表作有《春雪》《长城》等。他是我们中国绘画史上举足轻重的一位人物。

师:你介绍得很具体,不仅介绍了他的身份,还介绍了他的代表作品。假如你从文章中提取相关信息,能判断出作者的身份吗?

生1:是一位画家。

师:从哪里知道的?

生1:课文的第二自然段。

师:请把这句话读一下。

生1:"美术工作者大多喜欢桥,我每到一处地方总要寻桥。"

师:这里有一个词透露了他的身份。

生1:美术工作者。

师:文章中间还有这样的词语吗?

生2:在第一自然段,"除了造桥的工程人员外,恐怕画家见的桥最多了"中的"画家"。

师:还有吗?

生3:第101页最后一行,"虽然绿水依旧绕人家,但彻底摧毁了画家眼中的结构美,摧毁了形式美"。

师:有一个词?

生3:画家。

师:虽然我们还有很多同学举手,但从刚才这几位同学提取的信息中间,我们能感知到吴冠中先生是一位画家。老师为什么要问这个问题呢?目的就是引导和训练同学们学会从中提取和感知相关信息。请同学们把老师的这个阅读方法读一遍。(课件呈示:从文中提取相关信息,说出本文"桥之美"的欣赏者的角度)

师:这篇文章欣赏者就是画家。吴冠中先生是从画家的角度欣赏桥的美。现在我们对内容的理解是不是又深了一步? 学习到这里,我们还是要来详细地了解一下吴冠中老先生。(课件呈示:吴冠中生平)

师:画面的左手边有幅图片,这位老先生很有风度,很有个性,右边是他的介绍。这位老先生于2010年离开了我们,但他在美术史上留下的辉煌是值得我们永远铭记的。下面我们一道来学习在吴冠中先生的眼中,以一位画家的角度欣赏,桥之美体现在什么地方。

三、细读课文,概括内容

师:请大家谈一谈,文中哪些语句体现了桥之美?(课件呈示:找出表达"桥之美"的关键性语句)

生1:我读到第三段中的一句,"石孔桥自身的结构就很美:圆的桥洞、方的石块,弧的桥背,方、圆之间相处和谐、得体,力学的规律往往与美感的规律相拍合"。

师:你从这句话中读到?

生1:桥的结构美。

师:这一句交代了桥的结构美。那么这一段呢?

生1:是写桥的形式美。

师:你怎么知道这一段是讲桥的形式美?

生1:最后一句话,"不过我之爱桥,并非着重于将桥作为大件工艺品来欣赏,也并非着眼于自李春的赵州桥以来的桥梁的发展,而是缘于桥在不同环境中的多种多样的形式作用。"

师:这一句话中有一个关联词很重要。

生(齐):并非……也并非……而是……

师:虽然这一段是从桥的结构美开始的,但是作者最后强调了桥的"形式作用",也就是桥的形式美。同学们分析得很好,虽然文字很长,但是我们真的把这一段里面关联词和语言之间的关联读懂了,就能了解这一段最核心的意思。

师:这是第三段,那第二段呢? 好,请第一个举手的同学来读。

生2:"美术工作者大多喜欢桥,我每到一地总要寻桥。桥,多么美!'小桥流水人家'固然具诗境之美,其实更偏于绘画的形式美"。

师:这句话是写桥的?

生2:形式美。

师:还说到桥的哪些美感?

生2:诗境美。

师:诗境之美,你把这一小段再连起来读一遍。

生2:"'小桥流水人家'固然具诗境之美,其实更偏于绘画的形式美"。

师:这一段也有两个词很重要。

生2:固然、其实。

师:"固然"是什么意思?

生2:是本来的意思,但后一句的"更"是一种强调,强调了桥的"绘画的形式美"。

师:分析得很好,请坐。文章对桥的形式美的表述还有吗?

生3:"那是长线、曲线,线与块面组成了对比美"。

师:这又出现了一个新的概念"对比美",是不是? 那我们由这句话再往前看。

生3:"人家——房屋,那是块面;流水,那是长线、曲线,线与块面组成了对比美。"

师:"人家"前面是一个什么符号?

生(齐):冒号。

师:这里为什么要用冒号?

生(齐):引起下文。

师:引起下文,是用下文的内容来解释哪一个概念?

生(齐):形式美。

师:对比美和形式美之间是什么关系?

生(齐):对比美是形式美的一种。

师:好,已经阅读得很深了,那这一段中间还有强调形式美的句子吗?

生4:"桥与流水相交,更富有形式上的变化,同时也是线与面之间的媒介,它是沟通线、面间形式转变的桥!"

师:这句话中有一个很关键的词是什么?

生4:"形式",强调了形式美。

师:(板书:形式美)非常好,形式美就是这篇文章的一个最核心的内容,但什么才是桥的形式美?它的内涵体现在什么地方?

生5:在文章第七自然段最后一句话。"凡是起到构成及联系之关键作用的形象,其实也就具备了桥之美"。

师:我们齐声把这句话来念一遍。(生读)

师:我们来回顾和总结一下这一环节学习的内容。(学生回顾与总结)

师:概括文章的内容是我们学习语文的一个非常重要的能力,但具体怎么概括文章内容,我们需要掌握一定的方法。老师交给同学们的方法在这个地方(课件呈现),概括出内容是结果,但我们更要注重过程和方法。这是一项能力。我想通过我们这一个环节的学习,同学们应该对准确地概括文章的内容有一定的把握了。

四、赏读语言,品悟情味

师:我们第二个环节的学习内容就是:品味本文语言的情味。(课件呈现)我也给大家提供我自己的阅读方法。大家一起来读。

生(齐):"一、找一找并读一读文中优美的语句"(课件呈现)。

师:阅读一篇文章,积累文中优美的语句是一项学习能力。文中有哪些语句,你很喜欢呢?

生1:我喜欢"湖水苍茫,水天一色,在一片单纯明亮的背景前突然突然出现一座长桥,卧龙一般,它有生命,而且往往有几百上千年的年龄"这一句。

师:老师想请你把语速放慢一点可以吗?我来示范一下:湖水苍茫,水天一色……

生1:(放慢语速重读)

师:是不是效果好多了?

生1:(点头同意)

师:对,优美的语言我们一定要带着情感去阅读。那么这一句话,你说一说美体现在何处?

生1:它运用了比喻的修辞手法将长桥生动形象地比喻为卧龙,突出了桥的形象以及其具有生命感的特点。

师:你鉴赏语言的方法很好,从这句话中的修辞入手,你看,这座长桥,作者把它比喻成卧龙,就把它赋予生命,很形象很生动。那这一句话,你变换一个角度再来欣赏一下,比方说你刚才所念的"湖水苍茫,水天一色",它在这幅画面中处于什么地位? 请用这句话中一个词语回答。

生1:背景。

师:你回答得很好。背景是这幅画面的环境,那这幅画面的主体是什么?

生(齐):桥。

师:我们想象一下,有湖水苍茫、水天一色这样优美的环境,再配上画面的主体——桥,是不是很美? 欣赏到这里,我们就明白了,其实这句话还是在讲桥和环境之间的关系。桥和环境之间有什么关联呢?

生(齐):构成了形式美。

师:而这也是作者在文中所要表现的主要思想。

生1:主题。

师:对,是文章的主题。我们变换一种角度,是不是对这句话的欣赏更进了一步。是不是这样? 刚才我们从两个角度欣赏。第一是从修辞这个角度,第二是从文章的主题、内容方面。这句话很好地诠释了文章的主题,交代了桥和环境之间的关系。

生2:我喜欢这一句,"早春天气,江南乡间石桥头细柳飘丝,那纤细的游丝拂着桥身坚硬的石块,即使碰不见晓风残月,也令画家销魂!"这句话强调了细柳与石桥构成的美景本身已经很动人,不需要别的东西烘托了。

师:我仔细地聆听了你的回答,我觉得你的分析非常好。就是把细柳和石桥结合起来欣赏,是不是这样? 如果把这两个事物一结合,那就又回到了我们刚才所说的"形式美"的主题上来了。这句话的确很美。好,现在我想请同学

们一道来读一下,读的时候语速要放慢一点,尽量把其中渲染出来的美感表现出来。(学生齐读)

师:大家读得很好,很美。我们再来仔细地看一下这一句话,思考这一句话作者所选择的地点是在什么地方?

生(齐):江南乡间石桥头。

师:写石桥的时候把它放在什么样的环境背景下?

生(齐):早春细柳飘丝。

师:"细柳飘丝"四个字,柳树枝,它的特点很……

生(齐):柔软,像细丝一样地飘。

师:那么和这幅柔美的画面相对应的是什么画面?

生(齐):坚硬的石块。

师:这两幅画面之间形成了一种什么关系?

生(齐):对比和映衬。

师:我们这样想象一下,如果这幅画面中间单纯的是一棵柳树,是一片游丝,那也很美。但是,我想,从画家的角度可能还缺少了一点元素,这时我们再给它加上一方石桥,坚硬的石块,和它相映衬,这幅画面就饱满了。所以,我们又学会了鉴赏语言的时候要从词语之间的对比和映衬这种手法上来欣赏。请同学们齐声读一遍。(生读)

生3:老师,还有一句话,"茅盾故乡乌镇的小河两岸都是密密的芦苇,真是密不透风,每当其间显现一座石桥时,仿佛发闷的苇丛做了一次深呼吸,透了一口舒畅的气",我觉得苇丛本身不会做发闷、做深呼吸的、透舒畅的气这些动作的,可以说是人的感受投射到苇丛身上,使苇丛有了人的感觉。

师:密密的芦苇,密不透风。所以面对这样的环境,画家心目中间有一种发闷的感觉。然后,看到什么样的一幅景象?就像做了一次深呼吸?

生3:"其间显现一座石桥"。

师:对,看到石桥,画家内心会从"发闷"的状态瞬间变得"舒畅"淋漓。这句话独特之处正如你分析的,在于将人的情感加在所表现的景物之上。你的阅读体会已经非常深入了。

生4:我找的还是这句话,"早春天气,江南乡间石桥头细柳飘丝,那纤细的游丝拂着桥身坚硬的石块,即使碰不见晓风残月,也令画家销魂!"。本文是一篇说明文,而它的语言偏于散文化且很优美,有含蓄感,每一句都给人以享受。

师:你已经学会从语言风格来欣赏文章了,好的文章是诗情画意的,的确是这样。这篇文章虽然放在说明文单元,但它是带有说明性质的小品文,也就是散文。它是一篇非常优美的散文,它写景中透着诗情画意。老师我没有意识到这一点,你是小老师了,非常不错,请坐。同学们,我们文章学到这,尽管时间有限,我们只赏析了一段,但按照这个方法的话我们还能品析更多的语言,你掌握了方法,就掌握了欣赏文学语言的钥匙。无论是后面的第五段、第六段、第七段或更多文章,你都能够很好地去阅读欣赏。我给大家总结一下,就是赏析的方法(课件呈示)。我们齐声读一遍。

生:注意品味语句中词语背后人物的情感,注意品味语句中修辞手法的运用,感受词语间的相互关联和映衬。

五、学习总结,布置作业

师:下面我们来总结一下,我们在品味语言的时候,也是要注重一定的方法。(课件呈示)第一个方法是要进行语言的积累,对于好的、优美的、动人的语句,我们要注意记忆和背诵。第二,在积累的基础上,我们要注意赏析文章中语言的情味,同时老师给同学们推荐了几种品味语言情味的方法:第一种,赏析语句中词语背后人物的情感;第二,是从语词间的相互关联和映衬来品味的;第三,我们要注意品味语句所表现的主题。对一篇文章而言,文章中的每一句话都是为文章的主题服务的,掌握了这几种品味语言的方法,我们今后在阅读的时候,就能从一个更高的高度来欣赏文章,感受到文章语言的魅力。

老师留给同学们两项作业。第一项作业(课件呈示作业)仍然是语言的积累,对于这一篇很美的文章,老师要求同学们一定要在理解的基础上背诵文中两到三句优美的语句。第二项作业,题目比较长,我想请同学们念一遍。(学生齐读)

师:题目很长,我们读完了一遍,你理解和领会了这个题目的要求了吗?

生(齐):文中列举了哪几类桥,这样列举的好处有哪些?

师:同学们,桥,作者是从画家的角度来引领我们欣赏,如果从历史人的角度,它是一部厚重的史诗、史书,如果是在诗人的眼中,它就具有了诗境之美。所以,不同的人,他站在不同的角度,能感到不同的美,是不是这样的?所以我想请同学们在生活当中,多积累和感受,然后在看到事物的时候能看到不同的美感,这也是我们这节课所学的主要内容,也可以说是一项收获吧。今天的课就到这里,下课。

【执教感言】

目标指引　学法构建

初中课堂语文怎么教才算是体现新课程理念?学生在课堂学习中的主体性地位应该得到怎样的落实?课堂是习惯养成的课堂,是学法指导的课堂,能在教学实践中做到吗?带着这些思考,我参加了2013年首届全国基础教育数字资源应用评比活动,执教了吴冠中先生的文章——《桥之美》,并在实践中取得较好的教学效果。

一、让目标成为课堂学习的指引

目前,语文课堂教学目标呈现的一个主要问题是纸质化、平面化。所谓纸质化,是指目标的设定主要停留在纸质的教学设计当中,目标的存在也只因为其是完整教学设计当中的一个环节而已;所谓平面化,是指在语文课堂教学中,目标的出现只是昙花一现,起不到应有的教学引导作用。这就导致目标教学在现有大部分的语文课堂仍还表现为形式主义,教学目标还没有成为课堂教学的有机组成部分,对学生的学习过程也没有起到应有的引领和提示作用。

为尝试解决这一问题,我在《桥之美》的教学设计中,注重教学目标的开发,力求让教学目标成为学生课堂学习的方向标。结合这篇文章内容不易把握、文章语言不易理解的特点,我把教学目标确定为"内容的理解"和"语言的品味"两个方面。

目标大的方向确定下来以后,我就着手思考目标在课堂教学中如何落实的问题。按行为主义教育理念以及美国学者格朗兰德的目标教学理论来看,目标设置中的"理解""品味"等词语是具有内隐特征的心理性词语,其行为不易或无法被观察和检测,课堂教学目标如果仅仅只设定到这一层面,势必会在具体的课堂教学实践中出现无法有效落实的问题。因此,围绕这两个方向性目标,我又结合《桥之美》的文本内容,开发出了具体的、易于操作和易检测的过程性目标:

1.理解文章写作内容

(1)说说标题对文章内容的提示作用;

(2)找出文中的相关信息,谈谈"桥之美"的欣赏角度;

(3)找出表达"桥之美"的关键性语句。

2.品味文中语言的情味

(1)找一找并读一读文中优美的语句;

(2)结合语句中的词语说一说其中表现的情感;

(3)结合具体的句子谈谈其在上下文中的关联作用。

回顾整个课堂教学过程,教学目标经过这种梳理和构建后,课堂教学呈现以下特点:

第一,目标建构既包括宏观层面的结果性、方向性目标,又包括微观层面的过程性、操作性目标,教师教学有据可依,学生学习有章可循。第二,将课堂教学目标分解为一步步的学习活动后,学生在课堂上参与的积极性及参与的深度得到明显提高,学生的学习过程也由抽象的知识掌握("理解""品味")变为具体的实践性活动,学习在参与中使思维得到训练与提升。第三,课堂教学目标划分为一个个相当完整的教学环节或教学板块,当一个环节或板块教学完成时,进行必要的回顾和总结,有利于学生完整而有效地掌握知识,领悟方法。

二、让学法构建课堂学习的品质

传统的课堂,教师主要考虑的是怎么教的问题,教师上课首要考虑的问题是课怎么上,上得精彩不精彩,教学评价关注的着眼点也在教师、教学内容设置及完成情况,教师教什么,学生学什么,教师怎么教,学生怎么学。而对于远比知识本身起更关键作用的学习方法的指导,教师在教学中思考较少,更遑论在课堂教学中来尝试和践行了。本节《桥之美》的教学,我试图将学习方法的点拨、学习习惯的养成放在高于知识传授的位置，以此构建课堂教学的品质。

上课一开始，老师一般在教学安排时会检查或检测学生的预习情况，而我将这一环节的教学内容设定为对学生预习方法的了解。我提出这节课的第一个问题"大家预习了课文的哪些内容"。三位同学做了反馈，分别从课文中的字词、作者以及关注文中优美的语句来预习。结合学生的相关回答，我又将关注点向里深入，即分别让其中两位同学就字词、语句的预习情况，各举一个例子，并说明为什么预习时要关注这些内容，两位同学也分别举例并作了解释，说得很好。这样我就充分而巧妙地利用学生资源，向学生们传递了要充分重视预习以及如何更好地开展预习的信息，学生自身好的预习习惯及方法这时就成了课堂的教学资源，这种融方法讲授与习惯养成的教学方式我曾在日常教学中多次运用，也受到学生的喜爱。

接下来的课堂学习环节，在目标设定中，我将学法指导融汇在知识的学习当中。比如，在理解文章写作内容的目标教学中，我先引导学生关注文章标题对内容的提示作用，再引导学生学会从文中筛选相关信息并思考本文的写作视角，最后找出文中表达"桥之美"的关键性语句。这种对文章内容理解和把握的学习思路，不仅让学生较好地完成学习目标，也让学生在学习过程中潜移默化地掌握理解文章内容的一般性方法。这种学法指导的教学思路也体现在后面的语言品味教学中，贯穿整个课堂教学的始终。

香菱学诗

课题:人教版九年级语文上册第五单元《香菱学诗》
背景:该课荣获2011年安徽省初中语文优质课大赛一等奖
执教:王国云
日期:2011年12月

【教学设计】

一、教材分析

《香菱学诗》是人教版九年级语文上册第五单元一篇自读课文。第五单元是古白话小说单元,所选课文都是从明清时期最具代表性的白话小说里节选出来的。虽然题材、风格各异,但它们有小说共同的特征——引人入胜的情节和个性鲜明的人物。单元导读中对本单元的教学目标表述为"要通过人物的言行,结合人物所处的具体环境,把握人物的个性特点,并能对各篇课文的语言特色有一定的体会",从教学实际分析,这些表述是紧紧扣住文本特点的。

《香菱学诗》选自《红楼梦》。《红楼梦》这部伟大的作品情节曲折,人物形象鲜明,语言典雅蕴藉,是经典中的经典。但是,比起"林黛玉进贾府""葫芦僧判断葫芦案"等片段,"香菱学诗"片段在《红楼梦》中并不算非常经典,它既不以情节取胜,也并不以同学们熟知的宝、钗、黛三人为主要人物,而且这个片段篇幅较长、人物关系相对复杂。因此,在一课时的教学时间内,如何引导学生走进文本,既能快速感知文章内容,又能品味文章语言,欣赏作品人物之美,是教学中需要认真思考的问题。

1.教学目标

(1)品味作品精妙的人物描写和传神的细节刻画。

思考总结香菱学诗的不同阶段,分别找出并品味不同阶段香菱的语言、神态和动作及精彩细节描写;读一读这些句子,说一说它们如何生动传神地表现人物的内心世界。

(2)分析香菱形象的典型意义。

诵读香菱梦中所得之诗,谈一谈这首诗的动人之处;结合所给资料,说一说对香菱这个人物的认识。

2.教学重点、难点

重点:结合文本品味人物语言、神态动作和细节描写。

难点:分析香菱形象的典型意义。

二、学情分析

九年级学生对原著《红楼梦》的阅读只停留在泛读层面,对课文内容,尤其是人物深层次研讨不够。因此,找准一个突破口,快速将学生带入文本,且化繁为简,将重心放在语言和人物形象的品味上是非常关键的。

三、教学方法

通过目标引领、问题引导,学生开展探究性学习,用对话的方式研讨、交流,并在教学中注重学生的思维训练。

教具准备:多媒体课件。

课时安排:1课时。

四、教学过程

(一)课前预习环节

目标引领	指导活动	学习活动
逐步培养学生通过阅读原著相关内容、查找资料等方法,初步了解长篇小说选段内容的习惯。	教师布置学生课前自习课文,初步了解课文内容。	学生自读课文,大致了解人物关系和课文内容,遇到困难时可以翻阅原著、查找资料或询问他人。

（二）课堂教学环节

目标引领	指导活动	学习活动
1. 导入环节 （1）引导学生养成关注文章标题的习惯； （2）通过预习情况反馈，引导学生注意长篇小说选段的预习方法，养成良好的预习习惯。	（1）问题激趣：老师想出个谜语给大家猜一下，谜面是一句诗"根并荷花一茎香"，猜《红楼梦》中的一个人物； （2）教师引导学生自主交流预习内容，重点引导学生相互关注和学习长篇小说选段的预习方法和预习习惯。 【教师小结】 阅读长篇小说选段有时需要借助"外力"，比如阅读原著、查找资料等。	（1）学生猜谜语，明确课文主要人物； （2）学生交流自己的预习成果，并学习别人良好的预习方法。
2. 感知内容 （1）引导学生理解王国维"治学三境界"的含义，为下文学生思考香菱学诗过程做铺垫； （2）学生能将"治学三境界"与香菱学诗的过程联系起来，快速感知文章内容。	【教师引导】 老师课前很认真地读了这篇课文，它让我想起了清代文艺评论家王国维先生的一段话，这段话说的是人生治学，也就是做学问的三重境界。有同学听说过吗？ 课件呈示"治学三境界"，引导学生抓住关键词语理解含义。 【教师点拨】 香菱学诗也有这三重境界，咱们现在就走进文本去看一看。	学生根据"高楼""望尽"这些关键词语，理解治学三境界的含义。 学生梳理香菱学诗的三个阶段。

目标引领	指导活动	学习活动
3.品味语言 (1)引导学生从人物语言的角度体会作品语言的精妙;	教师指导学生阅读香菱学诗的第一个阶段,对话交流: 　(1)有人说,香菱缺少文化,她不懂诗,是这样的吗?请你结合这一部分香菱的语言来谈一谈; 　(2)香菱爱诗懂诗,她有高远的志向和坚定的决心,那你能从香菱语言中找到表现香菱学诗心诚的句子吗? 【教师小结】 　"言为心声"。在阅读小说的时候,我们如果能够细细地品味人物的语言,将有助于我们走进人物的内心。	学生阅读香菱学诗的第一阶段,找出相关的人物语言描写,展开对话交流。
(2)引导学生从神态、动作描写的角度体会作品语言的精妙;	教师指导学生阅读香菱学诗的第二个阶段,对话交流: 　这一部分写香菱学诗之苦和憔悴的状态,是通过哪些动作和神态描写来表现的? 【教师小结】 　除了语言,动作和神态也是人物内心世界的外现,揣摩生动传神的动作、神态描写,能帮助我们走进人物的精神世界,在阅读中要注意这一点。	学生阅读香菱学诗的第二阶段,找出相关的人物动作、神态描写,展开对话交流。

目标引领	指导活动	学习活动
(3)引导学生从细节描写的角度体会作品语言的精妙。	教师指导学生阅读香菱学诗的第三个阶段,对话交流: 文中通过生动的细节描写表现了香菱学诗之得,是怎样表现的? 【教师小结】 "细节最能打动人"。小说当中,给我们留下深刻印象的往往是那些小小的细节。	学生阅读香菱学诗的第三阶段,找出富有表现力的细节描写,展开对话交流。
4. 人物分析 (1)赏读香菱梦中所得之诗,初步感知人物情怀; (2)结合背景资料,分析人物形象的典型意义。	教师指导学生阅读香菱梦中所得之诗,并作阅读指导: (1)齐读诗歌,注意不读错,要读通顺、流畅; (2)自读诗歌,和大家交流自己最喜欢的诗句。 投影呈现香菱判词、香菱身世的资料,结合课文内容对香菱作出评价。 【教师小结】 小说的人物具有典型性,倾注了作者的感情,体现了作者的倾向。	学生朗读诗歌,结合阅读指导开展阅读活动。 交流阅读心得和体会。 学生结合相关资料,交流自己的看法。

目标引领	指导活动	学习活动
5. 课堂总结，布置作业	今天这节课我们抓住了人物的语言、动作、神态和细节，品读了作品语言的精妙，又结合背景，领略了人物形象之美。这两种方法，同学们在今后的小说阅读中将会经常用到。这是老师今天留给大家的作业（投影呈现），请同学们读一下。	学生跟随教师回顾课堂学习内容，齐读作业要求。

（三）课后复习环节

目标引领	指导活动	学习活动
课后复习巩固：从人物语言、动作、神态的角度品味作品语言的方法。	教师有针对性地选择作业并点评。 　　运用课堂所学方法，找出课文中还有哪些精彩的人物描写，并在书上做简要批注。	(1)复习课堂所学内容； 　　(2)完成课后练习。

附:板书设计

香菱学诗

精血诚聚

香菱　　学诗

诚心通仙

语　文 · 香菱学诗

【课堂实录】

一、导入课文,预习反馈

师:上课!

生:老师好!

师:同学们好,请坐。上课之前,老师想出个谜语给大家猜一下,有兴趣吗?

生:有!

师:那我说了,谜面是一句诗——"根并荷花一茎香",猜《红楼梦》中的一个人物。

生:香菱!

师:对,就是香菱。今天我们要来学习《红楼梦》的一个片段——《香菱学诗》(板书课题)。

师:你知道文章的主人公是谁吗?

生(齐):香菱!

师:你们怎么知道的?

生1:我看这篇文章通篇都在讲香菱学诗。

生2:因为标题就是"香菱学诗"。

师:你们说的都对。标题是文章的"眼睛",它对我们的阅读起到提示作用,所以我们要养成关注文章标题的好习惯。

师:我想了解一下大家的预习情况。你大致读懂文章了吗?

生1:没有,人物太多了。

生2:我看懂了,因为我读过《红楼梦》,中学生版的。

生3:我上网查了资料,还问了我妈,我妈读过原著。

师:你很高效。课文是长篇小说选段,篇幅较长,人物也比较多,阅读起来可能有一定难度。预习时,可以运用查找资料、阅读原著相关内容、询问他人等方法来帮助我们理解课文。

二、问题引领,感知内容

师:老师课前很认真地读了这篇课文,它让我想起了清代国学大师王国维先生的一段话,这段话说的是人生治学,也就是做学问的三重境界。有同学听说过吗?(生摇头)

师:咱们一道来看一下。(课件呈示"治学三境界"——昨夜西风凋碧树,独上高楼,望尽天涯路。衣带渐宽终不悔,为伊消得人憔悴。众里寻他千百度,蓦然回首,那人却在灯火阑珊处)一起读一下。(生齐读)

师:"独上高楼""望尽天涯路",是说站得高、望得远,有志气和决心。"衣带渐宽终不悔,为伊消得人憔悴"呢?

生1:苦。

师:对,是苦。那第三境呢?"蓦然回首,那人却在灯火阑珊处"呢?

生2:是悟。

师:对,是悟,是顿悟。我觉得呀,香菱学诗也有这三重境界,咱们现在就走进课文去看一看。(课件呈示香菱学诗第一境——昨夜西风凋碧树,独上高楼,望尽天涯路)

师:同学们看一看,课文的哪一部分属于香菱学诗的第一境界呢?

生1:第一到第四自然段。

师:你认为是第一到第三自然段,同学们有没有不同的意见?

生2:应该是第二到第三自然段。因为第一自然段讲的是香菱向黛玉请教,拜黛玉为师。

师:她拜师了,那是不是说明她站得高呢?

生2:不是。

师:有一个共同点,同学们都认为第二自然段和第三自然段是香菱学诗的第一境界,是写她立志,站得高。那第一自然段呢? 同学们知不知道《红楼梦》中大观园里的这些女子中,谁的诗写得最好?

生(齐):林黛玉。

师:对,林黛玉。香菱拜她为师,说明她站得高。所以,第一自然段到第三自然段都是属于香菱学诗的第一境界。

三、人物入手，品味语言

师：老师有两个问题想问问大家。第一个问题（课件呈现第一个问题）是：有人说，香菱缺少文化，她不懂诗，是这样的吗？请你结合这一部分香菱的语言来谈一谈。

生1：我找的句子在第172页。香菱笑道："我看他《塞上》一首，那一联云：'大漠孤烟直，长河落日圆。'想来烟如何直？日自然是圆的：这'直'字似无理，'圆'字似太俗。合上书一想，倒像是见了这景的。若说再找两个字换这两个，竟再找不出两个字来。"

师：这是香菱对王维的诗的一个很精当的点评，你觉得香菱对诗很有感悟能力。

生2：我觉得她不仅对诗很有感悟能力，而且还能和自己的实际生活联系在一起。第172页"还有'渡头余落日，墟里上孤烟'：这'余'字和'上'字，难为他怎么想来！我们那年上京来，那日下晚便湾住船，岸上又没有人，只有几棵树，远远的几家人家在做晚饭，那个烟竟是碧青，连云直上。谁知我昨日晚上读了这两句，倒像我又到了那个地方去了。"

师：请坐，你说得很好，她懂诗，而且能结合自己的生活经验。旁边的同学，你说一说。

生3：香菱笑道："据我看来，诗的好处，有口里说不出来的意思，想去却是逼真的。有似乎无理的，想去竟是有理有情的。"她说出了诗歌的滋味和真谛，虽然语言质朴，但是说理透彻。

师：她找的是第171页课文第二自然段的这句话"诗的好处，有口里说不出来的意思，想去却是逼真的。"香菱虽然说得很通俗，但是说得很有道理。（课件呈现第二个问题）香菱学诗有高远的志向，有坚定的决心，那你能不能再从这部分香菱的语言中找出能够表现她学诗心很诚的句子呢？

生1："一日，黛玉方梳洗完了，只见香菱笑吟吟的送了书来，又要换杜律。黛玉笑道：'共记得多少首？'香菱笑道：'凡红圈选的我尽读了。'"香菱在那么短的时间内把黛玉给她圈的诗都读完了，说明她想要学诗的坚持和苦心。

师：那你觉得哪一个字最能体现这一点？

生1:尽。

师:我尽读了,你很敏锐。

生2:173页"香菱又逼着黛玉换出杜律来,又央黛玉探春二人:'出个题目,让我诌去,诌了来,替我改正。'"这个"逼"字和"央"字生动形象地体现了香菱学诗的勤奋好学的精神。

师:你说"逼"字和"央"字最有表现力,评得很好。不过,请注意我们现在讨论的是人物语言,其实你刚才读到了,有一个字提醒你注意。

生2:诌。(读成了zōu)

师:这个字读zhōu,诌是什么意思?

生2:瞎猜。

师:"诌"是编造的意思。说明了什么?

生2:香菱谦虚。

师:说得很好,加上前面那个"逼"字和"央"字,就真的很能体现香菱学诗站得高、决心大、意志很坚定了。咱们这个女生要说一说。

生3:"香菱听了,笑道:'既这样,好姑娘,你就把这书给我拿出来,我带回去夜里念几首也是好的。'""夜里"体现了香菱的刻苦。

师:"夜里念几首",说明连晚上的时间都不想浪费,你说得很好,有一个细节老师要提醒你,这里香菱对黛玉的称呼是"好姑娘",为什么不是"林姑娘"?

生3:体现了香菱对黛玉的亲近。

生4:说明了香菱在真诚地恳求。

师:"真诚地恳求",说得很好。我想请刚才这位女生读一读这句话,把这种"真诚地恳求"的语气读出来。

(生4读,重读了"夜里")

师:我觉得你读得很好,好在你把重音落在了"夜里",咱们一起把这句话读一读。

全班齐读。(读得比较平淡)

师:我觉得没感觉。再请离我最近的这位男生读一读。

(该生读,重读了"念")

师:我看到这位女生在笑,你为什么笑?

生:他把重音落在"念"上我觉得不对。

师:那你读一读。

该女生读。(重读"好"和"夜里",读出了恳求的语气)

师:她读得好不好?

生(齐):好。(鼓掌)

师:同学们,刚才我们研读了香菱的语言,体会到香菱在学诗第一境界的迫切、急切、恳求、认真等。我们知道"言为心声",在阅读小说的时候,我们如果能够细细地品味人物的语言,将有助于我们走进人物的内心。其实,除了人物的语言,还有什么能让我们走进人物的内心世界?

生:还有人物的动作、神态。

师:对,还有动作、神态。那就沿着你的思路,我们来研读香菱学诗的第二重境界。(课件呈现香菱学诗的第二重境界——衣带渐宽终不悔,为伊消得人憔悴)这部分是写香菱学诗之苦和憔悴的状态,同学们认为这一部分内容在课文中的哪里?

生:第四到八自然段。

师:到第八自然段课文就结束了,是到第八自然段的前半部分。就像刚才这位同学所说,动作和神态能够表现人物的内心世界,那么这部分作者是通过哪些动作和神态来表现人物的呢?

生1:第五自然段,"香菱听了,默默的回来,索性连房也不入,只在池边树下,或坐在山石上出神,或蹲在地下抠土,来往的人都诧异。"这句话写出了香菱为了写出一首好的诗,连晚上觉也不睡了,一直在想好的词语和句子。

师:你说得对,但老师希望你能说得再细一点。动作是哪些动作? 神态,是什么样的神态?

生1:动作是"蹲在地下抠土","坐在山石上出神"。

师:"出神"是动作吗?

生1:是神态。

师:那么这些动作和神态是如何传递人物内心世界的呢?

生1:这里的神态描写体现出了香菱为了写出一首好诗的愿望。

师:哪个神态?

生:"出神"和"蹲在地下抠土"。

师:你的同桌很着急了,他想要提醒你。神态是"出神",她为什么"出神"呢?

生1:"出神"是因为她在想。

师:她在苦思、苦索。动作呢?

生1:"抠土"。

师:为什么抠土?

生1:因为她在想,又想不出来。

师:她在想好的词语和句子。不好意思,老师追问了你这么多问题,但是老师也要提醒你,以后回答问题要力求具体、准确。请坐。

生2:"香菱自为这首妙绝,听如此说,自己扫了兴,不肯丢开手,便要思索起来。因见他姊妹们说笑,便自己走至阶前竹下闲步,挖心搜胆,耳不旁听,目不别视。"

师:说具体一点,什么动作、什么神态,怎么传达人物的内心世界?

生2:动作是"便自己走至阶前竹下闲步,挖心搜胆,耳不旁听,目不别视"。

师:"耳不旁听,目不别视"是动作吗?是神态,请接着说。

生2:运用神态描写表现香菱在学写诗失败后不放弃的执著。

师:失败之后不肯放弃,坚持之苦。说得很好,请坐。

生3:我找的也是这句。"闲步"写出了姊妹们说她诗写得不好她内心的失落,"挖心搜胆"运用夸张的修辞手法生动形象地写出了香菱学诗的认真和专注。

师:学诗的专注与认真的情态,赏析得很好,请坐。

生4:第四自然段"香菱听了,喜的拿回诗来,又苦思一回作两句诗,又舍不得杜诗,又读两首。如此茶饭无心,坐卧不宁""茶饭无心,坐卧不宁",写出了香菱学诗的用心和刻苦。

师:"茶饭无心,坐卧不宁",不仅有动作——翻来覆去,而且有神态,同学们可以想一想,看这里是什么样的神态。

生5:忽而笑,忽而皱眉。

师:同学们刚才说得很好,选一个句子我们读一读,读出香菱学诗的苦,读出她的憔悴。同学们自己选,你想选哪个句子?

生1：我选第五自然段"香菱听了，默默的回来，越性连房也不入，只在池边树下，或坐在山石上出神，或蹲在地下抠土，来往的人都诧异"。（语速较快）

师：你为什么这样读？

生1：写出了香菱写诗的急切心情。

师：这里是急切还是反复斟酌、苦思冥想？

生1：反复斟酌、苦思冥想。

师：那我们要读得快一点还是慢一点？

生1：慢一点。

师：那请你再读一遍。

该生再读一遍，语速放慢。

师：比第一遍好多了，朗读要注意体现人物的心境。同学们，除了语言，动作和神态也是人物内心世界的外现，揣摩生动传神的动作、神态描写能帮助我们走进人物的精神世界，在阅读中要注意这一点。香菱学诗经过了痛苦的磨炼，但老师有一句话"为学之苦，恰恰是希望之境"，香菱学诗看到希望了吗？

生（齐）：看到了。

师：看到了，我们来研读香菱学诗的第三重境界。（课件呈现香菱学诗的第三重境界——众里寻他千百度，蓦然回首，那人却在灯火阑珊处）一起读一下，希望来了。（生齐读）

师：这一部分有一个细节我很感兴趣，它说明香菱学诗见到曙光了，你找到了吗？

生1：第五自然段"只见他皱一回眉，又自己含笑一回"，"含笑一回"说明她经过苦思冥想，有了好词好句。

师：她找的是第五自然段的这句话，第五自然段是香菱学诗的第二个境界——苦思冥想的境界，咱们来看她的第三个境界，豁然开朗、顿悟的境界。

生2："原来香菱苦志学诗，精血诚聚，日间做不出，忽于梦中得了八句。梳洗已毕，便忙录出来，自己并不知好歹，便拿来又找黛玉"。（板书：精血诚聚）

师：你找的的确说明香菱学诗见到希望了，不过我刚才说"有一处细节描写"，你刚才找的句子是叙述性的句子，找描写，你一定能找到。

该生："只听香菱从梦中笑道：'可是有了，难道这一首还不好？'"

师:对了,你能不能把这句话读一下,读出苦思冥想之后突然有了的感觉?

该生读,语调较平,师不满意,该生再读,没有读出反问语气。

师:有没有同学有不同的演绎方式?

一男生读,读出了感情,台下掌声响起。

师:虽然你是个大男生,但是你也很细腻。"细节最能打动人",小说当中,给我们留下深刻印象的往往是那些小小的细节。就像这里香菱梦中得诗的小小细节,给老师留下了深刻的印象。

四、研读诗歌,分析人物

师:咱们来读一读香菱梦中所得的这首诗,课文里没有,在"研讨与练习"中。

(生齐读这首诗)

师:字音读得非常准确,节奏把握得也很好。现在自己在下面出声地读一读,然后告诉我你对这首诗的哪一句最感兴趣,或者你觉得哪句写得很好。

(生自读诗歌)

生1:我喜欢"一片砧敲千里白,半轮鸡唱五更残"。景物描写,细致地写出了日出之前的景物。

生2:我喜欢"绿蓑江上秋闻笛,红袖楼头夜倚栏",把自己的思乡之情和景物描写结合起来。

师:寓情于景,点评很精当。

生3:我也是这句,不仅写出了自己在月下的动作,而且联系了自己的身世,表达了一种悲凉。

师:你联系了香菱的身世,很好。

生4:我喜欢第一句"精华欲掩料应难,影自娟娟魄自寒",不仅写出了她在月光下的身影,而且"寒"字写出了悲凉的心情。

生5:我比较喜欢最后一句"博得嫦娥应自问,何缘不使永团圆",这是一句很好的点睛之笔,毫无保留地把自己的思想感情表达出来。

师:你用到了点睛之笔,因为最后一句集中地表达了情感。有人说,《红楼梦》既是女性的悲歌,又是女性的赞歌,请结合老师所给的几则材料来分析一

下今天课文里的主人公——香菱的人物形象。(课件呈现三则材料——课文相关内容、香菱身世、香菱判词)

生1：我认为香菱是一个好学而且善于苦学的人。

师：你是从课文出发的，好，请坐。

生2：我觉得香菱虽然身世令人悲伤，但是她能勤奋苦学，在大观园之中苦志学诗，她是一个勤奋坚持的人。

师：香菱是怎么进入大观园的？她有没有资格住进大观园？是宝钗把她带进去的，她只是一个侍妾，身份很低微。

生3：我觉得她虽然身份低微，但她没有被命运打败，她虽然内心痛苦，但是她用学诗来弥补精神上的空白，我觉得她还是一个坚强、坚持、对学诗持之以恒的人。

师：我觉得你说得太好了，请坐。香菱三岁就被拐卖，后来沦为侍妾，她孤苦无依，可是机缘巧合，进入大观园之后却能苦志学诗，以至于宝钗评价她"你这诚心都通了仙了"(板书：诚心通仙)。同学们，可见人的出身可能会有差别，人生的遭遇可能也会有差别，但是，人内心深处对美的追求是没有任何差别的。"根并荷花一茎香，平生遭际实堪伤"，香菱这个孤苦无依、饱受凌辱的柔弱女子，虽身处泥淖，内心深处却永燃着诗意的火，闪着美丽的光。这美与丑、明与暗的对比，怎不让人为之心动感叹？走近《红楼梦》，就是走近了压制美、摧残美的封建时代；走进大观园，就是走进了一方美好圣洁的净土；迎着这群美丽又才华横溢的女子，就如同在与善和美对话。同学们，让我们在今后的学习生活中，走近名著，回味经典！

五、总结回顾，布置作业

师：今天这节课我们抓住了人物的语言、动作、神态和细节，品读了作品语言的精妙，又结合背景，领略了人物形象之美。这两种方法，同学们在今后的小说阅读中将会经常用到。今天，留给大家的作业请看PPT(PPT呈现)，请同学们读一下。

生(齐)：运用课堂所学方法，找出课文中还有哪些精彩的人物描写，并在书上做简要批注。

师：选择你最喜欢的，两三句即可。下课！

根并荷花一茎香

　　这篇课文是我在参加2011年安徽省初中语文教学优质课大赛时抽到的一篇课文。从抽签到上课,准备的时间共有38小时。尽管如此,这篇课文还是让我大伤脑筋:它是小说《红楼梦》中的一个选段,它是人教版语文教材九年级上册第五单元(古典白话小说单元)的一篇阅读篇目。比起"林黛玉进贾府""葫芦僧判断葫芦案"等节选的片段,"香菱学诗"片段在《红楼梦》中并不算非常经典。作为长篇小说选读的课文,它既不以情节取胜,人物又繁多,也并不以同学们熟知的宝、钗、黛三人为主要人物,而且古典白话小说的语言又使同学们有一定的阅读障碍;还有,小说篇幅较长。根据以往的教学经验,有相当一部分同学并不喜欢这篇课文,一课时的教学实效往往很差。如何引导学生走进文本,实现有效的阅读教学呢? 最终,我决定这样做:

　　一、从文本体式出发,精心选择教学内容

　　作为长篇小说选段,《香菱学诗》的文体自然也是小说,小说关注的是情节、人物和环境,《香菱学诗》教学内容的选择无法忽略这些。但《香菱学诗》的情节并不曲折,主人公香菱在原作中也非"一线"人物;至于环境,学生很难在这个节选片段中领会到。它的文本特点是人物形象鲜明可感,薄命女子香菱苦心学诗的认真和执着,实际上就寄托了作者深深的同情和赞美。鉴于此,我确立了"立足文本、品味小说语言"和"分析形象的典型意义"这两个教学目标,将"抓住小说中精妙的人物语言,凭借传神的神态、动作、细节描写,来分析香菱形象的典型意义"作为课堂主要教学内容。

　　二、以宏观目标为引领,用具体目标促达成

　　品味文章语言和把握人物形象是初中语文课程标准阅读中的两个教学目标,但是"品味"和"把握"是具有内隐特征的词语,目标的达成无法在课堂教学中体现,因此还需要从"过程与方法"的层面来具体落实,并且还应具体化、可操作、易达成。结合文本体式和特点,我将"品味作品精妙的人物语言、生动的神态动作和传神的细节描写"细化为"按照香菱学诗的三个阶段,分别找出文中香菱的语言、神态和动作以及细节描写;读一读这些句子,说一说它们如何生动传神地表现人物的内心世界";将"分析香菱形象的典型意义"细化为"诵读香菱梦中所得之诗,谈一谈这首诗的动人之处;结合所给资料,说一说对香菱这个人物的认识"。宏观目标引领学生学习方向,具体目标促进达成,教师的"教"和学生的"学"都有的放矢,且目标的达成度在教学过程中能够适时检测。

三、在尊重学生和文本的基础上,以"对话"的形式开展教学

阅读教学须尊重学生的阅读体验,尊重文本则力求阅读深入到段、句、词、字,甚至是小小的标点符号,每一个问题的解决、每一次对话交流都须以文本为依据。所以,课前没有导学环节,让学生自由进入文本。课堂上,繁杂的人物关系、人物命运等一概省略(尽管有的学生不知道),就从"香菱学诗"这个话题谈起;尽量避免"教师问、学生答",要以对话的形式开展教学,用几个暗含目标的话题引导学生深入文本,开展阅读学习活动,以师生对话、生生对话来推动课堂,努力使阅读教学成为轻松愉悦的阅读交流。

导入学习部分,我力图抛开《红楼梦》作品的相关背景介绍和课文繁杂的人物关系,以一个谜语激发学生的学习兴趣,引导学生抓住课文核心——香菱学诗的过程,以王国维先生的"治学三境界"切入课文,提纲挈领,引导学生快速走进文本。

语言品读部分,着重赏析小说精妙的语言。小说擅长用精妙的语言来塑造人物形象,香菱在《红楼梦》中虽是一个次要人物,但在这篇课文中却是主要人物,作者通过传神的语言描写、动作描写、神态描写及细节刻画,让这个形象熠熠生辉。学生阅读小说,往往停留在对人物形象的认知上,而极容易忽略作者是用什么样的语言、哪些方法去表现人物。因此,我注重引导学生关注课文的语言、掌握小说阅读的方法,从而培养学生的思维能力。

形象分析的目的在于了解人物形象的典型意义。小说塑造的人物都具有典型意义,往往寄托了作者的某种情感,传达出作者对人生和社会的某种认识。学生在阅读小说时,往往容易止步于对人物形象的把握,而很少去思考作者塑造这一人物形象的初衷。如果《香菱学诗》的教学仅仅停留在了解作者怎样塑造香菱这个人物的层面上，显然是缺乏教学深度的。作为不朽的经典，《红楼梦》以塑造了大批美丽、善良而又命运多舛的年轻女子的形象而著称，本环节力图引导学生以香菱为缩影，了解作者在她们身上倾注的情感，从而对《红楼梦》这部作品有一定的认识。

由于这节课做到了目标引领，课堂教学取得了一定的实效，也获得了大家的认可。

但是，随着视频的回放，我还是发现了许多不足。例如，关于"活动教学"的参与度问题，有的学生未能有效参与到活动中来，部分学生的阅读感受、思考结果被忽视了。课堂上怎样才能让绝大多数学生参与到活动中来呢？还有，我有没有抓住精彩的课堂生成，让它成为引导学生与文本深度对话的契机。这些问题，将引领我在课堂教学的道路上继续探索。

观　潮

课题:人教版八年级语文上册第六单元《观潮》
背景:该课荣获2013年安徽省初中语文优质课大赛一等奖
执教:毛婷
日期:2013年12月

目标引领　活动达成

【教学设计】

一、教材分析

《观潮》选自《武林旧事》,是南宋著名文学家周密入元后的作品,文章虽不长,却为读者勾勒出一幅绚丽多彩的观潮长卷,文字优美,生动形象地展现出南宋当时的社会风情。然而在这雄奇壮丽、气势非凡景观的背后却隐含了作者对故国无限的怀念,这是本文理解上的一个难点。同时,这篇文章文言词语又很丰富,对八年级的学生来说,理解上有一定的困难,因而扫清字词障碍,把握文章主要内容,理解作者文字背后的沧桑是本节课的教学目标。

1.教学目标

学习重要文言词语,养成词语积累的习惯:

(1)积累词语,包括生字和一些常用词,如"方、倏尔、略、逝、文、溯迎、溢目"等字词的音、形、义,将重要的文言词汇分门别类积累下来;

(2)对照注释,借助工具书,翻译课文,在读懂文章的基础上,积累文言词句。

有感情地诵读课文,概括文章内容,明确写景方法:

(1)有感情地诵读课文,概括课文内容,引导学生很好地体会作者语言文字的表现力,逐步提高文言文阅读能力;

（2）在了解课文内容的基础上，明确文中的写景方法。

联系史料，了解写作背景，知人论世，感悟作者情怀。

2.教学重点、难点

重点：学习重要文言词语，养成词语积累的习惯；概括课文内容，明确写景方法。

难点：知人论世，感悟作者情怀。

二、学情分析

《义务教育语文课程标准（2011年版）》指出，"学生是语文学习的主体"。在学习新知识前，要具体分析学生的学习基础、心理特征及发展趋向。八年级的学生在文言文的学习上有一定的基础，同时前面刚学习了《三峡》《答谢中书书》《记承天寺夜游》等优秀的写景文章，学生有了一些鉴赏美文的基本能力，但这篇文章文言词汇较多，对八年级学生来说，理解上有一定的困难，因此，教学中要正视难点，扫清字词障碍，并引导学生把握文章主要内容，体会作品背后的情感。

三、教学方法

（1）诵读教学法。读—讲—读，以读代讲，以讲促读。

（2）讨论法与点拨法相结合。

（3）比较拓展法。推荐潘阆的《酒泉子》，与本文比较，开阔学生视野，提高阅读能力。

四、教学过程

（一）课前预习环节

目标引领	指导活动	学习活动
继续培养学生在阅读中积累文言字词的习惯。	（1）教师布置学生课前对照课文注释了解部分重要文言词语的含义；（2）初步了解课文内容。	掌握重要文言字词的音、形、义，并尝试寻找一些积累文言字词的方法。

（二）课堂教学环节

目标引领　活动达成

目标引领	活动指导	学习活动
营造学习氛围，初步感知浙江潮盛况。	【问题引导】 课前播放浙江潮视频，齐读潘阆《酒泉子》，引导学生谈感受。	学生畅所欲言地表达自己的观看和阅读感受。
学习重要文言词语，养成词语积累的习惯； 在初步了解文意的基础上，诵读课文。	【教师引导】 "好记性不如烂笔头"，指导学生正确书写生字词，培养学生积累生字词的习惯。 【教师引导】 文言字词的学习中要有意识地将字词分分类，这样将有助于我们更加深记忆，积累词语。（教师出示六组词语） 【教师引导】 指导学生根据课文注释翻译课文内容，并在初步了解文意的基础上，正确断句，把握抑扬顿挫，并融入一定感情进行诵读。	学生上黑板书写课文中的生字词：如"倏尔""艨艟""僦赁""鲸波万仞"、"珠翠罗绮"等。 学生根据出示的六组词语，具体说说每一组词语都有哪些特点，养成分门别类积累词语的习惯。 （1）学生挑出不理解的词句，结合课文注释合作解决，解决不了的老师加以点拨； （2）初步了解文意后，老师出示几个句子看看同学们的断句情况； （3）学生挑选自己喜欢的段落进行诵读。
学生能就相关片段概括文章内容，并明确写景方法； 在充分把握课文内容的基础上，有感情地诵读课文，培养学生的朗读能力。	【教师指导】 找出片段中相关的提示性词语，引导学生总结、概括每个片段描写的内容，并感知每段的写景方法或写景角度。 如第二段中，结合课文京尹教阅水军的场景描写，引导学生尝试概括场景特点，并感知本段写景方法，扣住动静相衬及表示时间的词语。 【教师小结】 学会从文章中找出关键性词语或句子来把握课文内容是一项重要的阅读能力。 【教师指导】 在朗读中学会表达情感。在朗读指导中，要综合前面学习内容，如字音、节奏的掌握，文章内容的理解，情感的把握等，要求声情并茂，读出韵味。	

目标引领	活动指导	学习活动
引导学生在了解作者身世及作品背景的基础上,深入理解作品背后的深沉意蕴。	【问题引导】 (1)结合课文注释①,引发学生思考,作者为什么要回忆前朝如此热闹壮观的场景呢? (2)补充介绍本文的写作背景及作者的生平经历,帮助学生更深层次地感受作者情怀。	学生结合注释①及相关资料,了解作者深深的故国之思。
课堂总结。	【教师总结】 今天这节课我们感受了浙江潮水的雄伟壮观,还学习了一些写景方法,如点面结合、侧面描写等。同学们课后不妨也试着用今天学到的景物描写的知识去描写身边的景物,做到活学活用。	学生跟随教师回顾课堂学习内容,再次齐读课文。

(三)课后复习环节

目标引领	指导活动	学习活动
课后巩固重点字词句的翻译; 复习根据相关提示语概括课文内容的方法。	教师有针对性地选择作业并点评: (1)重点字词句的翻译; (2)有关文章内容的理解性训练题。	(1)复习课堂学习内容; (2)完成课后练习。

【课堂实录】

一、课前准备,营造阅读氛围

师:同学们看过涨潮的壮观景象吗? 每年的中秋节前后,浙江潮潮头壁立,波涛汹涌,势如万马奔腾;云移至岸,浪卷雷轰,卷起"千堆雪"。双龙相扑"碰头潮"、白练横江"一线潮"、蛟龙脱锁"回头潮"和月影银涛"夜半潮",吸引着无数海内外游客。现在让我们看一段视频,去真实感受一下浙江潮吧!看完潮水之后,我们一起齐读课后潘阆的一首词《酒泉子》。

师:刚才我们欣赏了一段潮来的视频,又读了一首潘阆写浙江潮的词,同学们对浙江潮有什么感受啊?

生1:非常壮观。

生2:气势磅礴。

生3:浙江潮摄人心魄。

生4:我觉得潘阆《酒泉子》写得很好,把浙江潮的特点写得生动形象,"万面鼓声中"这一句把浙江潮声势浩大的特点生动形象地表现出来。

师:各抒己见,说得非常好,看来老师播放的视频使同学们对浙江潮有了一个直观的印象。今天这节课我们再来欣赏一篇写浙江潮的美文《观潮》,让我们从文字中去捕捉浙江潮水的壮观景象。昨天老师已经布置了大家预习,我先来了解一下大家的预习情况。

二、预习反馈,积累文言字词

师:课文总共四小段,下面,我分别请四位同学来朗读一下这四小段,请其他同学注意听,重点关注文中字词的读音。(四位学生朗读)

师:刚才四位同学朗读中有读音方面的问题吗?

生1:我觉得第一位同学几个字音读错了,应该读京尹(yǐn)、艨艟(méngchōng)、乘骑(jì)、一舸(gě)。

师:我们在学习一篇新课文的时候遇到不认识的字要去查一查《古汉语字典》,否则就会读错。请同学们再说一说刚才几位同学在朗读的时候除了字音方面出了问题,还有哪些方面需要改进的?

生2:我觉得第二位同学读得太快了,没有读出文言文的韵味来。

生3:我觉得后面读的两位同学没有注意断句。

师:老师认为刚才四位同学的朗读虽然有些问题,但声音很洪亮,几位同学的评价也很到位。这篇文章中出现的生字词及一些重要的常见字、多音字

的读音,下面就让我们一起来归纳整理一下。(课件呈现)

师:通过刚才一个环节的学习,字词的读音问题我们解决了,但是字词的学习还有一个重要要求,就是正确书写。老师也想了解一下,我想找几个同学上黑板来写一写,有没有同学举手上来。

师:(老师指导学生在黑板上写相关字词)如"倏尔""艨艟""傲赁""一舸无迹""鲸波万仞"。

师:黑板上的字写得都对吗? 有没有同学愿意上去修改一下?

师:有些同学写得有错误,正所谓"好记性不如烂笔头",我们以后再碰到生字词的时候不仅要看,还要用笔抄写两遍。同学们看看大屏幕上呈现的字词(课件呈现),每一行字词都有哪些特点?

生1:第一行是表示时间的词语。

生2:第二行是多音字。

生3:第三行是生僻字词。

生4:第四行是四字短语。

师:同学们概括得非常准确,我们在以后字词的学习中也要有意识将字词分分类,这样将有助于我们更好积累词语,增强记忆。

三、把握内容,明确写景方法

师:可我们要想把文章读好,除了读准字音外,还必须要读准节奏。要读准节奏,就必须要了解文意。同学们看看还有哪些字词句的意思是你们不懂的,找出来,我们共同解决。

(学生挑出不理解的词句,结合课文注释合作解决,解决不了的老师加以点拨)

师:初步了解文意后,老师出示几个句子看看同学们的断句情况。(课件呈现)

师:老师通过你们的断句知道,你们已经对课文的内容有了一个大致的了解。同学们刚才合作把课文读了一遍,老师也想把课文读一遍。(老师范读)

师:听完老师的朗读后你们觉得文言文要想读得好,除了读准字音,读好节奏外,还需要什么?

生:还要读出情感。

师:正确,想要读出情感,我们就得再次进入文本,深入了解课文的内容,下面我们来看第一自然段写了什么?

生:写了潮水的特点。

师:你能否用文中的一句话来概括?

生:"天下之伟观也。"

师:找得很精准,我们一起来赏一赏潮来的景象吧,看看这潮来之景到底有什么魔力。首先请大家看一看这景象是按什么顺序来写的?

生:由远到近。

师:从哪些句子或词语中看出来的?

生:从"方其远出海门,仅如银线"和"既而渐近"这些句子,看出写景顺序是从远到近的。

师:不错,很准确。那作者又从哪些方面写出了潮水的"伟观"呢?(老师出示描写潮的词语)

生:形。

师:嗯,"线""城""岭"是形。

生:色,"玉城雪岭"。

生:声,"大声如雷霆"。

师:还有什么呢? 这"际天而来""震撼激射""吞天沃日"是什么?

生:是气势。

师:这是怎样一种气势啊?

生:"势极雄豪"!

师:为什么写得这么形象生动呢? 作者用了什么修辞手法?

生:比喻、夸张。

师:对,是比喻和夸张。由此可见用好这些修辞对我们表达很有帮助啊。大家翻开课后习题三,看看潘阆的《酒泉子》中哪几句也运用了这两种修辞。

生:"来疑沧海尽成空,万面鼓声中。"

师:对,潘阆用"沧海"仿佛倒空了来夸张水之大,用"万面鼓声"来比喻浪潮的声之大,也很生动形象。可见这浙江之潮真是——

生:天下之伟观。

师:为了将这种壮观的景象写出来,作者用了哪些方法啊?

生1:按照从远到近的顺序,调动多种感官。

生2:从声、色、形、势四个方面全方位描写潮水。

师:同学们,概括得很全面。让我们来读一读,读出这种壮观来。

(学生齐读,声音大,但没有一点起伏变化,更没有气势)

师:同学们你们自己觉得有那种气势吗?(学生摇头)

师:我教大家采用"重重轻轻"读法再来读读看。所谓的"重重轻轻"读法其实很简单,就是把体现气势的词语重读,其他的地方就轻轻来读。来,大家试一遍看看。

(学生再次齐声读,轻重读的比较明显了,但在最后一句"势极雄豪"处读得很轻)

师:这次很有进步。同学们,我来示范朗读第一段的描写部分。我读完后,也请同学们根据体会尝试再试一遍。(生体会,老师朗读)

师:那我们再来读一遍。请大家先亮一亮嗓子,咳嗽咳嗽几声。

(学生再次齐声朗读。声音轻时如和风,重时有吞天沃日之势。课堂气氛明显有升温的感觉)

师:请大家给自己以掌声!

(学生满脸兴奋,掌声雷动)

师:如果说第一自然段是大自然为我们带来的一场精彩表演,接下来第二段上演的又是怎样的场面呢?谁能概括一下?

生:写了水军演习的宏大场面。

师:概括得很好,我们来看看这段文字的特点,然后再根据特点来决定怎样朗读。一起看屏幕上的提示,体现阅兵场面宏大神威的文字是——

生:"每岁京尹出浙江亭教阅水军,艨艟数百,分列两岸"。

师:同学们注意"京尹"二字,它提示我们是什么地方。

生:当时的京城临安。

师:是京城啊,天子脚下。那阅兵的场面可以想象是多么的威武啊。

师:体现阵法变化莫测的文字是——

生:"既而尽奔腾分合五阵之势"。

师:谁能帮老师翻译一下这句话?

生:意思是,演习五阵的阵势,忽而疾驶,忽而腾起,忽而分,忽而合,极尽种种变化。

师:对照课文注释,直译,很准确。

师:武艺高超神勇的文字是——

生:"并有乘骑弄旗标枪舞刀于水面者,如履平地。"

师:能翻译一下吗?

生:并且有在湖面上乘马、舞旗、举枪、挥刀的,像走在平地上一样。

师:翻译得很准确。战斗激烈神速而结局干净利索的句子是——

生:"倏尔黄烟四起,人物略不相睹。水爆轰震,声如崩山。烟消波静,则一舸无迹,仅有'敌船'为火所焚,随波而逝。"

师:"为火所焚"是什么句式啊?

生:(齐答)被动句。

师:我们分析了各句的特点,那我们应该读出阅兵的这种神威不凡才对。怎么读呢? 我们可以先慢且稳重的读阅兵场面的宏伟以及五阵变化的莫测,水军武艺高强神勇,然后快而响亮地读出战斗的神速变化,最后又慢而轻地读出战斗结局的干净利索。同学们来一起读读看。

(学生齐读,但轻重快慢读的不清楚)

师:我给大家读一遍,看看能否读出那种神武。

(老师读完,再请全班学生一起朗读,学生很雀跃,表现得很有兴趣)

师:同学们,前两段很精彩吧,可是更精彩的在第三段,谁能概括一下第三段写了什么内容?

生:吴儿弄潮!

师:概括得又快又准,哪里有明确的介绍啊?

生:文前"导读"部分。

师:吴儿弄潮,弄潮能不能改成"潮里游泳"?

生:不能。

师:为什么呢?

生："弄潮"体现了人的勇敢。

师：对！他们能在汹涌的海潮里游泳是需要勇气和胆识的。他们一定是把海潮中游泳当做玩一般，所以人们就说"弄"潮。

师：这写弄潮儿技艺如何啊？你是从哪个句子看出来的？

生：技艺高超，你看他们"出没于鲸波万仞中，腾身百变，而旗尾略不沾湿"。

师：句中的"鲸波万仞"是什么意思？

生：万仞高的巨浪，形容浪头极高。

师：很准确，把词语放到句子中去理解有时会更容易。我们前面读潘阆的《酒泉子》词中哪句话也体现出技艺高超的特点？

生：弄潮儿向涛头立，手把红旗旗不湿。

师：嗯。

师：了解完内容后有没有哪位同学愿意把这一段给我们朗诵一下？

（由于时间问题，老师对第三自然段的朗读也做了指点，指导同学们重点注意吴儿弄潮中表现动作的词语，并指导学生在朗读时延长"而""略不""以此""夸"等词）

师：如果说第二段是宏大的场面描写，我们发现这一段就像一个特景镜头，焦点聚焦在弄潮儿，这是一种什么写景方法啊？

生：点面结合。

师：这么壮观的景象看的人多吗？在哪里有描写？

生：非常多，"车马塞途""僦赁看幕，虽席地不容间也。"

师：你能对照课文注释翻译这几个句子吗？

生：车马把路都堵塞了，租用看棚的人非常多，中间即使是一席之地的空地也不容有。

师：翻译得很好，老师觉得这一段可以删掉，为什么呢？因为本文的主要内容是写潮水的，这一段却无一字提到潮水，你们同意老师的这种见解吗？

生：不同意，这是一种侧面描写，岸上那么多人，从侧面说明了潮水的雄伟壮观。

师：哦，听完你的回答，老师明白了作者为什么要写这一段了，谢谢同学们。可是老师还想进一步去了解这篇文章,问同学们一个问题,是谁看到这些人在观潮呢?

生:作者周密。

师:同学们的回答让老师想起卞之琳的一句诗:"你站在桥上看风景,看风景的人在楼上看你。"很奇怪,作者为什么要跳出众人之外看风景呢?

(生沉默)

四、知人论世,感悟作者情怀

师:看来这问题有点难啊,学习文言文想深入地了解文章我们就必须知人论世。来看看注释①中对周密的介绍,看看能否明白一二。

生1:我发现周密写这篇文章时南宋已经灭亡了。

生2:周密写得这一切都是回忆。

师:同学们真是火眼金睛,南宋是1279年灭亡的,而作者写这篇文章时是1290年,这是一篇回忆之作。那作为南宋遗民作者为什么要描写如此热闹壮观的场景呢? 老师再补充一下对周密的介绍,也许同学们就会明白其中的缘由了,请看大屏幕。(课件呈示)

生3:这篇文章选自《武林旧事》,我从周密入元不仕这个经历中明白了回忆如此壮观热闹的景象那是源自于对故国深深的眷恋。

师:这位同学太有情怀了,你们赞成他的理解吗?

(学生齐点头)

师:从对他的介绍中,我们知道南宋灭亡后周密不愿出仕,生活得很凄苦,我们可以想见在破旧的茅草屋中,在风雨飘摇的夜晚,只能靠着对故国的回忆来慰藉自己内心的凄苦。所以,这篇文章热闹的背后是沉寂,壮观的背后是黯然,观潮的背后是深深的故国之思。如果你们能理解到这一层,那么即使千年,你们就是周密的知音。下面让我们带着这种情感把文章再读一遍。

师:读得真有感情,谢谢同学们。老师也要感谢周密,他不仅用他的生花妙笔向我们展示了浙江潮水的雄伟壮观,还教会了我们一些写景方法,如点面结合、侧面描写等,同学们课后不妨也试着用今天学得景物描写的知识去描写身边的景物,做到活学活用。(铃声响起)同学们,下课,谢谢大家。

认清目标，扎实积累

《观潮》是八年级语文上册第六单元的一篇课文。其是以写景为主的散文，文字优美，通过对钱塘江大潮雄奇壮丽、气势非凡景观的描绘，抒发了作者对故国无限的怀念。同时，这篇文章文言词语又很丰富，对八年级的学生来说，理解上有一定的困难。如何扫清字词障碍，如何让学生发自内心地感受到蔚为壮观的钱塘江潮，是我这节课两个主要的教学目标，也是着重要解决的问题。

纵观目前的文言文字词教学，字词教法上存在着两种极端的方式：一种是老师逐字逐句讲析，把知识点嚼烂了"喂"给学生，一种是一张张字词幻灯片闪过，读一读，蜻蜓点水，字词就过去了。这两种方法都不可取。那么文言文的字词该如何教呢？我认为在初中阶段，要学会归纳。那如何归纳呢，下面我简单谈谈我的理解。

一、同形比较

这个"形"即字形，但不是所有的字都值得教。《义务教育语文课程标准（2011年版）》，在"课程基本理念"中提出"语文课程还应考虑汉语言文字的特点对识字写字、阅读、写作、口语交际和学生思维发展等方面的影响"，也就是说，教师要注意选择符合汉语言特点的字词进行教学。

例如在教《邹忌讽齐王纳谏》一课时，我出示了这一组字：

讽：婉言规劝。

谏：直言规劝。

刺：斥责、指责。

谤：公开指责别人的过失。

讥：微言讽刺。

这一组字都与"说话"有关，字形相似，意义相近容易混淆，这样的梳理让学生一目了然。

这种教法的妙处在于不仅能够辨析字形字义,而且可以培养学生依形索义(即根据词语的字形,探索词语的意义)的探究能力。教《三峡》时,我充分抓住了此文生字带"山"字旁和"氵"字旁多的特点,让学生试一试趣味识字的方法,在文中找一找、圈一圈带"山"旁的字和它们的意思,带"氵"旁的字和它们的意思,因为所谓"峡"就是"两山夹水的地方"。这种教法新颖有趣,而且还有深度,学生一下子就抓住了这组字的字形和字义的特点。

二、一字多义现象

《童趣》这一课,出示了这样一组词:

物外之趣　驱之别院

细察其纹理　蹲其身

徐喷以烟　以丛草为林

为之怡然称快　尽为所吞

这一环节就是我们通常所说的"一字多义"。一字多义归类,有利于学生掌握重要语素的意义,有的时候有举一反三的作用,尤其在学习文言词语的时候,可以先分析构成词语的每个语素的意思(特别是在表意中起关键作用的语素),再合起来领会整个词语的意思。

此次我在教《观潮》一文时,将本文的词语分成了五类,分别是表示时间的词语、多音字、生僻字、成语和四字短语,如下:

既望　既而　倏尔

乘骑　塞途　出没

教阅　艨艟　倍穹　僦赁

鲸波万仞　珠翠罗绮　吞天沃日　如履平地

际天而来　声如雷霆　震撼激射　一舸无迹　披发文身　溯迎而上

从课堂效果上看,这样的整理对学生的帮助很大,这种归纳法的实用之处在于,学生不是零散地识记文言文字词,而是系统地梳理,有规律地背。当学生有了分类整理字词的习惯,学习文言文的境界就大不一样了。

当学生解决了"言"的障碍,如何去领会"文"的优美呢?

著名作家曹文轩曾经说:"汉语的音乐性、汉语的特有声调,所以这一切,都使得汉语成为一种在声音上优美绝伦的语言。"所以,我们语文课堂要充分利用汉语的这一优势,让学生能获得这种美的享受。《观潮》这篇美文,作者是怀着对故国无限的怀念而借潮来描摹赞美的。钱塘江的海潮本来就这样一直蔚为壮观地活在作者心中,所以他笔下的文字字字句句都洋溢着一种情感,笔下的景象无不撼动作者之心、观者之心。这文字本身以及它后面的历史背景是很美很美的,可这种美对于知识和阅历都还欠缺的八年级学生来说还是有一定距离的,如何将他们引进这美的殿堂呢?

于是这节课我将文字的世界过渡到声音的世界,朗读就是这引渡的桥梁,让学生在音乐般的直观享受中先感受到它的美。但如何使朗读最有效呢?

老师范读是不容忽视的。让学生首先从听觉上感受到,原来朗读可以这么美。只是听还不能将学生带进学习的最佳状态,实践才是获得真知的最好途径。接下来老师对学生的朗读指导尤为重要。

首先得引导学生把握文本特点。如《观潮》第一段写潮来之势,我们必须把握住潮来之势壮观的特点。其次应该教给学生朗读的具体方法。如读《观潮》第一段,应当注意语音的轻重,老师就指点学生注意哪些词重读,为什么重读,并且给以示范。方法指导应该越细越好,这样在实际演练的时候,学生不至于无所适从。鼓励学生尝试并调动他们的兴趣,让他们享受到进步的喜悦。学生不可能一遍尝试就能成功,但我们一定要给他们一种进步的成就感,这样能将他们带入快乐的体验性学习中去。

学生如果能够通过朗读感知到文本的内容,那他所得到的印象一定是非常深刻的,而且这个感知的过程也一定是愉快的。在这一环节中,我带领学生通过朗读来体会潮势的雄伟壮观,学生在朗读过程中表现得很积极、很兴奋,朗读的效果也很不错。实践证明,朗读既可以帮助学生们加深对文本的理解,同时也可以帮助他们感受我们民族语言的声音之美,从而培养他们对母语的亲近感。朗读如落到了实处,其实是可以使学生轻舞飞扬的,也可以让他们的学习妙趣横生。

从整堂课的教学可以看到,学生通过充分读,实现了在读中自学,读中自悟,读中自得;通过自己领悟,激发了学生的思维和情感体验;通过自由评价,使学生的参与意识,学生的主体地位得到发挥。这样,学生不仅读懂了课文,而且体会到祖国山河的壮丽,感受到祖国语言文字之美。

　　总的来讲,本课教学目标基本达到,不足的是怕后面朗读时间不够,积累词语这一环节训练就稍显不足了。另外,课堂上学生的学习气氛跟平时的课堂相比还显得不够活跃,除了客观的原因外,我想我的教学感染力还有待于提高。在今后的教学工作中,我会弥补我的不足,尽全力给学生上好每一节课。

目标引领　活动达成

皇帝的新装

课题:人教版七年级语文上册第六单元《皇帝的新装》

背景:该课荣获"2015年新媒体新技术教学应用研讨会暨第八届全国中小学互动课堂教学实践观摩活动"课例评比三等奖,教学设计荣获长三角网络结对学校教学设计评选一等奖

执教:洪潇

日期:2015年1月

【教学设计】

一、教材分析

《皇帝的新装》是人教版七年级语文上册第六单元中的一篇课文,体裁属于少年儿童非常喜欢的文学样式——童话。童话是通过丰富的想象、夸张等写作手法,塑造人物形象、反映社会生活的一种文学体裁。这种体裁在小学学习期间,学生们接触较多,应该比较熟悉,但初中学习,应在小学的基础上侧重于更好地把握课文内容,并结合文中具体语句,感受作品人物形象,进而理解作品主题等。

1.教学目标

(1)回顾童话相关的文学知识,课堂交流并掌握一些重要词语;

(2)学会概括叙事类作品主要内容的一些方法,整体把握课文内容;

(3)评析人物描写语句,分析句中人物形象,并借此理解本文主题。

2.教学重点、难点

重点:掌握整体感知课文内容的方法是本节课学习的重点;

难点:掌握分析写人叙事类作品主题的方法是学习难点。

二、学情分析

根据了解,大部分学生在小学阶段都看过《安徒生童话》,所以对于安徒生的童话作品并不陌生,同时七年级学生也非常喜欢阅读童话这种文体,作品内容的了解对学生而言,应该没有太大的问题,但要想进一步准确概括出文章内容,提高学生概括课文内容的能力,却是初中教学的重点,因此本堂课需要教师着重的地方是引导学生寻找线索复述课文,并掌握这种把握课文内容的方法。同时,在阅读中学会结合具体的语句与内容分析人物性格与形象,进而理解作品主题。

三、教学方法

探究性学习,课堂对话与交流。

课时安排:1课时。

四、教学过程

(一)课前预习环节

目标引领	指导活动	学习活动
逐步培养学生课前分类整理字词、了解作家作品的预习习惯。	(1)教师布置学生自主进行课前预习,关注自己要预习哪些内容; (2)通过预习,熟悉课文内容。	自主学习词语,重点掌握字词的音、形、义,学会分类整理字词的方法。 学会查找资料,了解作家作品。

(二)课堂教学环节

目标引领	指导活动	学习活动
1. 导入环节 通过预习情况反馈,引导学生注意预习方法并进行总结,养成良好的预习习惯。	教师引导学生自主交流预习内容,总结学习方法:建议大家在平时的阅读中养成字词分类整理的习惯,并且关注作家作品、文体等知识,引导学生总结和巩固基本知识。	学生积极交流自己的预习成果,并学习别人良好的预习方法。

目标引领	指导活动	学习活动
2. 整体把握课文内容 　　(1)老师请学生复述课文的主要内容; 　　(2)老师引导学生揣摩本文标题的意味与作用,明确本文的写作思路;	【教师引导】 　　同学们预习完成得很好,对于故事了解了吗?哪个同学能起来复述一下这个故事?(老师参与点评) 【问题引导】 　　我们看一篇课文的时候要学会去关注文章的标题,文章的标题往往可以给我们提供很多信息。本文的标题有什么作用呢?本文的思路是什么? 【教师点评】 　　《皇帝的新装》中"皇帝"是核心人物,"新装"是线索。在讨论交流中,师生明确:本文思路是"爱新装—做新装—看新装—试新装—展新装"。	学生在思考的基础上进行复述。 　　学生找到标题中的有效信息,交流展示,最终明确本文的思路。
(3)引导学生在了解文章思路的基础上,再次复述课文的主要内容,依靠方法,提高复述课文的能力。	【教师引导】 　　请一个同学顺着本文的思路再次复述课文。 　　师生总结学习方法: 　　抓住线索,理清思路才能很好的复述课文。	学生再次复述课文内容,并在老师的指导下总结学习方法。

目标引领	指导活动	学习活动
3. 解读人物,理解作品主题 (1)品味文中具体的人物描写,解读人物性格,总结人物形象;	教师引导学生借助PPT上的表格解读人物。	学生四人一小组讨论,每小组任意选择一个文中人物,找出文中该人物的一段精彩语句,感悟出人物形象或性格特点及作者的态度。
(2)在把握人物形象的基础上,理解作品主题;	教师引导学生评析相关的语句,说出人物相应的形象或性格特点,明确作者对这些人物的态度。	学生结合文中具体的语句分析人物性格特点,尝试概括人物形象。
(3)结合背景,深入理解作品主题;	教师引导学生关注本文的写作背景。(PPT呈现)	学生说出作者的情感态度,并结合背景说说文章的主题思想。
(4)引导学生通过总结,明确作者对人物的态度,并结合作品背景归纳作品主题思想的方法。	【问题引导】 如何在阅读中总结写人叙事类文学作品的主题?并明确方法(或课件呈示): (1)说出人物相应的形象或性格特点; (2)明确作者对这些人物的态度; (3)将以上内容综合整理,并与作品的背景相结合,即为作品主题思想。	学生在老师的引导下展示交流自己的看法,明确方法。
4. 课堂总结	【教学总结】 教师开展课堂教学总结或引导学生作简要的课堂学习回顾。	学生跟随教师回顾课堂学习内容。

附:板书设计

皇帝的新装

爱新装—做新装—看新装—穿新装—展新装

目标引领 活动达成

【课堂实录】

一、预习反馈,培养习惯

师:今天老师和同学们共同来学习一篇课文《皇帝的新装》。请大家把课本翻到27课。昨天同学们回家预习了课文,现在想了解大家是怎么预习的。

(老师随机选取学生)

生:我把课文读了两遍,对不会读的和不懂的字查了字典。

师:哪些字呀?

生:比如……

师:我也觉得这篇课文有一些字比较难读,容易写错,所以做了一张投影,同学们看一下。我还把它们分类了,能找到规律吗?(课件呈示:难写字、生僻字"滑稽""御聘","不可救药""随声附和""骇人听闻"等重要词语)

生:第一类是难读的字,第二类是难写的字,第三类是成语。

师:说得非常准确。我们把这些词来读一遍。

师:老师再找一个同学(随机选取另一个学生),你是怎么预习的?

生:我查找了关于作者安徒生的资料。作者安徒生,出生在丹麦一个贫苦的鞋匠家庭。童年生活贫苦。早期写有诗歌、剧本和长篇小说《即兴诗人》等。1835年开始写童话,共160余篇。在《丑小鸭》《小克劳斯和大克劳斯》《皇帝的新装》《夜莺》《卖火柴的小女孩》《她是一个废物》等篇中,作者揭露当时社会的黑暗和金钱支配一切的罪恶,讽刺统治阶级的专横愚昧,反映贫富之间的悬殊,同情下层人民的苦难。作品想象丰富,情节生动,语言朴素。安徒生是世界著名的儿童文学家,我还知道他是丹麦的童话作家。

生:我了解了这篇文章的文体是童话。童话是儿童文学的一种。这种作品通过丰富的想象、幻想和夸张来塑造形象,反映生活,对儿童进行思想教育。语言通俗、生动,故事情节往往离奇曲折,引人入胜。童话又往往采用拟人的方法,举凡鸟兽虫鱼、花草树木,整个大自然以及家具、玩具都可赋予生命,注入思想感情,使它们人格化。安徒生在"歌颂真与美,批判假与丑"。童话是运用了想象和夸张的一种文体。

师：大家预习得很全面。我们来总结一下：预习一篇课文要熟读课文，疏通字词，了解作家作品。特别重要的是在自学字词的时候，我们还要学会归类整理，以便于记忆。

二、整体感知，复述课文

师：同学们预习完成得很好，本文故事不难了解，是吧？老师还想邀请一位同学起来复述一下这个故事。

生：很久以前有位皇帝很爱穿新衣服，其他的事他都不管。有一天，来了两个骗子，说自己能做一种美丽的衣服，但愚蠢不称职的人是看不见的。爱穿新衣服的皇帝当然上当了，虽然那两个骗子从早到晚都在织布机前可那上面什么也没有，并且他们还向皇帝要了许多金子。过了些日子，皇帝让一个城市最有头脑的人去看看布怎样了，那人去了以后因为不想让别人知道自己什么也没看见，所以回来以后，对皇帝说那布非常好看。又过了几天，皇帝又叫了一个人去看，那个人说的和第一个人一样。后来皇帝决定亲自去看。但皇帝什么也没看到，他不想让别人认为他是个愚蠢的人，于是他说很漂亮。所有的人都随声附和着，其中有人叫皇帝换上新衣服去游街，皇帝高兴地答应了。

到了街上，人们都说好看，只有一个小孩说出了实话，后来，大家都这样说。皇帝也有点发抖，但他还是继续向前走着。

师：这位同学复述得不错，老师听出来了，他是按时间的顺序复述的，因为他的内容中有"有一天""过了一些日子""又过了几天"等内容。我们在复述文章的时候按照一定的思路来复述，会让复述的内容更清晰。大家思考一下，这篇文章还有没有更清晰的线索呢？我们先来看看文章的标题，文章的标题往往可以给我们提供很多信息。这篇课文的标题是《皇帝的新装》，大家思考，标题与文章的内容有什么联系？

生：皇帝的新装是本文的内容。

生：是本文的线索。

师：说得太准确了，是本文的线索。那么同学们看看，作者围绕这个线索写了什么内容？请大家根据课文情节的变化在新装前依次加上一个动词，来

目标引领　活动达成

构建全文的写作思路。

师：同桌之间可以互相讨论一下。

生：我觉得全文的思路可以是爱新装，做新装，看新装，试新装，展新装。

师：概括得非常全面。你能不能顺着黑板上的这个思路再将全文复述一下？（提醒学生说故事的结局）

生：……（学生根据线索复述）

师：请同学们感受一下，是不是难度降低了？所以，我们同学们以后再复述其他课文的时候，一定要理清思路再去复述，难的问题就变得简单了。

三、细读人物，把握主题

师：原来文章的标题含有这么多的信息！我们再次把目光移到标题——皇帝的新装，这件新装和皇帝以前的新装相比有什么特别之处？

生：所有不称职的或是愚蠢的人都看不到这件衣服。

师：文中有人看到这件衣服了吗？

生：没有。

师：为什么看不见？

生：因为这是骗子用来骗人的，新装本来就不存在。

师：哦，文中提到了几个骗子呀？

生：两个。

师：再想想？

生：有好多。

师：有哪些，大家说，老师来写。

生：皇帝，大臣，骗子，百姓。

师：文中全写了这些骗子？

生：还有一个小孩，除了那个小孩子，其他的都骗人了。

生：皇帝、诚实的老大臣、诚实的官员、特别圈定的随员、最高贵的骑士、典礼官、内臣、站在街上和窗子里的人。

师：说得太好了。除了骗子行骗，这里还有一群自欺欺人的人。我们来好好来看看他们的表现。请同学们看一下投影上的问题：文中的这些骗子中，你

语文·皇帝的新装

觉得哪个最讨厌?请找出文中关于他们的精彩语句,完成这个表格。原则:大家分小组合作讨论完成。每个小组成员都要参与品析并推选一个代表发言。请看老师的示例……开始吧!(生读四五分钟,师了解情况,与学生个别交流)

师:时间差不多了,谁先开始?

生:我挑的是第136页写的老大臣的表现。"哎呀,美极了! 真是美极了!"老大臣一边说,一边从他的眼镜里仔细地看,"多么美的花纹! 多么美的色彩! 是的,我将要呈报皇上,我对这布料非常满意。"他明明没看到,装得这样逼真,很滑稽的感觉。

师:确实滑稽,我们看文中对老大臣的表现是写得相当详细的。找一找几次写到老大臣啊?

生:三次。

师:分别是怎样写的?

生:第一次,他把眼睛睁得特别大;第二次,可怜的老大臣眼睛越睁越大;第三次,是从他的眼镜里仔细地看。

师:当他把眼睛睁大的时候,看到东西了吗?

生:没有。

师:难怪,因为本来就没东西,要看到了才怪呢! 但是,我们发现,他第三次不但"看到"了! 还看得很仔细,并极力夸赞。其实,前两次是真没看到,而第三次是假的看到,而他的表现呢,实在是假的比真的还真啊!

生:我挑的是老大臣的心理描写,"'我的老天爷!'他想,'难道我是愚蠢的吗? 我从来没有怀疑过自己。这一点决不能让任何人知道。难道我是不称职的吗? 不成! 我决不能让人知道我看不见布料。'"老大臣很可怜,都叫起老天爷来了。

师:用一个词来形容此时老大臣的心理——

生:惶恐。

师:老大臣惶恐不安啊! 不过,他再乱方寸,在一个方面是决不动摇、斩钉截铁的,那就是两个"决不能",决不能让人家知道自己的愚蠢和不称职,除了这点,什么都好商量。而两个骗子呢? 要的就是这一点。大家一起来读一读这些心理描写,读出惶恐,读出决断。(生读)

生：我挑的是第二个去看布的诚实的官员，第137页的第三段："'我并不愚蠢呀！'这位官员想，'这大概是我不配有现在这样好的官职吧。这也真够滑稽，但我决不能让人看出来。'"与老大臣一样，又是一个"决不能"，真是兵熊熊一个，将熊熊一窝啊！有这样的皇帝就有这样的官员，全是胡说八道。

生：刚才这位同学说到胡说八道，使我想到老大臣的表现了，大家看第136页下方写到，当两个骗子描述布的色彩和花纹时，"老大臣注意地听着，以便回到皇帝那儿可以照样背出来。"两个骗子无中生有，胡说八道，而一个年近花甲的大臣注意地听着，还要背出来，真是令人啼笑皆非啊！

生：我挑的是第139页，"那些托后裙的内臣都把手在地上东摸西摸，好像他们正在拾起衣裙似的。他们开步走，手中托着空气——他们不敢让人瞧出他们实在什么东西也没看见。"明明没有东西，还装模作样，让人感到又可笑，又可悲，又可恶。

生：我挑的是游行时百姓的反应，在第139页，"站在街上和窗子里的人都说：'乖乖！皇上的新装真是漂亮！他上衣下面的后裙是多么美丽！这件衣服真合他的身材！'""乖乖"让人觉得煞有介事，两个"真"其实是假，甚至说到一个细节：上衣下面的后裙，好像确实无疑似的。

师：大家有没有发现，赞美这衣服时，有没有人说出这衣服的具体的颜色、花纹怎样的？

生：没有。

师：都是笼统而又模糊地赞美。为什么？

生：因为说得具体了，肯定要矛盾的，一个说红色的，一个说绿色的，那不是露马脚了吗？

师：是啊，都是挺世故圆滑的啊！

师：一个一眼就可看穿的骗局，竟然畅行无阻，最终演出一场荒唐的闹剧。我们笑过之后，有一个问题出来了：为什么上至皇帝下至百姓，几乎人人都违心地说假话呢？

生：都有虚荣心，都有自私心，明哲保身，顾虑重重。

师：大家注意到了吗？当皇帝听说这衣服有奇怪特性的时候，第一个念头是什么？

生:"我穿了这样的衣服,就可以看出在我的王国里哪些人不称职;我就可以辨别出哪些是聪明人,哪些是傻子。"

师:当全城的人都听说这织品有一种多么神奇的力量时,他们的第一个念头是什么?

生:"大家也都渴望借这个机会测验一下:他们的邻人究竟有多么笨,或者有多么傻。"

师:无论是皇帝,还是百姓,一听说这衣服的神奇特性,第一个念头要对付的就是别人,而唯独没有想到自己会怎样,严以律人,宽以待己啊!这令我想到了孔子在《论语》里的一句话,"其恕乎!己所不欲,勿施于人"。这些人是己所不欲,偏施于人啊!

师:"虚荣","自私","己所不欲,偏施于人",这些都是人性中的丑陋啊!都是人性中的弱点啊!学到这里,我不禁想问:同学们从自己身上找找看,你有这样的心理吗?(师课件呈示:对照课文,联系实际 笑过别人之后,扪心自问:我们身上有他们这些人性的弱点吗)

师:我们刚才说到的这些人物,还有哪些是同学们没有说到的?文中有关于他们的语句吗?

师:老师补充一下(课件呈示),大家齐读。

生(齐读):

(1)"全城的人都听说这件织品有一种多么神奇的力量,所以大家也都渴望借这个机会测验一下……"

(2)"城里所有的人都在谈论着这美丽的布料。"

(3)"每人都随声附和着。每人都有说不出的快乐。"

(4)"'一点也不错'。所有的骑士都说。"

(5)"'上帝,这衣服多么合身啊!裁得多么好看啊!'大家都说……"

(6)"那些托后裙的内臣都把手在地上东摸西摸,好像他们正在拾起衣裙似的。"

(7)"站在街上和窗子里的人都说:'乖乖!皇上的新装真漂亮……'"

师:这些句子出现在文章不同的地方,但是你发现有一个字是一样的,能找到吗?是哪个字?

生(齐声):"都"。

师:每个句子里都出现了一个"都"字,这里的"都"说明什么问题?先想一想。

生:全城的大人都在说谎话。

生:从这里可以看出,是全城的大人造就了这个荒唐的闹剧。

生:我觉得这样可以体现出全城的大人都不愿意承认自己很笨、不称职。

师:所有的大人,无论是有权利的,还是没权利的,无论是高高在上的,还是贴着地气的善良百姓,都卷入了这场闹剧当中。

生:我认为是全城的大人都有虚荣心,不愿意承认看不见布料,所以才产生了这场闹剧。

师:你知道老百姓为什么要有虚荣心吗?

生:因为他们不愿意在皇帝面前显示出自己的愚蠢,皇帝如果听见他们说看不见,就是认为他的国家的百姓太愚蠢了。

生:说了真话,可能就会有些不好生活了。

师:也就是说百姓不敢说真话,迫于压力,他说了假话,迫于生存的需要,他说了假话。同学们,这个时候是不是突然发现《皇帝的新装》其实讲的是一个成人世界的故事,告诉我们这种虚伪的做法在百姓当中像瘟疫一样蔓延着。百姓们的这种表现说明了什么?

生:人云亦云,从众。

师:大家刚才的朗读和发言非常精彩。我们来看看,把同学们这些精彩的发言组织起来就找到了本文的主旨,原来找到文章的主旨这么简单。

四、结合背景,深悟主题

师:安徒生想评价的仅仅是这些童话王国中的人物吗?老师找了一段背景的介绍。(课件呈现时代背景)

这篇童话写于1837年。18世纪末19世纪初,西欧资本主义得到迅速发展,而处于北欧边陲的丹麦却还是个君主立宪国家。拿破仑战争最激烈的时候,丹麦统治阶级利用英法矛盾,以中立地位大搞海上粮食贸易,引起英国不满,英国要求丹麦交出从事贸易的舰队和商船,成为英国的附庸国。丹麦拒绝

语　文·皇帝的新装

这一要求,英军于1807年炮击哥本哈根,摧毁了丹麦的舰队,丹麦便由中立倒向拿破仑一边,成为交战国。8年后,拿破仑战败,丹麦也成为战败国而失去广大领土,耗尽了钱财,银行倒闭,农村萧条,刚刚兴起的小型工业也全部破产,丹麦最终成了英国的附庸国。丹麦人民深受本国封建阶级和英国资产阶级的双重剥削,过着饥寒交迫的贫困生活,而封建统治阶级则穷奢极欲,挥霍无度。

面对这样的社会现实,安徒生根据西班牙一则民间故事改编了《皇帝的新装》,把揭露的锋芒直指封建统治阶级的头子,并无情地嘲讽了贵族、宫廷的丑恶行径,深刻地解剖了当时社会的病状。

师:其实我们刚才水到渠成地完成了对这篇文章主旨的分析。这个环节老师总结一下:如何在阅读中总结写人叙事类文学作品的主题(课件呈示):(1)品析相关的语句,说出人物相应的形象或性格特点;(2)明确作者对这些人物的态度;(3)将以上内容综合整理,并与作品的背景相结合,即为作品主题思想。

师:安徒生写这篇童话距今170多年,我们今天坐在这里欣赏他的这部作品大家觉得有什么样的启示? 我想请同学们来说说。

生:我们平时要注意尽量抛弃虚荣心等这些人性的弱点。

生:我第一次发现童话的内涵是这么的丰富。

生:《皇帝的新装》,说是想象,其实离不开现实,说出真相是要有勇气的,是要付出代价的。如何面对真相,这真是对我们每一个人的考验。

五、学习总结,思想升华

师:是的,一千个读者就有一千个哈姆雷特。相信每个同学都有自己的体会。其实,安徒生的童话也非常适合成年人来阅读。正如著名作家周国平写的这段话:安徒生曾说,他写童话时顺便也给大人写点东西,"让他们想想"。我相信,凡童话佳作都是值得成人想想的,它们如同镜子一样照出了我们身上已习以为常的庸俗,但愿我们能够因此回想起湮没已久的童心。

同学们,你们现在还是孩子,但我们也有成长为成人的那一天,让我们一直把他的童话读下去,读懂别人,读懂自己,读懂人生,愿我们的灵魂能始终保留那一份纯真与善良。

目标引领　活动达成

将活动进行到底

安徒生的《皇帝的新装》虽然已面世一百多年,但经久不衰,受到了不同地域、不同年龄的人的喜爱,具有强大的生命力,原因何在? 是因为安徒生的作品总让人常读常新。

这篇童话已是初中教材的"常客",有一定从教时间的语文老师肯定都已多次教过这篇课文。不论你选择的是表演课本剧之类的生动活泼的课型,还是将小男孩与成年人进行对比之类的品味思索式的课型,抑或是其他的什么课型,只要你是一个不安于现状的教者,你都会在形式上或大或小地翻新,以求自己的课有新意。但是,我们很少从经典的时代内涵上去不断挖掘,让作品在不同时代都能突显它的价值。

《义务教育语文课程标准(2011年版)》明确指出:"阅读教学是学生、教师、教科书编者、文本之间对话的过程。"所以,在整个教学过程中,我特别注意引导学生依据文本,从文本中找到一些不经意的词,让他们领悟深刻含义后,读出自己的感受。其中,学生的朗读,的确表达出了他们自己的感悟。

其实,只要我们回想一下多次教这篇文章或不同时间拜读这篇文章的经历,你就会发现自己每次都有新感受:作者似乎是赞美小男孩的无私无畏,教育小读者从小就要敢于说真话;又似乎是表达作者对当时虚伪之风盛行的无情嘲讽,寄托对年轻一代的殷切希望……而这节课正是跳出了一般教者简单地在形式上花样翻新的做法,是"目标引领、活动达成"的一次尝试,教出了本文的现实意义,教出了新意,完成了对这篇文章的一次现代版的解读,实践了对经典课文的一次真正意义上的"常教常新"。

我根据童话的特点,以情节、人物、主题为课堂教学的重点,以童话主旨和夸张、想象等写法的理解为教学难点,同时就学习目标设置了预习活动、复述活动及主题研讨活动。在每一个大的活动板块之下,又将活动分成了一个个步骤来进行。每个环节结束后,都由这个环节的学习方法的总结过渡到下个活动的展开,在整个教学中注重让学生掌握方法,形成能力。在课堂教学回顾中,我感觉目标非常清晰,活动的设计也非常合理,课堂也充分注重了学生的思维训练,整个教学初步落实了"目标引领、活动达成"的教学构想。

本课也有一些需要思考的地方:

首先,教材单元提示中提到要让学生"快速阅读",而我本课的学习目标没有充分注意到这一点,所以在复述这个环节中没有对学生作这方面的具体要求。如果加入"快速阅读"这个活动流程,课堂教学环节在落实单元教学要求上就更加完美了。另外,"活动达成"的全员性上还可能再提高,让更多的学生充分地完成课堂学习目标,那么教学也就更加扎实地完成了。

其次,这是一篇经典的童话,给初一学生究竟该呈现什么样的教学内容,这也是我在教完本课后深入思索的问题。不同的学段,同一篇课文是要设置不同的教学内容或目标的。本节课教学内容的选择和教学目标的确定,我也是尝试性地作些探索和安排,特别是在目标的具体化、操作性方面作了一些摸索,当然这样是否合适,也还需要更多的实践验证。

再次,对于主题应该怎样解读,在课文前的阅读提示有这样一段导向性的话:"读完这童话,我们首先会嘲笑那个愚蠢皇帝,不过,如果注意到上自皇帝下至百姓,几乎人人都违心地说假话这一现象,我们的思考也许能更深入一层。"课后的"研讨与练习"里提出了:"在根本不存在的'新装'前,从皇帝到老百姓都不敢说自己根本看不见它,这是为什么?"这提示与提问,也是对《全日制九年务教育语文课程标准(实验稿)》"对课文的内容和表达有自己的心得,能提出自己的看法和疑问,并能运用合作的方式共同探讨疑难问题",理念的具体落实。但在课堂教学中,对于老师而言,落实到什么程度才是合适的,需要思考和实践。

通过这次课,我感触很深,要上好一节课,须做到:第一,教师要自己独立钻研教材、教参,吃透文本。第二,集体备课,集思广益,根据学生实际情况设计较好的教学过程。第三,教师课堂上要有教学生成和驾驭课堂的能力。第四,教师要善于通过自身的人格魅力和个性特长来感染学生,激发学生学习的兴趣,如标准的普通话,整洁美观的板书,带有鼓励性和幽默风趣的语言,大方且具有亲和力的教态等方面。在今后的教学中,我将朝着这些目标去努力,不断提高自己的课堂教学水平。

有理数的加法

课题:沪科版七年级数学上册第一章第4节《有理数的加法》(第一课时)

背景:该课荣获2010年"卡西欧杯"第七届全国初中青年数学教师优秀课观摩与评比活动一等奖

执教:黄娟

日期:2010年11月

【教学设计】

一、教材分析

  有理数的加法在整个知识系统中的地位和作用是举足轻重的。初中阶段要培养学生的运算能力,逻辑思维能力和空间想象能力,以及让学生根据一些现实模型,将其转化成数学问题,从而培养学生的数学意识,增强学生对数学的理解和解决实际问题的能力。运算能力的培养主要是在初一阶段完成。小学所学习的在正有理数和零的范围内进行的加法运算和有理数的意义是本节课的基础。但是,它与小学的算术又有很大的区别。小学的加法运算不需要确定和的符号,运算单一,而有理数的加法,既要确定和的符号,又要计算和的绝对值。有理数的加法作为有理数的运算的一种,它是有理数运算的开始,是进一步学习有理数运算的重要基础之一,也是今后学习实数运算、代数式的运算、解方程以及函数知识的基础。学好这部分内容,对增强学生学习代数的信心具有十分重要的意义。

  就第一章而言,有理数的加法是本章的一个重点。有理数这一章分为两大部分——有理数的有关概念和有理数的运算。有理数的有关概念是有理数运算的基础,有理数的混合运算是这一章的难点,但混合运算是以各种基本运算为基础的。在有理数范围内进行的各种运算中,加、减法可以统一成为加法,乘法、除法和乘方可以统一成乘法,因此加法和乘法的运算是本章的关键,而加法又是学生接触的第一种有理数运算,学生能否接受和形成在有理数范围内进行的各种运算的思考方式(确定结果的符号和绝对值),关键在于这一节的学习。

从目标设计方面来讲,有理数加法运算,在确定"和"的符号后,实质上是进行数的加减运算,思维过程就是如何把有理数的加法运算化归为小学算术的加减运算。

1.教学目标

(1)掌握有理数加法法则,并能运用法则进行有理数加法的运算;

(2)经历有理数加法法则的探究过程,深刻感受分类讨论、数形结合的思想,由具体到抽象、由特殊到一般的认知规律;注重动手、发现、分类、比较等方法的学习,培养归纳能力;

(3)通过师生合作交流,学生主动参与探索获得数学知识,从而提高学习数学的积极性;体会数学来源于生活,服务于生活,培养热爱数学的情感,体会数学的应用价值;培养善于观察、勤于思考的学习习惯,树立合作意识,体验成功,提高学习自信心。

2.教学重点、难点

重点:有理数加法法则及运用。

难点:异号两数相加法则。

二、学情分析

学生通过小学四则运算的学习,头脑中已形成相关计算规律,小学所学的数都是指正整数、正分数和零等具体的数,因此学生可能会用小学的思维定势去认知、理解有理数的加法。但是学生知道数已经扩大到有理数,出现了负数,并且学习了数轴和绝对值,在此情况下,学生可能顺利地得到两个加数为非负、一个加数为负和两个加数都为负的结果,但不能把它归为同号、异号及与零相加等三类。

数　学　·　有理数的加法

三、教学方法

本节课借助生活中的温度变化这一情境,利用多媒体课件的演示,渗透数形结合的思想,在学生观察、合作、交流及教师设计问题的引导下来进行探究。最后由教师引导,学生组织语言对规律进行概括,从而得出有理数的加法法则。

教具准备:多媒体课件。

课时安排:1课时。

四、教学过程

目标引领	教学内容	师生活动	设计意图
情景导入,体会有理数加法计算的必要性。	学习足球比赛净胜球的计算方法。	2010年6月11日至7月12日,第19届世界杯足球赛在南非举行。来自世界各国的32支球队为全世界的球迷送上了一场完美的足球盛宴。(课件呈示) (课件呈示)小组循环赛中,胜一场得3分,平一场得1分,负一场得0分,积分最多的两支队伍进入十六强。积分相同时,净胜球多者为胜。(把进球数记为正数,失球数记为负数,进球数与失球数的和叫做净胜球数) 以B组为例,进入十六强的是阿根廷和韩国。 | 国家	赛	胜	平	负	得分
---	---	---	---	---	---
阿根廷	3	3	0	0	9
韩国	3	1	1	1	4
希腊	3	1	0	2	3
尼日利亚	3	0	1	2	1		利用世界杯的例子,体现数学来源于生活,让学生体会学习有理数加法的必要性,更能激发学生的兴趣。体会学习有理数运算的必要性。

目标引领	教学内容	师生活动	设计意图
		(课件呈现)再以A组为例,A组积分榜为 | 国家	赛	胜	平	负	得分	进球	失球	净胜球
---	---	---	---	---	---	---	---	---
乌拉圭	3	2	1	0	7	+4	0
墨西哥	3	1	1	1	4	+3	-2
南非	3	1	1	1	4	+3	-5

法国	3	0	1	2	1	+1	-4	
								
								  问题:从A组积分榜可以看出墨西哥和南非的积分相同,那么究竟应该确定哪支队进入十六强呢?此时则需要计算各队的净胜球数。你能列出计算各队净胜球数的算式吗?
								  学生看图表,思考问题。
								  (教师引导学生列出计算净胜球数的算式)	

通过探索有理数相加的若干种可能性,培养学生的归纳能力。	探索有理数加法的各种可能情况,学习如何利用算式表示,并借助数轴探索计算结果。	【探究一】
		  举例说明,数的范围扩大后,两个有理数相加还有哪些情形。
		  根据学生的回答,归纳为以下三种:
		  (板书2)(+)+(-);(-)+(-);(0)+(-)。
		  问题:如何进行有理数的加法呢?
		  (课件呈现)一间0℃冷藏室连续两次改变温度:
		  (1)第一次上升5℃,接着再上升3℃;
		  (2)第一次下降5℃,接着再下降3℃;
		  (3)第一次下降5℃,接着再上升3℃;
		  (4)第一次下降3℃,接着再上升5℃。
		  每一种情形下,两次变化使温度共上升了多少摄氏度?
		  (这里要结合前面有理数的学习,引导学生注意两次变化的结果及"共"与"上升"等词语的含义,其中"共"表示求和,最终温度的升、降要通过和的正、负来体现,从而问题是求两个有理数的和)
		  我们规定,温度上升记作正,温度下降记作负,让学生在数轴上表示连续两次温度的变化结果,写出算式。
		  (引导学生将温度变化过程在数轴上表示出来,观察得出变化结果,进而列出加法算式)
			向学生渗透分类思想,体现数学的简洁美!
			
			从学生的生活经验出发,从学生已有的认知出发,将对新知的探索设置在学生的最近发展区,能有效激发学生兴趣。

数　学·有理数的加法

目标引领	教学内容	师生活动	设计意图
通过探索同号两数及绝对值不同的异号两数相加的法则,感受分类讨论的思想。	根据数轴探索的结果,归纳同号两数及绝对值不同的异号两数相加的法则。	<table><tr><td>次序</td><td>变化结果</td><td>两次变化在数轴上的表示</td><td>算 式</td></tr><tr><td>(1)</td><td>上升了8℃</td><td>-5-4-3-2-1 0 1 2 3 4 5 6 7 8 9</td><td>(+5)+(+3)=+8</td></tr><tr><td>(2)</td><td>上升了-8℃</td><td>-8-7-6-5-4-3-2-1 0 1 2 3 4 5</td><td>(-5)+(-3)=-8</td></tr><tr><td>(3)</td><td></td><td>-5-4-3-2-1 0 1 2 3 4 5</td><td></td></tr><tr><td>(4)</td><td></td><td>-5-4-3-2-1 0 1 2 3 4 5</td><td></td></tr></table> (课件呈示)师:第一个算式是小学已学习过的,第二个算式的两个加数都是负数,你能说说看是怎样计算的吗?(引导学生从和的符号以及和的绝对值两个方面分别说明自己的算法) 待学生说明自己的算法理由后,可得出: (1)同号两数相加,取与加数相同的符号,并把绝对值相加;(板书3) (课件呈示)第三和第四个算式是负数与正数相加,也可称为异号两数相加,你又是怎样计算的? 待学生说明自己的算法理由后,得出: (2)异号两数相加,取绝对值较大的加数的符号,并用较大的绝对值减去较小的绝对值。(板书4)	利用数轴直观演示,数形结合,让学生参与探索的过程,直观感受有理数的加法法则。 渗透由特殊到一般的辩证唯物主义思想;鼓励学生用自己的语言描述法则,提高学生的概括能力和语言表达能力。
巩固知识,并运用新知识解决问题。	利用所学知识,解决之前的净胜球问题。	问题:还记得这堂课刚开始时我们列出的问题吗?哪两支队伍能进入十六强呢?(课件呈示) 学生两人为一组,互相出题问对方,看谁出的题型多,看谁算得又快又好。 (要求学生说明算理,记录学生互相出的题目与答案,针对学生回答进行讲评,适时鼓励)	旨在调动学生的学习热情,以竞赛的形式激发学生的学习热情,同时巩固已学习的法则。

目标引领	教学内容	师生活动	设计意图
探索互为相反数的繁荣两数及一个数与零相加的法则,完善学生对有理数加法法则的理解。	互为相反数两数及一个数与零相加的法则。	【探究二】 (课件呈现) (如学生在互相出题时已有类似算式,则因势引入) 仿照【探究一】中"温度的变化"说明各式的实际意义: (−5)+(+5)=_____,(−5)+0=_____。 由计算结果你能得出什么结论? 学生观察、思考、讨论。 (学生回答,教师板书 5)异号两数相加,绝对值相等时和为0(即互为相反数两数之和为0)。 (让学生观察结论(2)是否有需要完善的地方,待学生回答后教师在板书的基础上添加"绝对值不等时") 学生观察、思考、讨论,用自己的语言描述加法法则。 以上三条结论就构成了有理数的加法法则:(板书已有,只需再带领学生复习一下即可) (1)同号两数相加,取与加数相同的符号,并把绝对值相加; (2)异号两数相加,绝对值不等时,取绝对值较大的加数的符号,并用较大的绝对值减去较小的绝对值;绝对值相等时和为0(即互为相反数两数之和为0); (3)一个数与零相加,仍得这个数。	仿照【探究一】的模式解决问题。 完善有理数加法法则。

数 学 · 有理数的加法

目标引领	教学内容	师生活动	设计意图
讲解例题,巩固新知。	课堂例题与练习讲解。	(课件呈示)计算: (1)(+7)+(+6); (2)(−5)+(−7); (3)$(-\frac{1}{2})+\frac{1}{3}$; (4)(−10.5)+(+21.5); (5)(−7.5)+(+7.5); (6)(−3.5)+0。 学生逐题解答,教师选择两题板书演示解题步骤。(板书6) 学生观察教师的解题步骤,并按规范解题。 解: (2)原式=−(5+7) =−12 (3)原式=$-(\frac{1}{2}-\frac{1}{3})$ =$-\frac{1}{6}$. 【教师小结】 进行有理数加法,先要判断两个加数是同号还是异号,再根据两个加数符号的具体情况,选用相应的加法法则,确定和的符号以及和的绝对值。 (课件呈示)【练习1】比比谁的眼睛亮。下列各计算结果是对还是错?如果错误请指出错在哪里,并改正错误。 (1)(−4)+2=−6(　　) (2)(−15)+16=1(　　) (3)(−6)+(−1)=−5(　　) (4)(−34)+(−27)=51(　　) (5)(−9)+0=0(　　) (6)(+60)+(−60)=120(　　) (7)(−27)+36=−9(　　) 学生集体口答。	培养学生解题的规范性。 采用示错式教学,展示学生在运算中容易出现的错误,降低学生解题出错率。

目标引领	教学内容	师生活动	设计意图
巩固练习,运用新知解决问题。	课堂练习。	(课件呈示)【练习2】计算: (1)$(+3.5)+(+4.5)$;(2)$(-\frac{7}{5})+(-\frac{3}{5})$; (3)$(-\frac{17}{16})+(+\frac{1}{16})$;(4)$(+\frac{23}{8})+(-\frac{13}{4})$; (5)$100+(-100)$;(6)$(-9.5)+0$。 学生完成练习,同伴之间相互订正,教师对学生的板演进行评价。	通过练习让学生熟练掌握有理数加法法则。
拓展练习,让学生思维得到拓展。	拓展练习。	(课件呈示)【练习3】下面的说法是否正确?如果不正确,请举例说明。(若课堂时间不够,可作为课后思考题) (1)两个数的和一定比两个数中任何一个都大; (2)两个数的和是正数,这两个数一定是正数。 要求学生不仅能指出说法的正误,并能举出实例证明自己的结论。	开放性的题目让学生在探索的过程中进一步理解法则,体会有理数的加法与小学时加法的区别。
小结新知,体验学习成果。	课堂小结。	师:通过本节课的学习,你学到了哪些数学知识?(课件呈示) 有理数的加法法则: (1)同号两数相加,取与加数相同的符号,并把绝对值相加; (2)异号两数相加,当绝对值不等时,取绝对值较大的加数的符号,并用较大的绝对值减去较小的绝对值;绝对值相等时和为0(即互为相反数两数之和为0); (3)一个数与零相加,仍得这个数。	使学生对所学的知识有一个总体而深刻的认识。
分层布置作业,满足全体学生的作业需求。	布置作业。	(1)习题1.4第1题(必做题)(课件呈示); (2)你能将-4,-3,-2,-1,0,1,2,3,4这9个数分别填入下图幻方的9个空格中,使得处于同一横行,同一竖列,同一斜对角线上的3个数相加都得0吗?(选做题)	作业分层布置,照顾到全体学生;第二题是九宫格问题,数的范围扩大到有理数范围后就有一定的难度,激发学生的挑战意识。

附:**板书设计**

(板书1)§1.4 有理数的加减 一、有理数的加法 (板书3、4、5) 　1. 同号两数相加,取与加数相同的符号,并把绝对值相加; 　2. 异号两数相加,绝对值不等时,取绝对值较大的加数的符号,并用较大的绝对值减去较小的绝对值;绝对值相等时和为0(即互为相反数两数之和为0); 　3. 一个数与零相加,仍得这个数。	(板书6)例1 解: (2)原 式 $=-(5+7)$ 　　　$=-12$ (3)原式$=-\left(\dfrac{1}{2}-\dfrac{1}{3}\right)$ 　　　$=-\dfrac{1}{6}$	(板书2:用后可擦) $(+)+(-)$;$(-)+(-)$; $(0)+(-)$。

【课堂实录】

一、创设情境,激发兴趣

师:上课!

生:起立,老师好!

师:同学们好,请坐。同学们知道今年南非世界杯的决赛是在哪两支队伍中进行的吗?(示意学生回答)

生:是在南非和西班牙两支球队中进行的。

师:南非和西班牙?

生:哦,是荷兰和西班牙!

师:是荷兰和西班牙,好,请坐!(示意学生坐下)那么,又有谁知道,哪支球队最终获得了胜利?

生:西班牙!

师:西班牙,很好,坐下! 应该讲,同学们对于世界杯还是很关注的! 我们知道,在进行决赛之前,先要进行什么比赛?

生:预赛!

师:很好! 在世界杯的比赛中,预赛又称作小组循环赛,根据小组循环赛,把32支球队分成了8个小组,每个小组4支球队,在这4支球队中,通过循环比赛,每组的前两支球队进入16强。(课件呈现)我们一起来看一下。

在小组循环赛中,胜一场得3分,平一场得1分,负一场也就是输一场得0分,积分最多的两支球队进入16强。我们以B组的积分为例。B组有阿根廷、韩国、希腊和尼日利亚。根据他们的得分,大家说,哪两支球队进入了16强?

生(集体):阿根廷和韩国!

师:阿根廷和韩国。从积分榜可以看出,阿根廷得9分,韩国得4分,从这四个国家的得分来看,这两个国家的得分是最靠前的,所以,这两个队伍应该进入16强。

我们再来看A组。(课件呈现)A组有乌拉圭、墨西哥、南非和法国四支队伍。你能看出哪两支队伍进入16强吗? 哪位同学说说看?

生:我觉得现在看不出来。

师:看不出来? 为什么?

生:因为墨西哥和南非的积分是一样的。

师:哦,墨西哥和南非的积分是不是相同的啊?

生(集体):是!

师:很好! 我们发现,乌拉圭的得分是7分,在4支队伍中的得分最高,它显然可以进入16强。但是墨西哥和南非的分数是一样的,那么,在这种情况下,总不能两支队伍都进入16强吧! 我们还是要决出到底是哪一支。当我们碰到积分相同的时候怎么办呢? 这个时候我们就需要计算各队的净胜球。什么是净胜球呢? 老师在这里给大家解释一下。我们把一个队伍的进球记作正数,失球记作负数,净胜球就是把进球数和失球数相加,然后我们再根据各队净胜球数的多少来判断队伍的先后顺序。大家能否列出这四支球队净胜球数的算式呢?

生1:能! 乌拉圭是(+4)+0。

师:很好,坐下,我们再请一位同学。

生2:墨西哥是(+3)+(−2)。

师:非常好! 再下面一个。

生3:南非是(+3)+(−5)。

师:非常好,请坐! 最后一个。

生4:法国是(+1)+(-4)。

师:非常好,请坐! 现在我们来观察一下这几个算式。第一个大家会算吧?

生:会!

二、目标明确,探究新知

师:这是我们小学学习过的。我们再来看下面三个算式,你会不会算? 它们同样是加法,但是和我们小学学过的加法有什么不一样? 谁来说说看?

生:因为小学学的都是两个正数相加,现在学的是正负两数相加。

师:很好! 他发现,后面三个国家的净胜球数的算式是正负两个数相加,也就是说有负数参与运算,是在有理数范围内的加法运算。那么今天我们就开始研究有理数的加法运算。(板书课题)

小学我们学习的加法运算是在非负有理数间进行的。大家能不能举几个小学我们学的加法算式的例子?

生:2+3。

师:很好,(板书学生的算式)等于几?

生:5!

师:还有没有不同类型的?

生:6+0。

师:非常好,(板书学生的算式)等于几?

生:等于6!

师:当我们数的范围扩展到有理数范围后,你觉得还可能会出现怎样的一些算式,不同于小学学的这些?

生:(+5)+(-6)。

师:很好(板书学生的算式)。还有没有不一样的? 不同类型的?

生:(-3)+0。

师:很好(板书学生的算式)。还有没有不同类型的?

生:(+5)+(-5)。

师:很好(板书学生的算式)。还有没有?

生:(-5)+(-5)。

师:(板书学生的算式)非常好,请坐! 大家一起来看(+5)+(-6)这个算式,这实际上是两个什么样的数相加?

生:正数加负数。

师:那我们就可以写成(+)+(-)(板书)。那(-3)+0又是什么?

生:负数加0。

师:很好,请坐!(板书)那(-5)+(-5)呢? 一起说。

生:负数加负数。

师:这些都是我们没有学习过的。为了研究它们,我们一起来看下面这个问题。(课件呈示)一间0℃的冷藏室连续两次改变温度,有以下四种情况,问在每种情况下,两次变化使温度共上升了多少摄氏度? 给大家一点时间,把课本17页下方的表格填一填。

生:(填写表格)。

师:(巡视并指导)数轴是我们解决数的问题的一个很常用的工具,这个问题我们也尝试着用数轴来帮助解决(课件呈示)。我们先看第一种情况:第一次上升5℃,再接着上升5℃。那该如何在数轴上表示出这两次温度变化的过程呢? 老师给大家做一个示范(PPT逐步演示)。首先画一数轴,由于冷藏室的初始温度是0℃,所以第一次上升5℃后,冷藏室的温度是5℃,我们用向右的箭头来表示温度的上升,记作+5。第二次接着上升3℃,是指在第一次温度变化的基础上再上升,也就是5℃再上升3℃,最终温度是8℃。如果用一个算式来表示两次温度变化的结果,就是(+5)+(+3)= +8。剩下的工作同学们来完成。

生:(学生口头叙述,教师PPT逐步演示)(-5)+(-3)=-8。

师:我们一起观察一下这两个算式,有什么共同的特点?

生:每个式子的符号都是一样的。

师:谁的符号?

生:+5和3。

师:在加法算式中这两个数叫什么数?

生:加数。

师:很好,请坐！对于这两个加法算式来说,它们的加数的符号是相同的。那么它们的结果也就是和,你认为是如何得到的？大家可以考虑一下,也可以互相讨论。

生:(思考后回答)先确定和的符号,加数的符号是什么,和的符号就是什么。再把两个加数的绝对值相加,作为和的绝对值。

师:大家同不同意他的说法?

生:同意！

师:对于同号两数相加,我们也可以用比较简练的语言来总结刚才这位同学所叙述的规律。(板书)同号两数相加,取与加数相同的符号,并把绝对值相加。这就是同号两数相加的法则。我们再来看第三和第四种情况。

生:(学生口头叙述,教师PPT逐步演示)$(-5)+(+3)=-2$,$(-3)+(+5)=+2$。

师:大家观察一下这两个算式,从加数的符号来看,是怎样的两个数相加?

生:属于异号两数相加。

师:那么异号两数相加,它们的和是怎么得到的呢？这个难度较大,给大家两分钟时间仔细思考一下。

生:(相互讨论后回答)先把两数的绝对值求出,再用比较大的绝对值减去比较小的绝对值,等于数的和。再看符号,绝对值比较大的那个数的符号作为结果的符号。

师:大家同不同意他的说法?

生:同意！

师:我们看一看他的说法是否符合第四种情况。-3的绝对值是3,+5的绝对值是5,5减3正好是2,而5比3大,所以和取+5的符号——正号,结果是+2。我们也用一句话来概括一下异号两数相加。异号两数相加,取绝对值较大的加数的符号,再用较大的绝对值减去较小的绝对值。我们一起来解决一下一开始的问题,你现在会不会计算这四个队伍的净胜球了？(课件呈现)

生:会！

师:我们一起来算一下。

生:$(+4)+0=+4$,$(+3)+(-2)=+1$,$(+3)+(-5)=-2$,$(+1)+(-4)=-3$。

师:那么现在你能确定哪两支队伍进16强了吗?

生:乌拉圭和墨西哥。

师:很好,请坐。下面同座位的同学互相给对方出题,看看对方会不会做。你可以出难一些,为难一下对方。

生:(互相出题,检验学习效果,教师板书学生题目)$(-7)+(+1)=-6$,$(-5)+(+5)=0$,$(+5)+0=0$,$(-3)+(-5)=-8$,$(-2)+(-3)=-5$,$(+3)+(+5)=+8$,$(-3)+0=-3$,

师:以上是同学们自己给出的算式,有没有和我们刚才所讨论的类型不一样的?

生1:我发现第二题-5和$+5$的绝对值是一样的,所以我不知道怎样去选择符号。

生2:最后一题负数与零相加,我不会做。

师:(课件呈现)老师也给出了与这两题类似的算式,$(-5)+(+5)$,$(-5)+0$。大家可以模仿刚才温度变化的题目,设计两个温度变化情况,来满足这两个算式。

生:第一个算式是在0℃基础上,先下降5℃,再上升5℃,结果就是0℃。

师:我们在数轴上看看结果是不是0。(PPT逐步演示)那第二个呢?

生:第一次在0℃基础上下降了5℃,第二次没有改变温度。

师:(PPT逐步演示)我们发现,绝对值相同的异号两数之和就是零。(板书)绝对值相等时和为零(即互为相反数两数之和为0)。-5和$+5$是一对相反数,所以异号两数相加绝对值相等时的情况我们还可以用这样一句话来叙述:互为相反数两数之和为零。同学们觉得,我们总结的异号两数相加的法则有什么需要完善的地方?

生:应该加上"绝对值不等时"。

师:很好,这样异号两数相加的法则就完整了。那与零相加怎么办?

生:一个数与零相加仍得这个数。

三、例题练习,巩固新知

师:很好。(板书法则)法则学习完,我们一起来做例题(课件呈现)老师选择两小题演示。

第(2)小题，-5和-7是同号两数，所以我们要采用法则1，取与加数相同的符号，则和的符号取负号，在计算-5与-7的绝对值的和为12，所以结果是-12。

第(3)小题，$-\frac{1}{2}+\frac{1}{3}$，首先判断是异号两数相加，且是绝对不同的异号两数，再判断$-\frac{1}{2}$的绝对值较大是$\frac{1}{2}$，所以取$-\frac{1}{2}$得符号负号作为和的符号。再用$-\frac{1}{2}$的绝对值减去$\frac{1}{3}$的绝对值$\frac{1}{3}$，得$-\frac{1}{6}$。其余的题目同学们自己完成。

（一名学生上讲台板演第(4)小题，教师巡视并指导）

师：（课件呈现）巩固练习。

生：（师生共同完成巩固练习1，判断对错）。

师：（练习2，两名学生板演）（课件呈现）。

师：练习3，下列说法是否正确，不正确举例说明。第1小题，两个数的和一定比两数中任何一个数都大。两个数的和是正数，这两个数一定是正数。

生：（学生举反例说明这两种说法都是错误的）。

四、归纳小结，布置作业

师：这节课你学到了什么？

生：我学习了有理数加法的法则，有三部分：同号两数相加，取与加数相同的符号，并把绝对值相加；异号两数相加，绝对值不等时，取绝对值较大的加数的符号，再用较大的绝对值减去较小的绝对值，绝对值相等时和为零；一个数与零相加仍得这个数。

师：这就是我们今天学习的全部内容（课件呈现）。今天的作业。（课件呈现）

生：（学生记录作业）。

师：下课！

生：老师再见！

师：同学们再见！

教师引领目标,学生活动达成

在实际教学过程中,我发现学生在以下两方面的学习中存在问题。

第一,有理数加法该如何分类。主要原因是学生通过小学四则运算的学习,头脑中已形成相关计算规律,小学所学的数都是指正整数、正分数和零等具体的数,因此学生可能会用小学的思维定势去认知、理解有理数的加法。但是学生知道数已经扩展到有理数,出现了负数,并且学习了数轴和绝对值,在此情况下,学生可能顺利地得到两个加数为非负、一个加数为负和两个加数都为负,但不能把它归为同号、异号及与零相加等三类。为解决这个问题,我引导学生观察,并让学生尝试用自己的语言归纳出加法法则。实际表明,学生说得不够严谨,但这不重要,重要的是能用自己的语言表达自己所发现的规律。

第二,有理数加法法则的理解。这是本节课的重点,主要体现在符号如何确定以及在确定"和"的符号后,两加数的绝对值如何进行加减,尤其是绝对值不相等的异号两数相加。解决这个难点的方法是借助生活中常见的温度变化的情境,利用多媒体课件的演示,渗透数形结合的思想,在学生的观察、合作、交流及教师设计问题的引导下来进行探究。同时学生在概括规律时容易漏掉"绝对值不相等"这个重要条件,通过教师引导,学生对规律进行完善,从而得出完整的有理数的加法法则。

对于课程实施和教学过程,教师在教学过程中应与学生积极互动、共同发展,要处理好传授知识和培养能力的关系,关注个体差异,满足不同学生的学习需求。

在教学过程中,我在已有的加法知识的基础上,创设情境,产生认识冲突,引导学生开展观察特点、类比归纳、讨论交流等探究活动,在活动中向学生渗透分类归纳、数形结合的数学思想,以及由具体到抽象,由特殊到一般的认知规律。

同时我在教学中不把现成的结论和方法直接告诉学生,而是以问题情境和学习目标为驱动,激发学生的探索精神和求知欲望。同时,营造一种宽松、和谐、积极民主的学习氛围,让学生主动寻找原有知识和经验的生长点,使每位学生都成为问题的探索者,研究中的发现者。使学生轻松愉快地学习,不断克服学习中的被动情况,使其在教学过程中,掌握知识的同时,发展智力、受到教育。

教学过程中还注重对学生观察的目的性、敏锐性和思辨性的培养,优化观察的对象,透过现象看本质,迅速从繁杂无序的问题中捕捉最有价值的信息。此能力是发现问题和解决问题的关键。

合作意识和合作能力是现代人才必备的基本素质之一。现代社会中,几乎任何一项工作都要许多人通力合作才能完成,是否具有协作精神,能否与他人合作,已成为决定一个人能否成功的重要因素。在教学过程中,我努力创设让学生合作的情境和机会,使学生学会与他人合作。

作为数学教师,我们的主要任务是培养学生用数学的眼光去观察和分析实际问题,提高对数学的兴趣,增强学好数学的信心,达到培养学生创新精神和能力的目的。以上问题的解决过程,实际上就是要求学生作为主体去面对要解决的问题,主动去探索、讨论,寻找解决问题的途径,用数学的方法和技术来处理实际模型,最终得出结论。

在练习的设置中我注意到,学生的思维是一个循序渐进的过程。因此本课习题的配备由易而难、分层设置,使学生在练习的过程中打下基础,并且能够逐步提高能力,得到发展,不仅检验学生的知识获得情况,而且可以检验学生的知识应用能力,进一步认识知识和生活实际的密切关系。

更为重要的是,学生在学习中通过完成各种学习活动,达到了学习新知识的目的,最终完成了学习目标。

圆 周 角

课题:沪科版九年级数学下册第二十四章第3节《圆周角》

背景:该课荣获"2015年新媒体新技术教学应用研讨会暨第八届全国中小学互动课堂教学实践观摩活动"课例评比一等奖

执教:邓雪梅

日期:2015年9月

【教学设计】

一、教材分析

《圆周角》(第一课时)是沪科版九年级数学下册第二十四章第3节的内容,安排在旋转、圆的基本性质这些内容之后。作为圆的又一个重要概念,圆周角及其性质是对圆心角、弦、弧的关系的补充,完善了圆的基本概念和性质的知识结构。对于后续解决与圆有关的问题提供了知识储备。

从课程目标设计方面分析,本节课的教学目标有以下三点:(1)理解圆周角的概念;(2)探索圆周角与圆心角及其所对弧的关系;(3)了解并证明圆周角定理及其推论:圆周角的度数等于它所对弧的度数的一半;直径所对的圆周角是直角;90°的圆周角所对的弦是直径;圆内接四边形的对角互补。而单元目标则是:(1)理解圆周角与圆心角的关系;(2)探索圆周角与圆心角的关系,证明圆周角定理,学会以特殊情形为基础,通过转化来解决一般问题的方法,渗透分类的数学思想;(3)掌握圆周角定理及其推论,并会熟练运用它们解决问题。在设计本课的教学目标时,我抓住数学课程目标和单元目标中反复提到的"探索圆周角与圆心角及其所对弧的关系并证明圆周角定理"这一点,制订如下课时教学目标:

1.教学目标

(1)理解圆周角的概念,能判断一个角是不是圆周角;

(2)探索圆周角的性质,能用圆周角性质解决简单的问题;

(3)经历探索圆周角性质的过程,增强推理意识,渗透"分类""化归""一般到特殊"的数学思想方法。

2.教学重点、难点

重点:探索圆周角的性质。

难点:通过分类讨论,推理、验证圆周角的性质。

二、学情分析

本节课从知识层面上分析:九年级的学生已经掌握了圆的基本概念和圆心角、弧、弦、弦心距之间的关系;从能力层面上分析:学生已经具备一定的逻辑推理能力。所以在教学中应建立数学与生活的联系,创设具有启发性、挑战性的问题情境激发学生的学习兴趣,引导学生用数学的眼光思考问题、发现规律、验证猜想。

三、教学方法

在课堂教学时通过设计不同层次的活动,如:画一画、量一量、说一说等活动,展现圆周角及其性质的学习过程,通过自主探究、小组合作研讨交流等形式验证猜想,让学生充分体会将一条弧所对的无数个圆周角进行分类的必要性,感知从无限到有限的解决问题的策略,学习从"特殊到一般"的解决问题的方法和"化归"的数学思想。整个教学过程设计了7个教学环节:

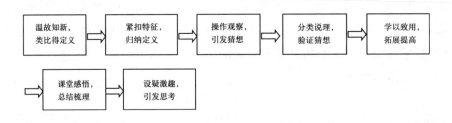

四、教学过程

目标引领	教学内容	师生活动	设计意图
（1）温故知新，类比得出圆周角定义。	回顾圆心角，类比圆周角。	引导学生回顾圆心角的概念，在几何画板中改变圆心角顶点的位置让学生尝试命名。	（1）利用白板上的探照灯功能，重点呈现圆心角，引导学生回顾圆心角知识，这样不仅帮助学生梳理旧知，而且激发了学生的学习兴趣，为课尾用知识树进行课堂总结埋下了伏笔； （2）利用几何画板，拖动圆心角顶点，创设圆周角的情境，直观性强，学生的注意力瞬间就被吸引了。这样学生能够比较容易地找出圆心角与圆周角的区别和联系，近距离感知圆周角。
（2）紧扣圆周角的特征，得到圆周角的定义，加深理解。	通过观察，归纳圆周角的特征，得到圆周角定义；通过判断加深对圆周角概念的理解。	（1）通过观察，总结归纳圆周角的特征。引导学生思考具备什么条件的角是圆周角； （2）学生判断所给的角是否是圆周角，理解圆周角的概念。	利用电子白板的书写、标识功能对学生的回答进行注解，直观性强，师生互动充分，反馈及时。加深了学生对圆周角概念的理解，提高了学生的学习效率。

目标引领　活动达成

目标引领	教学内容	师生活动	设计意图
（3）通过操作观察，让学生感知圆周角的性质，培养学生的探究能力和分类的数学思想。	探究圆周角的性质。	（1）学生画一画、量一量、说一说，并猜想圆周角的性质； （2）师生共同分类； （3）师生共同完成三种情况的证明。	（1）学生在白板上画一条弧所对的圆周角，感知多个圆周角，从而启发分类； （2）利用白板上的量角器工具让学生在白板上量一量他们画的圆周角，使得教学活动更加开放直观、可视性强，能促进师生、生生之间的沟通与协作； （3）利用白板的拖曳功能将无数个圆周角的5种情况的图形通过拖曳，重新分类，使圆周角的分类更清楚、直观； （4）几何画板验证猜想时，用画板中的度量工具不仅可以度量圆周角的度数，而且可以改变条件从不同的方面进行演示，使探索圆周角与圆心角之间的关系这一复杂的探索过程变得直观易懂。
（4）通过探究圆周角定理的证明过程，渗透"一般到特殊"和"化归"的数学思想。	证明圆周角性质定理。	分三种不同的情况证明圆周角性质定理。	利用白板的书写、注释功能在几何画板和PPT界面上添加辅助线、标注角、书写分析和证明过程，使所有教学过程在同一界面上得到体现，有效地解决传统媒体只能呈现图形不能灵活标注、分析图形的缺憾。

目标引领	教学内容	师生活动	设计意图
（5）通过练习运用圆周角性质，得到圆周角性质的两个推论，培养学生的逻辑思维能力。	圆周角定理的应用。	学生练习加深对圆周角的理解和应用。	利用白板的直接书写功能，结合已知条件，和学生一起分析图形。
（6）从不同的角度总结本节课，让学生体会学习数学的方法，了解数学的应用价值。	课堂小结。	师生共同总结本节课的学习过程，概括总结学习内容，体会数学方法和数学思想。	利用白板的幻灯片回放功能帮助学生梳理本节课的知识要点，利用板书体会数学方法和数学思想。
（7）拓展延伸引导学生对生活中圆周角问题的思考，为下节课圆周角的深入学习做铺垫。	播放视频运用拓展。	视频回放"亚洲杯中国队与沙特阿拉伯队的足球比赛"。	白板播放视频，创设问题情境引发学生对足球场上的数学问题的思考。

附：板书设计

圆　周　角

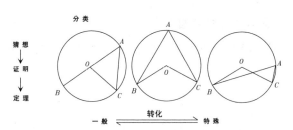

【课堂实录】

一、温故知新,类比得定义

活动1

(电子白板上显示"与圆有关的角"的知识树,师利用电子白板聚光灯的功能聚焦"与圆有关的角")

师:上节课我们学习了与圆有关的哪些角?

生1:圆心角。(生回答后将聚光灯聚焦在知识树的"圆心角"上)

师:圆心角的大小与什么有关系呢?

生1:圆心角的大小和它所对弧有关,圆心角的度数等于它所对弧的度数。

师:什么样的角是圆心角呢?

生2:顶点在圆心的角叫做圆心角。

师:顶点在圆心的角叫圆心角。现在老师拖动这个圆心角的顶点,大家注意看,顶点可以在这样的一些位置,我们可以得到这样一些角。请问怎样描述这些角呢? 你可以给它们起个名字吗?(用几何画板呈现圆心角∠AOB,演示时老师拖动圆心角的顶点,这时顶点可以在圆内、圆上或圆外)

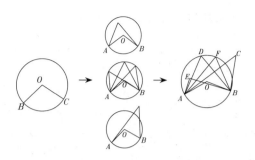

生2：顶点在圆内的角,例如∠E我们可以起名为圆内角。顶点在圆外的角,例如∠C可叫圆外角。顶点在圆上的角,例如∠F和∠D,叫圆上角。

师：不错,很形象。刚才这位同学所讲的圆上角,它的顶点可以在整个圆周上,我们也可以把这类角命名为圆周角。

二、紧扣特征,归纳定义

活动2

如图：三角形ABC内接于圆,它有三个内角,这里有我们刚才命名的圆周角吗？

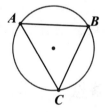

生1：有三个圆周角,分别是∠A、∠B和∠C。

师：为什么？

生1：因为这三个角的顶点都在圆周上。

师：这三个角除了顶点都在圆周上这个共同特征外,还有没有其他相同的地方？

生2：有,这三个角的两边与圆都有交点。

师：观察得真仔细。这三个角的顶点不仅在圆周上而且角的两边与圆还有另一个公共点,数学上,把满足这两个条件的角叫做圆周角。(板书"圆周角",揭示课题)这就是我们今天主要的研究对象。

活动3

判断下图中的角是否是圆周角,并说明理由。

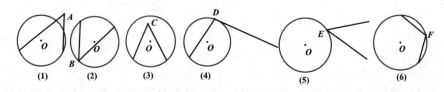

(1)　　(2)　　(3)　　(4)　　　　(5)　　　　(6)

师:学习了概念,我们一起来判断一下?

生1:我认为(1)中的∠A不是圆周角,理由是它不满足刚才所说的第一个条件:角的顶点在圆周上;(2)中∠B是圆周角,因为∠B满足刚才所说的两个条件,角的顶点在圆上,而且角的两边与圆都还有另一个公共点;(3)中∠C不是圆周角,因为不满足圆周角的条件。

生2:(4)中的∠D不是圆周角,∠D有一条边与圆没有另外的交点;(5)中的∠E不是圆周角,因为角的两边与圆都没有另外一个公共点;(6)中的∠F是圆周角。

师:好,说得真棒!

师:到这里,我们明确了概念,进行了判断。下面我们近距离地接触圆周角,探究圆周角的性质。

三、操作观察,引发猜想

活动4

画一画。

(1)如图,点B、C在圆O上,请任意画几个劣弧$\overparen{BC}$所对的圆周角和圆心角。

师:哪位同学愿意上来画一画?其他同学在目标助学案上画。

(生画,师巡视一周,问黑板上的同学)

师:你画了几个满足条件的圆周角?

生1:3个。

师:如果继续画下去你还能画多少个?

生1:无数个。

师:圆心角呢?

生1:1个。

师:为什么?

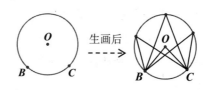

生1:因为圆心只有一个,所以圆心角只能画一个,这条弧所对的圆周角的顶点有无数个。所以圆周角可以画无数个。

师:说得真好,老师为你点赞。

师:我们一起来欣赏一下这无数个圆周角,在欣赏的同时大家注意观察圆心和圆周角的位置关系可以分为几种情况?

(几何画板动画演示劣弧$\overset{\frown}{BC}$所对的圆周角,其顶点在优弧$\overset{\frown}{BC}$上运动)

师:你看到了几种情况?

生:我看到了5种情况。

师:能上来解说一下吗?

生2:(生在几何画板上拖动圆周角的顶点)第一种情况:圆心O在圆周角的右侧;第二种情况:圆心在圆周角边BC上;第三种情况:圆心在圆周角内;第四种情况:圆心在圆周角的边AC上;第5种情况:圆心在圆周角的左侧。

师:观察得真仔细,这就是他所说5种情况。大家同意他的观点吗?

(在电子白板上将这5种情况的图片拖出来,如下图)

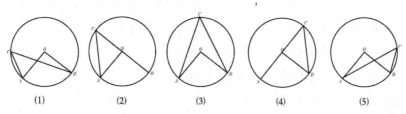

| (1) | (2) | (3) | (4) | (5) |

生2:我不同意,我觉得太啰唆了,图(1)和图(5)可以归纳为圆心在圆周角的外部,图(2)和图(4)可以归纳为圆心在圆周角的一边上,图(3)可以归纳为圆心在圆周角的内部。

师:你说得太精彩了!

师:一条弧所对的无数个圆周角,按照圆心与圆周角的位置关系,他用了三个归纳,其实这两种情况(师指着图(1)和图(5))就是圆心在圆周角的外部,

数学·圆周角

而这两种情况(师指着图(2)和图(4))其实就是圆心在圆周角的一边上,显而易见,中间的这幅图就是圆心在圆周角的内部。我们通过分类将这无数个圆周角分成这样的三种情况。(板书"分类")

活动5

量一量。

师:请同学们量一量我们刚才所画的几个圆周角的度数,并将结果记录下来。再量一量圆心角的度数。哪位同学愿意上来量一量。

(生3在电子白板上用量角器度量,生1做记录,其余同学在学案上度量)

师:量完了吗? 和大家汇报一下。

生3:(汇报)这四个圆周角的度数都是35.1°,圆心角的度数是70.1°。

师:同学们,你们画了几个圆周角,通过度量,这几个圆周角的度数分别是多少? 圆心角的度数呢?

生4:我画了四个圆周角,圆周角的度数是45°,圆心角的度数是90°。

生5:我也画了三个圆周角,圆周角的度数分别是38.5°,38°和39°,圆心角的度数是77°。

……

活动6

猜一猜。

师:通过刚才的画一画、量一量,你对圆周角的性质有怎样的猜想?

(板书"猜想")

生6:我通过度量发现圆周角的度数接近圆心角的一半。

生7:我画了2个圆周角,度数都是60°,圆心角的度数是120°。我想圆周角的度数等于圆心角度数的一半。

生8:我猜想圆心角的度数可能是圆周角度数的两倍。

师:确切地说应该是一条弧所对的圆周角和圆心角。

师:我们一起来看看两位同学在黑板上度量的结果:圆周角35.1°,圆心角的度数是70.1°。我很怀疑你们的猜想哦。

……

活动7

几何画板验证。

师:通过刚才的画一画、量一量,同学们都猜想一条弧所对的圆周角的度数是圆心角度数的一半。这个猜想到底对不对呢? 我们借助几何画板来看一看。

师:请注意,弧 $\overparen{BC}$ 所对的圆周角是∠BAC,圆心角是∠BOC。我们先来测量一下圆周角∠BAC的度数,50°,再测量一下圆心角∠BOC的度数,100°,你发现了什么?

生1:弧 $\overparen{BC}$ 所对的圆周角的度数是圆心角的一半。

师:现在老师拖动圆周角∠BAC的顶点A,也就是改变圆周角的位置,请注意观察,圆周角的度数变了吗?

生(众):没有变化。

师:圆心角的度数呢?

生(众):也没有。

师:现在老师再来改变圆心角的大小,咦! 你发现了什么? 圆心角的度数变了,圆周角的度数呢?

生(众):变了。

师:我们再来看一遍。仔细看,你发现了什么,能和大家分享一下你的发现吗?

生2:我发现圆周角的度数始终是圆心角度数的一半。

师:改变圆心角的度数,圆周角的度数也跟着发生了变化。在这变化的过程中,一条弧所对的圆周角的度数始终是圆心角度数的一半。

四、分类说理,验证猜想

活动8

证明命题:一条弧所对的圆周角的度数是圆心角度数的一半。

师:通过刚才几何画板的验证我们发现一条弧所对的圆周角的度数确实等于圆心角度数的一半。那这个结论今后我们可以直接用吗?

生(众):不可以。

师：由于测量时存在误差，因此我们通过观察、实验等方法得出的结论只能是猜想。这个猜想是否成立还需要进一步证明。接下来我们要做什么？

生（众）：证明。

师：对。接下来我们要证明这个猜想。现在我们分组讨论一下怎样完成这个命题的证明。

（生分组讨论，老师板书"证明"，并在黑板上画图，巡视。）

师：哪个小组先来汇报一下你们目前讨论的结果？

生1：我们小组认为应该从最特殊的情况开始。

师：你认为哪种情况是最特殊的？

生1：圆心在圆周角的一边上，这种情况最特殊。

（课件呈现）

师：是这种情况吗？你能上来完成证明过程吗？其他同学在目标助学案上完成。

已知：⊙O中，弧AB所对的圆周角是$\angle ACB$，圆心角是$\angle AOB$。

求证：$\angle ACB = \dfrac{1}{2}\angle AOB$。

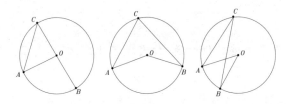

（生在电子白板上完成，并进行解说）

师：圆心在圆周的边上这个特殊情况，我们很容易就证明出来了。这种情况能代表所有的弧AB所对的圆周角的情况吗？

生（众）：不能。

师：为什么不能代表所有弧AB所对的圆周角的情况呢？

生2：因为还有圆心在圆周角的内部和外部两种情况。

师：既然刚才圆心在圆周角的边上的情况不能代表所有弧AB所对的圆周角，那圆心在圆周角内部和外部时，又该怎样证明呢？请大家再接着讨论。

（生分组讨论，师巡视。）

师:哪一个小组愿意和大家分享你们组讨论的结果?

生3:圆心在圆周角内部时,我们可以作一条辅助线,转化为第一种情况。

师:怎样作辅助线?

生3:连接CO,并延长交$\odot O$于点D,这样我们就可以把这个图形分成左边和右边两个部分,对于左边的部分,我们可以将$\angle ACD$标为$\angle 1$,$\angle AOD$标为$\angle 2$;对于右边的部分可以将$\angle BCD$标为$\angle 3$,$\angle BOD$标为$\angle 4$。对于左边的图形,根据前面的特殊情况就可以得出……

师:前面什么特殊情况?

生3:前面是圆心在圆周角的一边上这个特殊情况,根据前面这个特殊的情况可以得出,$\angle 1 = \frac{1}{2}\angle 2$,$\angle 3 = \frac{1}{2}\angle 4$,那么$\angle 1 + \angle 3 = \frac{1}{2}\angle 2 + \frac{1}{2}\angle 4$,又因为$\angle ACB = \angle 1 + \angle 3$,$\angle AOB = \angle 2 + \angle 4$,所以$\angle ACB = \frac{1}{2}\angle AOB$。

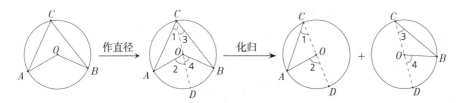

师:分析得很透彻!为你点赞!

师:圆心在圆心角的外部又怎样证明呢?哪个小组上来讲解?

生4(在电子白板上板演并讲解):与前面同学一样,过点C作$\odot O$的直径。然后我们可以将这个图形拆开,拆成两个圆心在圆周角边上的情况。

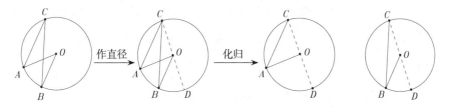

$\because \angle ACB = \angle ACD - \angle BCD$,$\angle ACD = \frac{1}{2}\angle AOD$,$\angle BCD = \frac{1}{2}\angle BOD$,

再把这两个角合在一起,这样我们就得到:

$\therefore \angle ACB = \frac{1}{2}(\angle AOD - \angle BOD)$,即$\angle ACB = \frac{1}{2}\angle AOB$。

师(指着黑板上的板书)：圆心在圆周角外部的时候，我们也证明了"一条弧对的圆周角是圆心角度数的一半"。先前我们讨论的一条弧$\overset{\frown}{BC}$所对的圆周角有无数个，我们通过分类将这无数个圆周角按照圆心与圆周角的位置关系，把它们分为三种情况。当我们对每一种情况都给出证明后，才完成了整个证明的过程。这时我们就可以将前面的猜想称之为圆周角定理。(板书"定理")我们给它起个名字，叫什么定理比较好呢？

生(众)：圆周角定理。

师(笑)：圆周角定理比较好，这就是圆周角性质定理。学完了圆周角性质定理之后，我们就来现学现用吧。

五、学以致用，拓展提高

例1. 如图，∠BAC=35°，则(1)∠BOC=____，理由是_____。

(2)∠BDC=____。

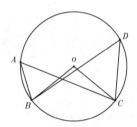

生1：∠BOC=70°，由刚才所学的圆周角定理可以知道：一条弧所对的圆周角的度数是圆心角度数的一半。那么圆心角的度数就是圆周角度数的两倍，所以∠BOC=2∠BAC=70°。第(2)小题中，∠BDC=35°，因为∠BDC是弧$\overset{\frown}{BC}$所对的圆周角，∠BOC是弧$\overset{\frown}{BC}$所对的圆心角，根据刚才所学的定理，∠BDC=$\frac{1}{2}$∠BOC=35°。

师：给这位同学来点掌声吧！她说得太好了！

例2. 如图，判断∠C，∠D，∠E的大小关系并说明理由。

生2：∠C=∠D=∠E，由圆周角定理可得：∠C=$\frac{1}{2}$∠AOB，∠D=$\frac{1}{2}$∠AOB，∠E=$\frac{1}{2}$∠AOB，所以它们都相等。

师：很好。请坐。大家观察这三个角除了相等之外还有什么共同特征？

生（几个同学小声说）：都是圆周角。

师：刚才有同学说这三个角都是圆周角，正确。这三个角都是哪条弧所对的圆周角？你能将你的发现概括为一句话吗？

生3：弧 $\overparen{AB}$ 所对的圆周角相等。

师：很好！如果这条弧是 $\overparen{BC}$ 呢？或者是更一般的弧 $\overparen{MN}$ 呢？我们有没有更简洁的说法？

生4：同弧所对的圆周角相等。

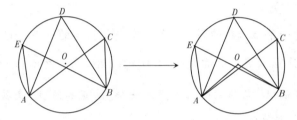

例3. 如图，若 $\overparen{CD} = \overparen{AB}$，判断 $\angle P$ 和 $\angle Q$ 的大小关系，并说明理由。

生5：$\angle P = \angle Q$，我们可以连接 OC，OD，OA，OB。$\angle Q = \dfrac{1}{2} \angle COD$，$\angle P = \dfrac{1}{2} \angle AOB$，又因为 $\overparen{CD} = \overparen{AB}$，所以 $\angle COD = \angle AOB$，所以 $\angle P = \angle Q$。

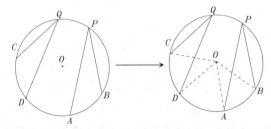

师：在这题中 $\angle P$ 和 $\angle Q$ 分别为两条相等弧所对的圆周角，通过刚才的推理，我们得出了 $\angle P = \angle Q$ 这个结论。你能用文字概括这题的结论吗？

生：相等的弧所对的圆周角相等。

师：概括得真好。如果用一句话来概括例2和例3得到的结论，又该怎样说？

生：同弧所对的圆周角相等，等弧所对的圆周角相等。

师：很好！我们可以概括为：同弧或等弧所对的圆周角相等。

例4. 如图, AB 是直径, 则 $\angle ACB$ 等于多少度?

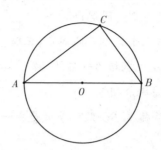

生: $\angle AOB$ 是个平角, 所以它等于 $180°$, 所以 $\angle C=90°$。

师: 能说说理由吗?

生: 因为一条弧所对的圆周角的度数是圆心角的一半, $\angle C$ 可以看做是 $\overset{\frown}{AB}$ 所对的圆周角, $\angle AOB$ 可以看做是 $\overset{\frown}{AB}$ 所对的圆心角。所以 $\angle C=\dfrac{1}{2}\angle AOB=90°$。

师: 这里的 $\overset{\frown}{AB}$ 与前面的弧有点不一样, 这里的弧 $\overset{\frown}{AB}$ 又称为半圆。这题的结论对你有启发吗?

生: 我明白了, 半圆对的圆周角是直角。

师: 对, 半圆所对的圆周角是直角, 也可以说直径所对的角是圆周角。

例5. 如图 AB 是 $\odot O$ 的直径, C, D 是圆上的两点, 若 $\angle ABD=40°$, 则 $\angle BCD=$____。

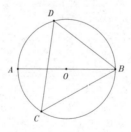

生: 连接 AD, 利用例4的结论, 直径所对的圆周角是直角, 这样 $\triangle ABD$ 是直角三角形, 因为 $\angle ABD=40°$, 所以 $\angle DAB=50°$, 再利用同弧 $\overset{\frown}{BD}$ 所对的圆周角相等, 这样 $\angle BCD=\angle DAB=50°$。

师: 你的推理过程太漂亮了!

师: 同学们请看课件, 通过练习我们得到了两个结论, 同弧或等弧所对的圆周角相等, 还有一个是直径或半圆所对的圆周角是直角。

六、课堂感悟,总结梳理

师:探究了性质,得到了结论。下面我们一起来总结一下本节课的学习过程。这节课一开始认识了圆周角,接着我们通过画一画、量一量这些操作对圆周角度数大小进行猜想。接着我们证明了猜想,得到了圆周角定理。我们运用这个定理又获得两个结论。大家回顾一下,刚才我们是如何研究"一条弧所对的圆周角的度数等于圆心角的度数的一半"的?

生:通过画一画,发现一条弧所对的圆周角有无数个,然后分类,分成三种情况。

师:我们是怎样证明的呢?

生:转化,把圆心在圆周角内部和外部都转化为圆心在圆周角的一边上。

师:对,证明的时候我们运用了转化的数学思想,将圆心在圆周角内部和外部这两种一般的情况转化为圆心在圆周角的一边上这个特殊情况。起到了化难为易,化繁为简的效果。(板书"一般""特殊""转化")

师:从知识层面上,这节课我们学习了什么?(用电子白板的聚光灯,重点突出"与圆有关的角"知识树的分支"圆周角")

师:老师希望同学们在今后的学习中能够将每一节课的知识点都汇集成一棵知识树,这一棵棵知识树排在一起就组成了一片知识的森林。拥有了这片森林我们就能解决我们身边的一些数学问题。

七、设疑激趣,引发思考

师:学到这里,我们轻松一下,欣赏一段精彩的视频。这是前段时间,中国队对沙特阿拉伯队的一场精彩的足球赛。我们看看足球场上会有哪些数学问题。

(播放视频后,请学生读题)

生:学校初三年级举办足球对抗赛,甲、乙、丙三名队员互相配合向对方球门 AB 进攻,当甲带球冲到 D 点时,乙已经冲到 C 点,丙冲到了 E 点,此时甲是直接射门好,还是迅速传球,若传球,传给谁呢?

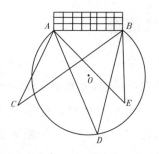

师:球到底传给谁呢? 且听下回分解。今天的数学课我们就上到这。

(课件呈示作业)

(1)目标助学案《圆周角》课后巩固提高部分;

(2)课本第29页练习。

【执教感言】

注重活动构建,促进目标达成

本节课是沪科版九年级数学下册第24章第3节的内容,在制订"圆周角"这一课时的目标计划时,我先学习课程目标对圆周角的要求是:(1)理解圆周角的概念;(2)探索圆周角与圆心角及其所对弧的关系;(3)了解并证明圆周角定理及其推论:圆周角的度数等于它所对弧的圆心角度数的一半;直径所对的圆周角是直角;90°的圆周角所对的弦是直径;圆内接四边形的对角互补。单元目标是:(1)理解圆周角与圆心角的关系;(2)探索圆周角与圆心角的关系,证明圆周角定理。学会以特殊情形为基础,通过转化来解决一般问题的方法,渗透分类的数学思想;(3)掌握圆周角定理及其推论,并会熟练运用它们解决问题。接下来我们再对教材进行分析:该课安排在旋转、圆的基本性质这些内容之后。作为圆的又一个重要概念,圆周角及其性质是对圆心角、弦、弧的关系的补充,完善了圆的基本概念和性质的知识结构。对于后续解决与圆有关的问题提供了知识储备。学情分析:在知识层面上,九年级的学生已经掌握了圆的基本概念和圆心角、弧、弦、弦心距之间的关系;在能力层面上,学生已经具备一定的逻辑推理能力。所以在教学中应建立数学与生活的联系,创设具有启发性、挑战性的问题情境激发学生的学习兴趣,引导学生用数学的眼光思考问题、发现规律、验证猜想。鉴于此,我抓住数学课程目标和单元目标中反复提到的"探索圆周角与圆心角及其所对弧的关系并证明圆周角定理"这一教学目标,制订这节课的课时教学目标:(1)理解圆周角的概念,能判断一个角是不是圆周角;(2)探索圆周角的性质,能用圆周角性质解决简单的问题;(3)经历探索圆周角性质的过程,增强推理意识,渗透"分类""化归""一般到特殊"的数学思想方法。

在课堂教学时通过设计不同层次的活动,如:动手画一画、量一量、说一说等活动,展现圆周角及其性质的学习过程,通过自主探究、小组合作研讨交流等形式验证猜想,让学生充分体会到将一条弧所对的无数个圆周角进行分类的必要性,感知从无限到有限的解决问题的策略,学习从"特殊到一般"的解决问题的方法和"化归"的数学思想。教学过程设计了7个教学环节:

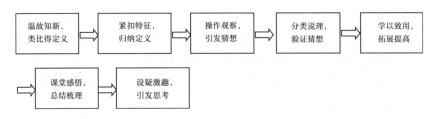

在本节课的教学中,现代信息技术电子白板、几何画板、PPT等手段贯穿于整个教学过程,通过精心预设,最为突出的有以下三个教学片段:

1. 温故知新,类比得出圆周角定义

利用电子白板辅助工具中的聚光灯功能复习课前预设的"与圆有关的角"的知识树中"圆心角"。学生每说一个内容,聚光灯显示一个知识点,这样引导学生回顾圆心角知识,不仅帮助学生梳理了旧知,而且激发了学生学习的兴趣,为课尾知识树进行课堂总结埋下了伏笔。在类比得出圆周角的概念时,利用几何画板的动画功能改变圆心角顶点的位置,直播移动圆心角顶点的过程,创设圆周角的情境,直观性强,学生的注意力一下就被吸引了。学生能充分感知和体会,这样比较容易地找出圆心角与圆周角的区别和联系,引发学生思考具备什么条件的角是圆周角,这是传统课堂达不到的教学效果。

2. 操作观察，引发猜想阶段

让学生在白板上画一条弧所对的圆周角和圆心角，再让学生利用电子白板辅助工具中的量角器测量圆心角和圆周角的度数，使得教学活动更加开放直观、可视性强，能促进师生、生生之间的沟通与协作；用电子白板的拖曳功能将课前预设的无数个圆周角的5种情况的图形通过拖曳，重新分类，使圆周角的分类更清楚、直观。几何画板验证猜想时，教师改变条件从不同的方面进行演示，再用几何画板度量圆周角的度数和圆心角的度数，使探索圆周角与圆心角之间的关系这一复杂的探索过程变得直观易懂。

3. 分类说理，验证猜想阶段

利用电子白板的直接书写、标识功能在几何画板和PPT界面上添加辅助线、标注角、书写分析和证明过程，使所有教学过程在同一界面上得到呈现，有效地解决传统媒体只能呈现图形，不能灵活标注图形的缺憾。由于圆周角与圆心角有三种不同的位置关系，其中圆心在圆周角的边上这种最特殊，传统教学中很难在圆心位于圆周角的内部和外部找到特殊情况。当学生证明猜想发生困难时，利用电子白板将分离好的图形进行拖曳，动画演示，学生豁然开朗。圆周角定理证明的难点由此就可以轻松突破。

本节课是参加"2015年新媒体新技术教学应用研讨会暨第八届全国中小学互动课堂教学实践观摩活动"的一节公开课。借力多媒体技术，突显学生的主体地位，学生可以在白板上画一画、量一量，这里不仅有学生与白板的互动，还有借助白板的师生互动（圆周角的分类，将课前预设的图片进行拖曳）和生生互动，多方面参与课堂教学。通过课前精心预设课堂活动，促进课堂教学目标的达成。

二元一次方程组

课题:沪科版七年级数学上册第三章第2节《二元一次方程组》(第一课时)

背景:该课为中国陶行知研究会教学法(讲学稿)研究中心2013年工作年会观摩课

执教:罗为民

日期:2013年11月

【教学设计】

一、教材分析

《二元一次方程组》(第一课时)是沪科版七年级数学上册第三章《一次方程与方程组》第2节的内容,安排在一元一次方程的概念及其解之后,讲述二元一次方程、二元一次方程组及其解的概念,对于后续解二元一次方程组、三元一次方程组及其用方程组来解决实际问题提供了知识储备。

1.教学目标

(1)对一个实际问题进行分析,感受用二元一次方程组解决实际问题相比一元一次方程解决实际问题更直接、更简洁;

(2)了解二元一次方程、二元一次方程组及其解的概念,会判断一组数是不是某个二元一次方程及二元一次方程组的解;

(3)在讨论和练习中,进一步体会方程是刻画现实世界的有效数学模型,形成良好的数学应用意识。

2.教学重点、难点

重点:二元一次方程组及其解的含义。

难点:判断一组数是不是某个二元一次方程组的解,逐步形成良好的数学应用意识。

二、学情分析

　　《义务教育数学课程标准(2011年版)》要求,"学生的数学学习内容应当是现实的、有意义的、富有挑战性的"。本节课从知识层面上分析:学生已经掌握了一元一次方程的概念及其解法;从能力层面上分析:七年级学生已经有了一定的分析、模仿和类比能力。因此,教学中可以引导学生类比一元一次方程及其解的概念,通过师生合作得出二元一次方程及其解的概念。通过实际例子,在小组合作交流中,互相启发,在团队的帮助下,完成本节课的目标。

三、教学方法

　　采用类比、引导发现与设疑诱导、讲授相结合的方法进行教学,在教学过程设计中,注意采用启发性问题、创设问题情境,引导学生思考。为了重点内容的掌握和难点学习的突破,采用多媒体辅助教学手段。整个教学过程设计了4个教学环节:

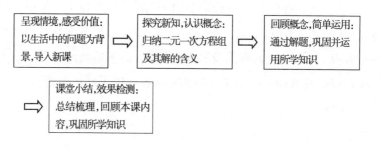

　　教具准备:多媒体课件、粉笔等。
　　学前准备:目标助学案。

四、教学过程

目标引领	指导活动	学习活动	设计意图
温故知新，由一元一次方程及其解的概念类比得出二元一次方程及其解的定义。	环节一：呈现情境，感受价值 （1）问题：还记得小学的鸡兔同笼问题吗？你能根据这个情境编一道求鸡、兔数量的应用题吗？（课件呈现鸡兔同笼问题的图片） （2）预备题： 我国古代算书《孙子算经》中有一题：今有雉（鸡）兔同笼，上有35头，下有94足，问雉、兔各几何？请你解决这个问题。 （3）学生应该很容易想到的是小学算术方法和用已学习过的列一元一次方程形式来解决这个问题。借此以提问的方法回顾什么是一元一次方程？什么是一元一次方程的解？为二元一次方程及其解的概念做铺垫。在此基础上教师追问本题要求哪两个量，你能设两个未知数，并列出方程吗？ 只含有一个未知数（元），并且未知数的次数为1的整式方程叫做一元一次方程，使一元一次方程成立的未知数的值叫做一元一次方程的解。（呈示在课件下方）	解法一（算术方法）：兔的数量 $\frac{94}{2}-35=12$（只）；鸡的数量 35-12=23（只）。 解法二（一元一次方程法）：设鸡的数量为 x 只，那么兔的数量是（35-x）只，可列方程：$2x+4(35-x)=94$，解得：$x=23$，所以鸡的数量为23只，兔的数量是 $35-x=12$（只）。 解法三：（二元一次方程组法）设鸡的数量为 x 只，兔的数量为 y 只。 根据鸡兔共有35头，可列方程： $x+y=35$ ① 再根据鸡兔共有94足，可列方程： $2x+4y=94$ ②	（1）所设问题给学生以广阔的思考空间，活跃课堂气氛，尽可能从学生所编问题入手，引入本节课的内容。 （2）让学生感受解决实际问题方法的多样性，初步体会应用二元一次方程组解决一些实际问题可以更直接、更简洁。

数 学 · 二元一次方程组

目标引领	指导活动	学习活动	设计意图
紧扣二元一次方程的特征,得到二元一次方程的定义,加深理解。	环节二:探究新知,认识概念 (1)观察上面得到的两个方程: $x+y=35$ ① $2x+4y=35$ ② 有什么共同点? 总结:像这样含有两个未知数,并且含未知项的次数都是1的方程叫做二元一次方程。 这个定义有三个地方要注意: ①含有两个未知数, ②含未知项的次数是一次。 ③是整式方程。 (2)练习。 下列方程哪些是二元一次方程: ①$2x-y=1$; ②$a+b=0$; ③$xy+1=0$; ④$\frac{1}{x}+\frac{1}{y}=-2$; ⑤$\frac{x+y}{2}=-2$; ⑥$x(1+y)=1$。 (3)议一议:(1)中方程①和②中的未知数$x$的含义相同吗?$y$呢?	(1)学生类比一元一次方程的概念,从"元"和"次"两方面总结,但在"次"上容易说成每个未知数的指数为一次,含有两个未知数,并且所含未知数的次数是1; (2)学生口答完成练习,并说明理由;	(1)类比一元一次方程的概念,通过观察、点拨、总结,同学生一起得到二元一次方程的概念,锻炼学生的观察能力和语言表达能力; (2)通过一组具有代表性的判断题加深对概念的理解;

目标引领	指导活动	学习活动	设计意图
由两个二元一次方程中相同未知数的联系,得到二元一次方程组的定义,并加深理解。	师:由于 x,y 的含义分别相同,而且 x,y 既要满足头总数的关系: $x+y=35$,又要满足足总数的关系: $2x+4y=94$,两个方程必须同时满足,因此,我们把这两个方程用大括号联立起来,写成: $\begin{cases} x+y=35 \\ 2x+4y=94 \end{cases}$,像这样,由两个一次方程所组成的含有两个未知数的方程组,叫做二元一次方程组。 　　考考你:这些是二元一次方程组吗? ① $\begin{cases} x+y=35 \\ y=60 \end{cases}$,② $\begin{cases} x+y=35 \\ xy=60 \end{cases}$, ③ $\begin{cases} x+y=35 \\ x+z=60 \end{cases}$ 。	(3)学生分组讨论交流并总结:两个方程中 x 都是表示鸡的数量, y 都是表示兔的数量,因此 x,y 的含义分别相同; 　　对比二元一次方程组的定义,①是,而②和③不是。	(3)由二元一次方程到二元一次方程组,明确两个二元一次方程必须"同时满足",用大括号联立要求两个方程是相互关联的。 　　通过一组各有代表性的判断题加深对二元一次方程组概念的理解。
理解并掌握二元一次方程组的解的概念、表示方法以及验证方法。	(4)试一试:能使方程 $x+y=35$ 成立的未知数 x,y 的值有哪些?请写出几组。 　　再写出一些能使方程 $2x+4y=94$ 成立的未知数 x,y 的值。 　　教师总结:类比一元一次方程的解的概念,我们把适合二元一次方程的一组未知数的值,叫做这个二元一次方程的解。 　　如 $x=25$, $y=10$ 是方程 $x+y=35$ 的一组解,记作 $\begin{cases} x=25 \\ y=10 \end{cases}$ 。 　　由以上讨论,你能得到怎样的结论? 　　你能找到一组 x,y 值同时适合方程 $x+y=35$ 和 $2x+4y=94$ 吗?同学合作完成,分别代入验算。 　　教师总结:使二元一次方程组中每个方程都成立的两个未知数的值,叫做二元一次方程组的解。如:二元一次方程组 $\begin{cases} x+y=35 \\ 2x+4y=94 \end{cases}$ 的解是 $\begin{cases} x=23 \\ y=12 \end{cases}$ 。	(4)验证:将未知数的值代入方程,看左右两边是否相等,使方程两边相等的未知数的值叫做方程的解。 　　二元一次方程的解有无数多组。(它的多解性和两个未知数的关联性要引起学生注意) 　　上面没有直接给出这两个二元一次方程的公共解,留给学生自己发现,必要时提醒学生这两个方程的由来。而具体找法正是后一节课所要学习的内容,为后续学习设下伏笔。 　　学生验证所得二元一次方程组解的正确性。	(4)类比一元一次方程的解的概念,得出二元一次方程的解的概念及表示方法,并让学生感受二元一次方程的多解性和两个未知数的关联性。 　　总结得出二元一次方程组的解的概念、表示方法以及验证方法。

数　学·二元一次方程组

目标引领	指导活动	学习活动	设计意图
通过练习,运用所学知识,解决实际问题,体会方程是刻画现实世界的有效数学模型,形成良好的数学应用意识。	环节三:回顾概念,简单运用 (1)某班同学在植树节时植樟树和白杨树共45棵,已知樟树苗每棵2元,白杨树每棵1元,购买这些树苗用了60元。问樟树苗、白杨树苗各买了多少棵?如果设买樟树苗 x 棵,白杨树 y 棵,请列出二元一次方程组,并检验下列哪组是你所列方程组的解? ① $\begin{cases} x=10 \\ y=35 \end{cases}$,② $\begin{cases} x=15 \\ y=30 \end{cases}$。 (2)根据题意,列出二元一次方程组: ①小华买了60分与80分的邮票共10枚,花了7元2角,那么,60分和80分的邮票各买了多少枚? ②甲、乙两人共植树138棵,甲所植的树比乙所植的树的 $\frac{2}{3}$ 多8棵,试问甲、乙两人各植树多少棵? (3)你能编写一道符合方程组 $\begin{cases} x+y=20 \\ 2x-y=7 \end{cases}$ 的生活中的某一事例吗?与同学交流。	学生板演并讲解自己的解题过程和方法。	(1)两个未知数已经给定,如何依据题意列出二元一次方程组,如何检验一组解是否为所给定的二元一次方程组的解; (2)巩固在实际问题中列二元一次方程组的方法; (3)由二元一次方程组到现实问题的逆向思维,进一步拓展学生的想象空间。
总结梳理,进一步巩固所学知识。	环节四:课堂小结,效果检测 回顾本节课主要学习内容,有哪些新的收获?还有什么困惑? (1)含有两未知数,并且含有未知数的项的次数是一次的整式方程叫做二元一次方程; (2)二元一次方程的解是一个互相关联的两个数值,它有无数个解; (3)含有两个未知数的两个二元一次方程组成的一组方程,叫做二元一次方程组,它的解是两个方程的公共解,是一组确定的值等。	学生静思一分钟,口答本节课主要学习内容,并有哪些新的收获。	把学生反思与教师总结相结合,使学生对本节课知识有一个完整系统的认识,通过教师设疑(如何求解二元一次方程组呢?下节课我们来解决这个问题)明确后面的学习目标,为下一节课做铺垫。

目标引领 活动达成

附:板书设计

3.3二元一次方程组 $x + y = 35$ ① $2x + 4y = 94$ ② 二元一次方程(组)的定义 二元一次方程(组)的解的定义	一元一次方程的定义 一元一次方程的解的定义 (学生板演评价区)

【课堂实录】

一、呈现情境,感受价值

师:上课!

生:起立!

师:同学们好!

生:老师好!

师:同学们还记得小学的鸡兔同笼问题吗?(课件呈示鸡兔同笼问题的图片)你能根据这个情境编一道求鸡、兔数量的应用题吗?(给学生一分钟时间的思考,小组讨论后填写在助学案上)

生1:在同一只笼子里,关着鸡和兔两种动物,从上面数,鸡和兔的头共有100只,从下面数,鸡和兔的脚也共有100只,问这只笼子里,关了多少只鸡和多少只兔?

师:老师感觉编的还不错,谁能解决这个问题呢?

生2:老师,他所编的这道题,没有办法解决,因为鸡和兔的头都各只有一只,而鸡有2只脚,兔子有4只脚,头和脚的和不可能与头的和相等。

师:不错,前面这位同学可能想到的是百钱买百鸡的故事了!现在我把他所编的题的几个数字改一下:在同一只笼子里,关着鸡和兔两种动物,从上面数,鸡和兔的头共有35只,从下面数,鸡和兔的脚共有94条,问这只笼子里,关了多少只鸡和多少只兔? 这样,这个问题能解决了吗? 请同学们试一试。

生1:我能用小学所学过的算术方法来解决这道题:因为鸡有2条腿,而兔有4条腿,所以,把他们脚的总数量除以二,再减去头的总数量,就可以得到兔子的数量,即兔的数量$=\frac{94}{2}-35=12$(只);这样,鸡的数量$=35-12=23$(只)。

师:讲得很细致,非常好,请坐下。有哪位同学还能用其他的方法来解决这个问题吗?

生2:我能用前面所学习的一元一次方程的方法来解决这个问题:设鸡的数量为x只,那么兔的数量是$(35-x)$只,因为鸡有两条腿,而兔有四条腿,可列方程:$2x+4(35-x)=94$,解得:$x=3$,所以鸡的数量为23只,兔的数量是$35-x=12$只。

师:学以致用,非常好,这里提到了一元一次方程,那么请同学们回顾一下,什么是一元一次方程,什么是一元一次方程的解?

生(齐):只含有一个未知数(元),并且未知数的次数为1的整式方程叫做一元一次方程,使一元一次方程成立的未知数的值叫做一元一次方程的解。(呈示在课件下方)

二、探究新知,认识概念

师:前面两名同学用了两种不同的方法解决了这一问题,那么我们还有其他的方法吗?

第二名同学在用一元一次方程解决这个问题的时候,把鸡的数量用x来表示,兔子的数量是用关于x的代数式来表示,这里,如果我们把兔子的数量用另外一个字母y来表示,那么根据题意,我们又能得到怎样的关系式呢?

生:设鸡的数量为x只,兔的数量为y只。

根据鸡兔共有35个头,可列方程:$x+y=35$ ①

再根据鸡兔共有94条腿,可列方程:$2x+4y=94$ ②(课件呈示)

师:非常好,这两个方程非常准确、简洁、明了地表述了本题的含义,请同学们类比一元一次方程的概念,说一说,上面得到的两个方程有什么共同点?(给学生一分钟时间思考后填写在助学案上)

生:我发现,这两个方程含有两个未知数,而且未知数的次数都是一次,两边都是整式的方程。

师:(总结)像这样含有两个未知数,并且含未知数项的次数都是1的方程叫做二元一次方程。

注意这个定义要特别关注的有三个地方:(1)含有两个未知数;(2)含未知数项的次数是一次;(3)是整式方程。(课件呈现)

师:让我们借助下面的练习来巩固这一概念:

练习:(课件呈现)

下列方程哪些是二元一次方程:

①$2x-y=1$,②$a+b=0$,③$xy+1=0$,④$\dfrac{1}{x}+\dfrac{1}{y}=-2$,⑤$\dfrac{x+y}{2}=-2$,

⑥$x(1+y)=1$。

(给学生一分钟时间在助学案中完成,并要求说明理由)

生:第一题是,因为它含有两个未知数x和y,并且未知数的次数为一次,是整式方程;

第二题也是,因为它也含有两个未知数a和b,并且未知数的次数为一次,是整式方程;

第三题不是,虽然它含有两个未知数,而且也是整式方程,但是左边多项式的次数为二次;

第四题不是,因为它左边的代数式不是整式,不符合二元一次方程的要求;

第五题是,虽然它有分数线,但它的左边是一个一次二项式,符合二元一次方程的要求;

而第六题不是,因为它的左边是一个二次二项式,不符合二元一次方程的要求。

师:非常精准,给点鼓励。现在让我们再回到问题中的这两个二元一次方程,请同桌之间议一议:上面方程①和②中的未知数x的含义相同吗?y呢?

生:两个方程中x都是表示鸡的数量,y都是表示兔的数量,因此x,y的含义分别相同。

师:由于x,y的含义分别相同,而且x,y既要满足头总数的关系:$x+y=35$,又要满足脚总数的关系:$2x+4y=94$,两个方程必须同时满足,因此,我们把这两个方程用大括号联立起来,写成:$\begin{cases} x+y=35 \\ 2x+4y=94 \end{cases}$,像这样,由两个一次方程所组成

的含有两个未知数的方程组,叫做二元一次方程组。(课件呈示)

师:考考你:这些是二元一次方程组吗?(课件呈示)

① $\begin{cases} x+y=35 \\ y=60 \end{cases}$, ② $\begin{cases} x+y=35 \\ xy=60 \end{cases}$, ③ $\begin{cases} x+y=35 \\ x+z=60 \end{cases}$。

(给学生一分钟时间在助学案中完成,并要求说明理由)

生:对比二元一次方程组的定义,①是,虽然第二个方程中只含有一个未知数 y,但整个方程组中,含有两个未知数,符合定义的要求;而②中第二个方程,是一个二元二次方程;③中共含有三个未知数 x,y 和 z,所以都不是二元一次方程组。

师:有理有据,非常好,来点掌声。现在让我们还是回到问题中的二元一次方程,我们知道,使一元一次方程成立的未知数的值叫做一元一次方程的解。你能找出一些能使方程 $x+y=35$ 成立的未知数 x,y 的值吗? 请写出几组。

生1:$x=25,y=10$;$x=10,y=25$,等等,我能写出很多组。

师:请同学们再找出一些能使方程 $2x+4y=94$ 成立的未知数 x,y 的值? 请写出几组。

生2:$x=25,y=11$;$x=23,y=12$,等等,我也能写出很多组。

师:(总结)类比一元一次方程的解的概念,我们把适合二元一次方程的一组未知数的值,叫做这个二元一次方程的解。(课件呈示)

所以 $x=25,y=10$ 是方程 $x+y=35$ 的一组解,记作 $\begin{cases} x=25 \\ y=10 \end{cases}$。由以上讨论,在解的数量上你能得到怎样的结论?

生:每一个二元一次方程的解有无数多组。

师:那么存不存在这样的一组 x,y 的值,它能同时适合方程 $x+y=35$ 和 $2x+4y=94$ 呢?

(同学合作完成,分别代入验算,上面没有直接给出这两个二元一次方程的公共解,留给学生自己发现,必要时提醒学生这两个方程的由来)

生1:我找到了一组 $\begin{cases} x=23 \\ y=12 \end{cases}$。

生2:我们找到的也是这一组,没有其他的。

师:(总结)使二元一次方程组中每个方程都成立的两个未知数的值,叫做二元一次方程组的解。如:二元一次方程组 $\begin{cases} x+y=35 \\ 2x+4y=94 \end{cases}$ 的解是 $\begin{cases} x=23 \\ y=12 \end{cases}$ 。(课件呈示)

三、回顾概念,简单运用

师:下面我们来运用今天所学的知识解决一些简单的问题:(课件呈示)

(1)某班同学在植树节时植樟树和白杨树共45棵,已知樟树苗每棵2元,白杨树每棵1元,购买这些树苗用了60元。问题樟树苗、白杨树苗各买了多少棵? 如果设买樟树苗 x 棵,白杨树 y 棵,请列出二元一次方程组,并检验下列哪组是你所列方程组的解?

① $\begin{cases} x=10 \\ y=35 \end{cases}$,② $\begin{cases} x=15 \\ y=30 \end{cases}$ 。

(2)根据题意,列出二元一次方程组:

①小华买了60分与80分的邮票共10枚,花了7元2角,那么60分和80分的邮票各买了多少枚?

②甲、乙两人共植树138棵,甲所植的树比乙所植的树的 $\dfrac{2}{3}$ 多8棵,试问甲、乙两人各植树多少棵?

(3)你能编写一道符合方程组 $\begin{cases} x+y=20 \\ 2x-y=7 \end{cases}$ 的生活中的某一事例吗? 与同学交流。

(给学生五分钟时间在助学案中完成,第(1)、(2)两题由三名学生到黑板上来板书,并要求解析所做题的理由和依据;第(3)题先由一名同学读出所写的事例,再请另一位同学评析前一同学所编题的正确性,如此评析三至五组)

四、课堂小结,效果检测

师:下面请同学们静思一分钟,自由发言,回顾一下今天我们所学的知识,你有哪些收获? 还有什么困惑需要一起解决?

生1:我知道了什么叫二元一次方程:含有两未知数,并且含有未知数的项的次数是一次的整式方程叫做二元一次方程;二元一次方程的解是一个互相关联的两个数值,它有无数个解;我能够根据定义判断哪些是二元一次方程,哪些是二元一次方程的解。

生2:我知道了什么叫二元一次方程组:含有两个未知数的两个二元一次方程组成的一组方程,叫做二元一次方程组,它的解是两个方程的公共解,是一组确定的值。

生3:我也能够利用今天所学的二元一次方程组的知识解决一些简单的实际问题,并能判断给定的 x,y 值是否是方程组的解? 但是老师,我有一个困惑,怎样能够找到这个二元一次方程组的解呢?

师:同学们总结得非常好,如何求出一个二元一次方程组的解呢? 这是我们下一节课要解决的问题,同学们可以先预习。

师:课后作业为完成助学案的效果检测试题。

师:好,下课!

生:老师,再见!

师:同学们,再见!

【执教感言】

紧抓方程思想主线,拓展学生思维空间

本节课是应中国陶行知研究会教学法(讲学稿)研究中心2013年工作年会在安徽省马鞍山市第八中学举办时的一堂观摩课,所上的内容是二元一次方程组及其解法的第一课时,本节课主要有两个内容:一是二元一次方程及二元一次方程组的概念并能初步在实际问题中找出相等关系列出方程组;二是二元一次方程组解的概念及其验证方法。

方程是研究数量关系的重要工具,在处理生活中的实际问题时,根据已知与未知量之间的联系,借相等关系建立方程或方程组,从而使问题获得解决的思想方法称为方程思想,就本节课的内容而言不是很难,但方程思想是初中数学的重要思想方法之一，这就要求学生对方程、方程组及其解的概念必须达到无需思考，一看便知的程度。

在本节课的教学和学习中，我认为不能仅仅着眼于具体题目的具体解题过程，而应不断加深对方程思想方法的领会，从整体上认识问题的本质，注意加强学生的主动性和探究性，教学中，应注意引导学生从身边的问题研究起，主动搜集寻找"现实的、有意义的、富有挑战性的"问题作为学习材料，激发学生对数学的兴趣，更多地进行数学活动和相互交流，在主动学习和探究学习的过程中获得知识，培养能力。本节课的引入，我是由学生所熟知的，小学已经见过的"鸡兔同笼"这样一个实际问题入手，并始终以这个问题及其结论为主线，由已知到未知，类比一元一次方程及其解，逐步引出二元一次方程、二元一次方程组及其解的概念。如果直接讲解，学生会觉得枯燥无味，为了活跃课堂气氛，尽量拓展学生的思维空间，因此在教学中，尽可能从学生所编的问题入手，当然学生所编的问题有时不一定是你所想要的，但只要我们适当引导，还是能够回到本节课的主题上来。整节课让学生多操作、多思考，课堂的练习也是由学生解题并点评，课堂小结是放开来让学生多说、多讲，把课堂的话语权交给学生，课堂的氛围比较令人满意，教学效果也达到了预设的期望。

Welcome to Sunshine Town
A great new town Reading（Ⅰ）

课题：牛津译林版英语七年级英语上册第三单元《Welcome to Sunshine Town A great new town Reading（Ⅰ）》

背景：该课荣获"2012年中国教育电视优秀教学课例评选"安徽省赛区一等奖，并荣获2013年首届全国基础教育数字资源应用评比一等奖

执教：殷俊

日期：2012年4月

【教学设计】

Name	殷 俊	Date	2012.4
Course Book Name	Oxford Fun with English	Unit	7B Unit 3
School	No. 8 Middle School	Grade	Grade 7
Main Lesson Focus	Reading and speaking	Lesson Length	45 mins
Objectives：By the end of the lesson, the students will be able to			
1. learn about the life in Sunshine Town.			
2. learn some vocabulary：Beijing Opera, shopping mall, air pollution, local theatre, souvenir, country.			
3. develop some reading skills (prediction, skimming, scanning…).			
4. learn how to introduce a place.			
5. have the awareness of protecting the environment and love their hometown more.			
Key points and difficult points：			
1. Help Ss develop their reading ability (How to get proper information quickly).			
2. Help Ss learn to introduce their hometown.			
3. How to get all the Ss involved and organize the group work effectively.			
Methodology and strategies：			
1. Communicative approach.			
2. Situational approach.			
3. Task-based teaching.			

Learning methods:	
Watching, Listening, individual work, pair work, group work.	

Teaching aids:
Multi-media/ some pictures, blackboard.

Anticipated Problems and Solutions:

	Problem	Solution
1	How can all the Ss be active in class activities?	Activities need to be carefully designed and well organized and clear instructions and guidance should be given to Ss, so as to let them know what to do easily.
2	Ss may feel nervous because I am new to them and there are some other teachers sitting behind.	Encourage them to do pair work or group work so that they can help each other to get confidence.

Procedures

	Stage/ Activity 教学环节	Objective Purpose(s) 教学目标	Inter- Action 活动形式	Time 活动 时间	Procedure 活动步骤
1	Leading-in	First, arouse Ss' interest. Second, make Ss get into the topic naturally.	T-Ss	2 mins	I'm going to lead in the lesson with a lying game.
2	New-word teaching	Help Ss learn the new words with pictures and in proper situations.	T-Ss	6 mins	1. Show some pictures about Ma'anshan and teach the new words in a proper situation. 2. Use a game called memory challenge to help Ss remember these new words better.
3	Context	Give Ss a fictional situation to get some information smoothly.	T-Ss	1 min	Tell Ss that I have a pen friend called Julia who is an English teacher in Sunshine Town. Last night she sent an e-mail to me and said to me "Welcome to Sunshine Town A great new town."

英语 • Welcome to Sunshine Town
A great new town Reading (I)

目标引领 活动达成

4	Prediction	Prediction can help Ss have a clear view of a passage.	Pair- work	3 mins	Show some pictures of Sunshine Town to help Ss predict something about the passage. What's more, pictures can help Ss get proper information about the passage.
5	Skimming	To lead Ss to get the main idea of the passage.	Individual work&pair work	5 mins	1. Ask Ss to read the headings in the article and check if their predictions are correct. 2. Give them a question: what's the text about? (Multiple choices) and teach them a reading skill—title and the first paragraph usually tell us the main idea.
6	Scanning	To lead Ss to find out more details about Sunshine Town.	Individual work, pair work& group work	15 mins	1. Match the broken sentences. 2. Some true or false statements. 3. Encourage Ss to complete a flow chart.
7	Activity	To get Ss to learn how to introduce a place.	Group work	10 mins	1. Give Ss a context: Julia will come to your hometown, would you like to introduce your hometown to her? 2. Ask Ss to work in groups. Some words, phrases and patterns they've learnt in this period will be given as a scaffolding. 3. Ask several groups to show theirs.
8	Summary	To consolidate what they have learned.	T- Ss	1 min	Give a summary to make Ss understand what they have learned clearly. 1. Learn about the life in Sunshine Town. 2. Learn some vocabulary: Beijing Opera, shopping mall, air pollution, local theatre, souvenir, country. 3. Learn how to introduce a place.

9	Emotional education	To arouse Ss' enthusiasm through this step—love their own hometown.	T- Ss	1 min	Tell Ss to love our hometown, protect our hometown. Better environment, better life!
10	Homework	To consolidate what they've learned and arouse their interest.	Individual work	1 min	Level A: Recite some sentences: 1.There are lots of things to do in Sunshine Town. 2. It is only 40 minutes from the centre of Beijing by underground. 3. There is less air pollution in Sunshine Town than in other area of Beijing. 4. You can shop until ten o'clock at night in Star Shopping Mall. 5. Why don't you visit our local theatre with us? Level B: Write an article to introduce your hometown to Julia. If possible, Ss can make posters about their hometown. (The teacher can ask Ss to choose the level)

Blackboard design

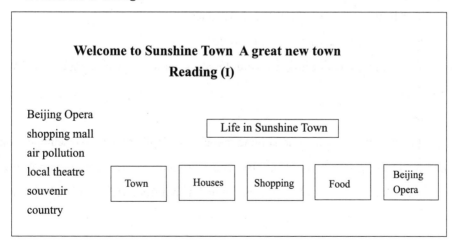

Welcome to Sunshine Town A great new town
Reading (I)

Beijing Opera
shopping mall
air pollution
local theatre
souvenir
country

Life in Sunshine Town

| Town | Houses | Shopping | Food | Beijing Opera |

【课堂实录】

1. Greetings & Leading-in

T: Good afternoon, boys and girls.

Ss: Good afternoon, Miss Yin.

T: OK, today we'll learn Unit 2 Reading. Welcome to Sunshine Town A great new town. And by the end of this class, I hope you can learn about life in Sunshine Town, learn some new vocabulary, such as Beijing Opera, shopping mall, air pollution and so on, and learn how to introduce a place. Are you clear?

（介绍本节课的三个学习目标：了解阳光镇的生活；学习一些新的词汇；学会介绍一个地方，例如：马鞍山市。这三个目标表述明确，可测，易达成）

Ss: Yes.

2. Pre-reading (New-word teaching)

T: OK, now let's begin. You know we have been friends for almost one year. What do you think of Miss Yin? Now give me answers.

S: Miss Yin is very cheerful and helpful.

T: Thank you. Sit down. What about you?

S: Miss Yin is very friendly and polite.

T: Yes, thank you. Sit down. And do you want to know more about me? Yes or no?

Ss: Yes.

T: OK, let's play a game, a lying game. Now look at these five sentences on the screen. They are all about me. But some of them are true, some are not true. Just guess, try to find which is true, and which is not true. Are you clear? The first sentence, do you think I like shopping?

Ss: Yes.

T: Yes, of course. Now look at this, this is a big shopping mall in my city, right?

Ss: Yes.

T: It's called…

S: One city.

T: No, it's called…

Ss: 八佰伴。

T: Yes, 八佰伴, right? I often shop there, and I can shop until ten at night. And I think we can buy a lot of souvenirs, what's the Chinese meaning of souvenir?

Ss: 纪念品。

T: Very good. Shopping mall means a building with a lot of shops in it. And souvenir means something that helps you think of a person and a place and so on. Are you clear? Now OK, you're great. Next, I enjoy Beijing Opera.

Ss: No.

T: Yes, I don't like Beijing Opera. But I like watching many other shows. Now, OK, where is it? It's the…

Ss: Local theatre.

T: Ma'anshan local theatre, right? So read after me, local theatre, local theatre. Theatre means…

Ss: 剧院。

T: Yeah, that means a place where you can watch plays or shows. Are you clear? Very good. So I can watch many wonderful shows there. Now next, I like living in tall buildings, yes or no?

Ss: Yes.

T: I'm sorry, you're wrong, I hate climbing stairs. I think climbing stairs is too tiring. Now next, I hope to live in the country—Putang.

Ss: Yes.

T: Yes? Very good. Now look, the first picture, you can see a modern city, right? It is modern, but I think the air in the modern city is not as clean as that in the country, do you think so?

Ss: Yes.

T: So you can say there is less air pollution in the country, right?

Ss: Yes.

T: So I prefer to live in the country, do you agree with me?

Ss: Yes.

T: OK, very good. Look, this is⋯

Ss: Pollution.

T: Air pollution, and this is⋯

Ss: Water pollution.

T: How terrible! Now next, I like western food.

Ss: Yes.

T: Yes or no? What about you? Do you like western food?

S: I don't like western food.

T: OK, you haven't got it. I like western food. Thank you, sit down, please. I think beef steaks and salads are delicious, do you think so? Yeah, now you know something about me. And you also learned some words, such as shopping mall, souvenir, theatre and pollution. Now please pay attention to these new words. Pollution means the state of being dirty. And country means land outside cities.

（活动一：通过一个猜谜活动，导入新课，在情境中教授词汇，达成目标二）

Now you learned more about Ms Yin, and you also learned these new words, right? So I'll check if you can really remember them. I'll show their meanings one by one on the screen. And please tell me which word it is as quickly as possible. OK? Yeah, now look at the screen, the first, buildings with many shops.

Ss: Shopping mall.

T: Yeah, very good, shopping malls. The next one, the land outside cities.

Ss: Country.

T: Yeah, country. What about the third one? The state of being dirty.

Ss: Pollution.

T: Yeah, great. Number 4, a place for people to watch plays or shows.

Ss: Theatre.

T: Theatre. And Number 5, things that help you think of a person, place and so on.

Ss: Souvenirs.

（活动二：通过单词和释义的连线题，巩固所学单词，为接下来的阅读活动扫清一定的障碍，达成目标二）

T: Yeah, you're so great. Today I'd like to introduce a new friend to you. She is my pen friend, Julie, and she teaches English in Sunshine Town. Last night, she wrote me an E-mail, welcome to Sunshine Town, a great new town. Would you like to know something about Sunshine Town?

Ss: Yes.

3. While-reading (prediction, skimming & scanning)

T: OK, today let's play a reading game. In the game, there're four levels. Are you clear? If you can pass all the levels successfully, you'll get a gift. And you can share it after class. Are you happy?

Ss: Yes.

（活动三：阅读文本，了解阳光镇的生活，达成目标一。在阅读过程中，注重培养学生的阅读策略）

T: Now OK, the first level, guessing game. First don't open your books, just look at the screen. I'll show you four pictures. Just look at the pictures, and try to answer me three questions. Number 1, is sunshine town a modern town or an old town? Number 2, do people in Sunshine Town live in tall buildings or small houses? And Number 3, what can you do in Sunshine Town? You can discuss with your partner. I think 1 minute is enough. OK, now who can tell me the first question? Now, you please.

S: Sunshine Town is a modern town.

T: How can you know that? Which picture tells you the answer?

S: Picture 1.

T: Yes, very good. Now the second, do people in Sunshine Town live in tall buildings or small houses? Now you please.

S: People in Sunshine Town live in tall buildings.

T: How do you know that?

S: Picture 1.

T: Yes, I can get the answer from Picture 1, right? So pictures can tell us lots of information, right? OK, sit down, please. Now Number 3, what can you do in Sunshine Town? It's a bit difficult. Now, please.

S: I can go shopping.

T: Just shopping? Any more?

S: We can enjoy Beijing Opera, and we can eat chicken.

T: Chicken?

S: Duck.

（活动三①：展示文章插图，让学生预测文章内容，回答3个问题。培养学生阅读中的预测策略）

T: I think we can eat Beijing duck, very good. So what can you do in Sunshine Town? You should say you can enjoy some shows such as Beijing Opera and we can go shopping in Beijing Sunshine Town, and we can enjoy Beijing ducks, right? Very good, you have passed the first level. Now the second level. Fast reading. Look at the screen, open your books, go through the text in one minute and answer the same three questions again and check if your predictions are right. But I have a question for you, you see, it's a long passage, right? How can you finish reading such a long passage in just one minute? Do you need to read every word one by one carefully?

Ss: No.

T: No. I don't think so, I think you can read the headings of the passage right? How many headings are there in a passage?

Ss: Five.

T: Five, yeah. So from five headings, you can get some answers right? OK. Read headings and try to answer the three questions. First, any volunteers? Is Sunshine Town a modern town or an old town? Now you please.

S：Sunshine Town is a modern town.

T：Yeah, Sunshine Town is a modern town, we can see "Would you like to live in a modern town?"

Right? Now next, "Do people live in tall buildings or small houses?"

S：In Sunshine Town, people live in tall buildings.

T：Quite good. Sit down. And last question. "What can you do there?" Now you please.

S：I can go shopping, eat Chinese food and enjoy Beijing Opera there.

（活动三②：一分钟快速阅读全文，再次回答同样的三个问题，检查预测是否正确并教会学生从小标题中快速了解文章大致内容）

T：Yes, I think you can get the right answer from the rest three headings, right? You can go shopping, you can eat Chinese food and you can enjoy Beijing Opera, right? Yeah, thank you. Sit down, please. The last question for you. What's the text about? That means what's the main idea of this passage is a holiday in Sunshine Town? A business trip to Sunshine Town? An introduction to the life in Sunshine Town. What is the main idea?

Ss：C.

T：Yes, of course C. Now who can tell me how you can get the answer, why C is correct? Now you please.

S：We want to tell you about the life in this great new town.

T：Yeah, you can find the answer, you mean, from the first paragraph, right?

S：Yes.

T：Yes, so we can get the answer from the title and the first paragraph, are you clear? Generally speaking, we can get the main idea of the passage from the title and the first paragraph. Sit down please, very good. Now you have passed the second level and you have known the main idea of the passage, do you want to know more about the Sunshine Town? Do you want to know more?

Ss：Yes.

T: OK, reading for more information. Look at the screen. There are some broken sentences on the screen, try to match the two halves of the sentences, go through the passage and try to find the answers, match the sentences. Can you find the answers? Really? Yeah, let's check the answers together, the first one, you can···any volunteers? Try. Now you please.

S: You can stay in Sunshine Town. It's a new town in Beijing, C.

T: C is right, is she right?

Ss: Yeah.

T: Very good, thank you. Now the second one. Who can? Now you please.

S: Sunshine Town is about 40 minutes from Beijing by underground.

T: Right?

S: Yes.

T: Yes, very good. Now next one, the third one. Now you please.

S: Most of us live in very tall buildings.

T: Yeah, is he right?

Ss: Yes.

T: Very good. Now what about the fourth one?

T: Now you please.

S: You can buy lots of things in shopping mall.

T: Very good, thank you. You can buy lots of things in shopping malls. Now the fifth sentence.

S: We can go to different Chinese restaurants and western restaurants.

T: Yeah, very good. Now the last sentence, have a try, what about you?

S: Sunshine Town is a great place to live and you'll love it here.

T: Sunshine Town is a great place to live and you'll love it here. Yes, very good. Now I'll give you another 6 sentences, some of them are true, and some of them are false. Are you clear? If it's true, you just say true, if it is false, you should give the correct answer. Three minutes is OK?

Ss: Yeah.

T: Now OK, let's begin. Read the passage again. (学生阅读三分钟)

T: Now finished?

Ss: Yes.

T: OK, Number 1, it takes 40 minutes to walk from Sunshine Town to the centre of Beijing, true or false?

S: It's false.

T: It's false, now tell me the correct answer.

S: It takes 40 minutes by underground from Sunshine Town to the centre of Beijing.

T: Is she right?

Ss: Yes.

T: So we should say it's only 40 minutes from the centre of Beijing by underground, right? Next, there's less air pollution in Sunshine Town. Please.

S: It's true.

T: It's true, very good, sit down. Now Number 3, many students live in tall buildings in Sunshine Town, true or false? You please.

S: It's true.

T: Yes, now next one, there are only two shopping malls in Sunshine Town.

S: It's false.

T: It's false, now please tell me the correct sentence.

S: There are lots of good shops in Sunshine Town.

T: There are many, you can say there are lots of shopping malls in Sunshine Town. Thank you. OK, Number 5.

S: It's true.

T: Yeah, you are right, the last sentence, what about you?

S: You can enjoy Beijing Opera at the theatre, it is true.

(活动三③:细读短文,通过 Match the sentences 和 T or F sentences 来检测

英语 · Welcome to Sunshine Town
A great new town Reading (1)

4. Post-reading (Structures & Group activity)

T：Yes, it's true, sit down, you have passed the three levels. How great you are! And I think the gift is waiting for you, let's come to the last level, magic tables. Now OK, today in the passage, how many parts can you see?

Ss：Five.

T：Yes, there're five parts, right? The first part is about the town, right? And the second part is about houses. And the third part···Yeah, shopping mall, you are so clever. What about the fourth part?

Ss：Food.

T：Very good, food. And the last part?

Ss：Beijing Opera.

T：Yeah, Beijing Opera. And from these five parts we can know the passage is talking about···Which word is here···Life in Sunshine Town. This passage is talking about the life in Sunshine Town, very good! So this is the structure of this passage, are you clear? Now next table, look at the first part, life in Sunshine Town, try to fill in the blanks, who can? Have a try. Now you please.

S：A modern new town.

T：The first word, modern. Is she right? No? You have a different opinion?

S：A great new town.

T：Is great OK here? I think great is OK here, but modern is OK, too. Are you clear? Sit down, a modern new town. Now next, you please.

S：40 minutes by underground.

T：Yeah, it takes 40 minutes by underground. Very good. And try to say the whole sentence, are you clear? Now you please.

S：There is less air pollution Sunshine Town than in other areas of Beijing.

T：Yeah, very good. There is less air pollution in Sunshine Town. Now sit down please. Now what about the next table? You please.

S：Sunshine park is a country park, we can go walking and see green hills, trees and lakes.

T: Yeah, Sunshine park is a country park, you can go walking and see green hills, trees and lakes. Very good. Now what about houses? Can you find the answer? I think it's easy to find. Now you please.

S: We live in tall buildings.

T: Yeah, we live in tall buildings, and we can…

S: We can be close to our friends.

T: Yeah, we can be close to our friends. Very good, thank you, sit down, please. Now what about this part, shopping. Read the text. And I think you can find answers easily. What about shopping part? Now you please.

S: There're lots of good shops in Sunshine Town.

T: Yeah, there're lots of shopping malls in Sunshine Town, and…

T: Which is your favorite shopping mall?

S: Star Shopping mall is my favorite shopping mall.

T: Yes, sit down please. Star shopping mall is our favorite shopping mall, right? Next, what about food? We can enjoy Chinese food and… You please.

S: We can try Beijing duck, in one of Chinese restaurants.

T: And?

S: We can also enjoy western food.

T: We can both enjoy Chinese food and western food in Sunshine Town, right? And you can try Beijing duck in Chinese restaurants. OK, thank you, sit down please. Now what about Beijing Opera? Now you please.

S: You can enjoy it in local theatre.

T: You can enjoy it in a local theatre or in local theatres, right? OK, now congratulations, you have passed all the levels. I think you can share the gift after class. Now you know something about Sunshine Town. Do you think it is great?

Ss: Yes.

（活动三④：再读短文，展示magic tables，通过问题"How many parts can you see?"引导学生了解文章结构，并根据表格展示的结构和关键词复述文章，

为后面的小组活动做好铺垫)

T：But I think Ma'anshan is also great. Do you think so?

Ss：Yes.

T：So I want to invite Julie to Ma'anshan . And would you like to introduce our city to her?

Ss：Yes.

T：Yes? I'd like you to work in groups of 4, right? And each of you should choose one part. You know there are five parts in the passage, maybe, I'd like you to choose one part to talk about. For example, you four, you can talk about Part 1, the city, and you can talk about houses, and you can talk about shopping, and you can talk about food, you can choose any part you like, and what about the last part? I think you can talk about it together. Are you clear? So I will check if you really understand me, I give you two questions (ICQS). How many people are there in a group?

Ss：Four.

T：Yes, stand up, you four. Now which part do you talk about?

S：I can talk about city.

T：City, now which part do you talk about?

S：I can talk about houses maybe.

T：Now what about you?

S：I can talk about shopping.

T：Good, what about you?

S：I can talk about food.

T：What about the last part?

Ss：We can talk about it together.

T：Yes, very good. Are you clear? Now let's begin, work in groups of 4. I'll give you a sheet. Now OK, then I'll give you five minutes, then I'll ask some of the groups to show yourselves, OK? Let's begin.

（活动四：精心设计读后活动,结合学生生活实际设置了一个语境:Julia

will come to Ma'anshan, would you like to introduce Ma'anshan to her? 同时给出一个含有 Key words 的结构图表, 使学生知道该如何介绍一个地方, 活动以四人小组形式展开, 活动前利用 ICQs 使小组中 A、B、C、D 四位同学明白自己要做什么, 这个读后活动有效地检测了学生学习目标三的达成度)

••••(学生分组准备五分钟)

T: Now time is up. Any volunteer? Which group? Be brave. Come here, show yourselves. Now put up your hand, which group? Now OK, you, come here.

S1: Do you know Ma'anshan, let's tell you about life in this city, it's a modern city, it has a long history in China, it's not very big. It's very beautiful, the city has less air pollution, because it's covered with green grass. There are a lot of parks here such as Caishiji, Yushanhu Park and so on. You can enjoy social view and learn something you may never know. Let's look around this fantastic city.

S2: Now let me introduce the houses. In the past, people lived in small houses, but now there are many tall buildings here. We like to live in tall buildings, because we can be close to our friends, if we have problems with our homework, we don't have to go far, we can help each other more easily.

S3: I'd like to tell you something about shopping malls. There are lots of shopping malls in Ma'anshan, among these special shopping malls, I like one city shopping mall best, it is very beautiful, there are three floors in it. You can buy everything you want. For example, beautiful souvenirs, delicious food, if you only want to buy small things, please go to the supermarket. Most things are not expensive. You pay a little money, and they are yours.

S4: Then I'll tell you the food in Ma'anshan. Do you like delicious food? Ma'anshan is a good place. There are many kinds of restaurants in Ma'anshan, and you can choose any food you like here. For example, you can eat dumplings and tofu in many Chinese restaurants. And if you don't like Chinese food or you want to try to eat western food, you can go to Shangdao Coffee or other Western restaurants. Now do you think Ma'anshan is a good place to have healthy food?

S2: Do you like Beijing Opera? And if you're interested in Beijing Opera, you can go to local theatres and enjoy it. Of course you can watch films in the cinema or also go to KTVs to sing pop songs.

S1: Now you may know why I said about Ma'anshan is so good. Welcome to Ma'anshan. I'm sure you'll enjoy yourself. We believe you'll have a good time here and you'll keep this journey in your mind forever.

Ss: We are looking forward to meeting you in Ma'anshan soon. Thanks a lot.

T: So wonderful. Any volunteers again? Come here. Just have a try.

S1: I want to tell you something about Ma'anshan. Ma'anshan is small, but it's modern and tidy. Many people live in it, it has less air pollution than Shanghai. There are many parks in Ma'anshan, each of them is beautiful, welcome to Ma'anshan, you'll enjoy yourself here.

S2: I'd like to tell you about tasty food of my home town, it's called Chagan (茶干), it's famous for the great poet Li Bai(李白)。 It's so delicious. The color of it is brown. It looks nice and it doesn't have meat. And it's very healthy. So I like it very much. It's made from beans.And I also like to tell you something about houses. We all live in tall buildings and we enjoy living in tall buildings because we can be close to our friends and we can talk about our homework and play with each other at the weekend.

S3: Now it's my turn to introduce shopping in our city. There are many shopping malls and supermarkets here, Darunfa is one of the most popular supermarkets, things in it are not only good, but also very cheap, on the first floor there're shoe shops, clothes shops. On the second floor there are many different kinds of things. For example, meat, vegetables, books and so on. The supermarket is clean and tidy. The cashiers are friendly to everyone. Sometimes you can enjoy the beautiful songs in it. You can shop until 10 o'clock. So don't wait, come on and enjoy yourselves.

S4: In Ma'anshan, you can not only go shopping, enjoy delicious food, but also climb the Jiashan Hill, see a nice movie in the local theatre and play in

Yushanhu Park. I like Yushanhu Park best, because the air there is fresh. I can have a picnic or row a boat with my friends at the weekend. Why not go there and have a good time? My hometown Ma'anshan is a modern and beautiful city, people there are friendly and helpful, it's a good place to visit. Welcome to Ma'anshan, you can't miss it. Thank you.

T: From the introduction of Ma'anshan, we can see our city is so great, any volunteers? Girls are wonderful. What about boys? Be brave! OK, you four, come here, try your best.

S1: Ma'anshan is a medium city with a long history, it is in the east of Anhui, It's also very close to Nanjing. Ma'anshan was founded in 1956, because of this, some people think this city has no country. But Ma'anshan has become a modern living place. After 1949, the PRC has been set up, today Ma'anshan has lots of tall buildings, we can go shopping easily, people here live happily and sweetly.

S2: Hello, everyone, I'll tell you something about Ma'anshan's houses. There are many tall buildings in Ma'anshan, most of them are six floors, some of them have 5 floors. In the past few years, there're many taller buildings here. They have more than 16 floors. So I think Ma'anshan will become richer quickly in the future.

S3: There're lots of shopping malls in Ma'anshan, people can buy what they need in shopping malls or through the Internet, sometimes they can do some window shopping which means you just enjoy the shopping but buy nothing in fact, then which is your favorite place for shopping?

S4: Let me tell you about Ma'anshan food. There're lots of restaurants. There're noodles, dumplings and chagan. If you don't like Chinese food, there are lots of Western restaurants, too. That's all, thank you.

T: You did a really good job today, but time is limited. I think you'll be given more chances next time. Now from the introductions, we know our city is really great. I think Ma'anshan is really a good place to visit. Do you think so? I think we should love our city, and we should protect our city, because…

Ss：Better city, better life.

（活动后进行评价总结,展示图片 Better city, better life,学生深化热爱家乡的美好情感,本节课情感目标得以达成）

5. Summary & Homework

T：OK, now let's have a summary. We learnt about the life in Sunshine Town, right? And second, we learnt some vocabulary, such as Beijing Opera, shopping mall, air pollution, local theatre, souvenir and country. Can you remember them?

Ss：Yeah.

T：Now read them together, start.

T：And we also learnt how to introduce a place, OK, quite good! Now today's homework, there're two levels of your homework. Level A, just recite these sentences, first please read these five sentences together, are you ready?

T：I think these five sentences are really important and useful. So you should learn them by your heart. It's a must. And Level B, write an article to introduce Ma'anshan, if possible, you can make posters, beautiful posters about your city. Can you? Yes, you can have a try. Now class is over. Good bye, class.

（阅读后的书写,可以进一步巩固已获取的语言信息知识,更好地提高目标达成度。这一步是学生的应用过程,特别重要,经过阅读活动和小组活动的扎实铺垫,对于大部分学生而言,仿写一段,介绍自己的城市,应该是水到渠成的事。我巧妙地将这一任务作为 Level B 放在课后作业当中,并充分关注了学生的差异,对作业进行了分层要求）

Ss：Goodbye, Ms Yin.

T：Thank you for your cooperation.

【执教感言】

目标引领　活动达成

在初中阅读教学中,很多老师往往将阅读当精读,教学过程就是讲解生词、补充词组、罗列搭配、逐句逐段分析句子结构及语法等。对阅读文章的处理以翻译法和对答案为主。目标设置不具体,不全面,不能很好地突出学生学习的主体性地位,不注重学法的指导;同时教学方法单调、陈旧;教学活动单一,学生感到乏味,没有阅读兴趣,也很难锻炼他们的阅读能力。2014年,我参加了首届全国基础教育数字资源应用交流推广活动,所授的一节阅读课7B Unit 2 Welcome to Sunshine Town A great new town 荣获了全国一等奖,下面我对这节课进行反思,谈谈如何设计读前活动(Pre-reading)、读中活动(While-reading)、读后活动(Post-reading),指导学生掌握正确的阅读策略,训练学生的阅读能力,达成预设的教学目标的。

一、明确学习目标,巧妙引入话题

这篇阅读材料约350个词汇(生词为 Beijing Opera, shopping mall, air pollution, local theatre, souvenir, country 等),主要通过介绍阳光城居住、购物、饮食、文化等方面的特点来介绍阳光镇的生活。一开始,我就直接展示本节课的学习目标:学习一些新的词汇,了解阳光镇的生活(知识目

学习目标

1. 了解北京阳光镇的生活。
2. 学习一些新的词汇: **Beijing Opera, shopping mall, air pollution, local theatre, souvenir, country。**
3. 学会介绍一个地方。

标);学会介绍自己的家乡马鞍山(能力目标)以及学生在完成学习任务后,热爱家乡,爱护环境的美好情感(情感目标)自然达成。因此本节课的教学目标具体表述为:经过本节课的学习,学生能够运用本课所学词汇,运用prediction, skimming, scanning 等阅读策略,完成文本的阅读;并通过了解文本结构进行复述、仿写等活动,通过小组合作,大部分同学能模仿文本介绍自己的家乡——

马鞍山,产生热爱家乡的美好情感,并通过分层作业进行读后续写活动。进一步培养学生的综合运用能力。

在读前活动(Pre-reading)的设计中,我首先通过一个A lying game作为导入,通过让学生猜自己的情况,有效地引入了相关的话题,激活学生已储备的与课文内容相关的背景知识,唤起学生的阅读兴趣,放松读前的紧张心理。同时活跃了课堂气氛,拉近了和学生之间的距离。

同时重视词汇习得,帮助排除可能影响学生理解的生词障碍。词汇是影响英语阅读效果的重要因素,快速的阅读和准确的理解都必须建立在一定词汇量的基础上,本节课我们通过以旧联新的方法,通过学生们熟悉的图片,在情境中教授了一些重点词汇。同时在A lying game中出现的 shopping, Beijing Opera, country 等单词上设置了一些链接,在导入过程中,通过 Free Talk,由 shopping 联想到shopping mall,souvenir;由Beijing Opera联想到local theatre;由country联想到a modern city,less air pollution等,并通过P28 B1的练习及时对所学词汇进行了巩固,有效帮助学生排除了可能影响理解的生词障碍。

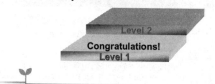

二、围绕教学目标,有效设计活动

我们倡导:整节课一定要"干净",主线分明。也就是说教学过程中每一项活动都要指向教学目标。同时教学活动的设计要贴近学生生活,要有层次感,还要便于学生操作。

读中活动(While-reading)。为了调动学生的阅读兴趣,我通过一个A

reading game将阅读活动设置了四个levels,让学生更有趣地加入到阅读活动中来,这种由浅入深的活动设置不仅符合初中学生的认知规律,而且让学生充分体验成功的快乐。尤其让不同层次的学生获得成功感,提高了他们参与的积极性,激发他们阅读的兴趣。

结束词汇教学后,我并没有让学生立即翻开书本,而是展示了四幅图片,引导学生预测文章的内容,激发学生学习的兴趣,明确阅读任务。并抛出三个问题让学生进行预测回答。

(1) Is Sunshine Town a modern town or an old town? (2) Do people in Sunshine Town live in tall buildings or small houses? (3) What can you do in Sunshine Town? 学生们很快根据图片猜出了答案,带着第一关闯关成功的喜悦,积极地投入到下一轮的学习。

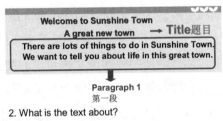

接着,我引导学生进行整体阅读,指导学生掌握正确的阅读策略,培养学生快速阅读的能力。阅读的目的是获取信息,一个人的阅读能力的高低决定了他能否快速高效吸收有用信息。阅读速度是阅读能力的一个标志。很多学生习惯于逐字逐句地阅读,造成他们速度缓慢,在一定程度上影响了理解。近几年中考的阅读速度大约是每分钟60字左右。考生必须在十分有限的时间内运用略读、扫读、跳读等技巧快速阅读,阅读时从宏观入手,掌握中心意思,注意那些用以说明中心意思的主要事实和细节,搜寻主题句、关键词,理清文章脉络,把握语篇实质。

因此,我让学生打开课本,再次展示前面提出的三个预测的问题,引导学生在一分钟内粗略地阅读(Skimming)标题,掌握文章大意梗概,并检查预测是否准确。学生很容易找出了答案。接着我又抛出一个问题 What's the text about? (Multiple choices)进一步引导学生通过阅读 title and the first paragraph

来掌握主旨大意。通过清晰的课件呈现，有效地训练了学生的阅读策略以及阅读理解相关题型的解题策略。

在学生对文章内容、结构和作者写作意图有一个整体印象后，通过Match the broken sentences（连线题）、True or false questions（主要信息的正误判断题）及 Complete a flow chart 等活动，循序渐进地引导学生进一步阅读（scanning）课文，提出细节性问题，在阅读材料中查出所需要的特定信息，让学生获取有关 what, where, when, why, who, how 等基本事实。有目的、有选择地查读大大提高了阅读速度。同时 Complete a flow chart 这一环节提高了学生分析语篇的技巧，有效地指导学生掌握整篇文章的结构。这些提纲、关键词、图表等为学生在读后活动中复述课文提供了必要的脚手架，大大降低了学生学习的焦虑感。掌握一篇相对七年级学生篇幅较长的文章不如想象中的那样高不可攀，学生们看到自己在 Flow chart 的帮助下，也能得心应手地分段复述课文，大大增强了自信心和成就感。

三、检测目标达成，关注综合运用

阅读是英语学习的重要输入过程，输入的目的是为应用（即输出），因此在阅读后就要鼓励学生大胆去运用。学以致用，学习目标自然达成。精心设计读后活动，可以有效检测学生学习目标的达成度。

读后活动（Post-reading）。输出的方式多样，如完成课后练习，口头汇报；分组或分角色诵读文章；利用关键词、关键句加图片进行分段、分节或整体复述；对文章进行 Silent Movie（配音）或 Role Play（表演）；让学生展开想象的翅膀，对文章内容进行仿写、扩展或改编等。我结合所学文本特点，在学生充分了解文章结构后，结合学生生活实际设置了一个语境：Julia will come to Ma'anshan, would you like to introduce Ma'anshan to her?同时给出一个含有 Key words 的结构图表，使学生知道该如何介绍一个地方，活动以四人小组形式展开，充分培养了学生的合作意识。最值得一提的是：小组活动安排不可流于形式，指令要清晰。最好利用 ICQs（Instruction Checking Questions）使小组中 A、B、C、D 四位同学明白自己要做什么，由于个别学生自身能力的欠缺，平时发言中总是有些被动，需要老师和同学的鼓励。小组合作，同伴互助使得这些孩子也有了展示和获得成功的机会。学生的成功反馈充分表明了这一点。

阅读后的书写，可以进一步巩固已获取的语言信息知识，这对学生的记忆训练、思维训练都有很大的帮助。这一步是学生的应用过程，特别重要，经过阅读活动和小组活动的扎实铺垫，对于大部分学生而言，仿写一段，介绍自己的城市，应该是水到渠成的事。我巧妙

	An introduction
City	modern, new, take a bus/taxi/underground, quiet, less air pollution/ water pollution, park, country ...
Houses	tall buildings, small houses, be close to ...
Shopping	shopping malls, supermarkets, souvenirs
Food	Chinese food, western food, restaurant
Entertainment 娱乐	enjoy Beijing Opera, watch shows表演, local theatre, watch films ...

地将这一任务作为 Level B 放在课后作业当中，并充分关注了学生的差异，对作业进行了分层要求。

本节课整个教学过程围绕"读"这一实践活动，以"练"这条主线贯穿于课文阅读教学中，始终以学生为主体，教师为指导，自始至终，有输入，有反馈。本节课将课文作为整体进行学习，以总—分—总的教学流程使学生一方面理解了课文内容，另一方面掌握了课文的篇章结构，提高了阅读能力，形成了有效的学习策略。学生在阅读英语短文时，已学会从标题、上下文、关键词句等大胆预测文章意义，感知阅读材料的能力有所提高。同时教师引导学生掌握了一定的阅读技巧，如跳读、查读等。从学生的反馈活动来看，应该说这是一节目标达成度较高的阅读课。

教无定法，阅读教学应该有一定的模式，但这种模式并非是一成不变的，我们可以根据教学内容作出合理的调整。通过探索和尝试有效的英语教学模式，引导学生参与、体验英语阅读的快乐，激发学生阅读的兴趣，培养学生良好的学习习惯和综合运用语言的能力，这是当前英语学习所提倡的。

The Sporting Events Reading (I)

课题:牛津译林版英语 Module 4 Unit 2 The Sporting Events Reading (I)

背景:该课荣获2014年"第七届全国中小学互动课堂教学实践观摩活动"课例评比二等奖

执教:刘美

日期:2014年1月

【教学设计】

Name	刘 美	Date	2014.1
Course Book Name	Oxford Fun with English	Unit	Unit 2 (Module 4)
School	No. 8 Middle School	Grade	Senior One
Main Lesson Focus	Reading and speaking	Lesson Length	45 mins
Objectives: By the end of the lesson, the students will be able to			
1. gain an overall understanding of the article and learn to adopt different reading strategies.			
2. learn about the history and the development of the Olympics and some famous athletes.			
3. learn from the great athletes, who represent and spread the Olympic spirits.			
Key points and difficult points:			
1. Help Ss know the history of the Olympic Games.			
2. Help Ss understand the structure of the text fully.			
3. How to get all the Ss involved and organize the group work effectively.			
Methodology and strategies:			
1. Situational approach.			
2. Task-based learning.			
3. Activity-based learning.			
Learning methods:			
Watching, Listening, individual work, pair work, group work.			
Teaching aids:			
Multi-media/ some pictures, blackboard.			

Anticipated Problems and Solutions：	
	Problem	Solution
1	How can all the Ss be active in class activities?	Tyr to find their interests and organize the activities well. Clear instructions and guidance should be given to the Ss, so as to let them know what to do easily.
2	How can the Ss grasp the passage in such a short time?	Activities should be related to the aims and well organized.

Procedures

	Stage/ Activity 活动	Objective Purpose(s) 目标	Inter-Action 活动形式	Time 活动时间	Procedure 活动步骤
1	Leading-in	First, arouse Ss' interest. Second, make Ss get into the topic naturally.	T-Ss	5 mins	I'm going to lead in the lesson with a piece of music. Ask more questions about the Olympic Games.
2	Fast - Reading	Help the Ss to grasp the general idea of the speech.	T-Ss	3 mins	Tell the students that they should go through the passage as quickly as possible to get the answers of two questions.
3	Structure - reading	1.Improve students' abilities to get structures. 2. Lead them to be familiar with the speech quickly.	Individ-ual work	5 mins	1. Introduce the skills to get the answers quickly. 2. Ask ss to divide the speech into parts.
4	Detailed -reading	1. Help Ss to understand the text fully by organizing the information they have read. 2. Get Ss to know more things about the Olympics and some great athletes.	Individual work& T-Ss	6 mins	1. Read the second part carefully . 2. Read the third part carefully. And complete the table. Check answers. 3. Ask some ss to present their answers to the class.

5	Consolidati -on	To lead Ss to get the main idea of the passage.	Individual work& T-Ss	5 mins	1. Show a table with many missing information on the screen. 2. Ask the Ss to complete the table with what they have got from the passage.
6	Discussion	Encourage Ss to learn from the great athletes.	individual work, pair work& group work	17 mins	1. 4 topics are given for them to choose on the screen. 2. Ask Ss to work in groups. Some words, phrases and patterns they've learnt in this period will be given as a scaffolding. 3. Ask several groups to show theirs.
7	Summary	To consolidate what they have learned.	T- Ss	2 mins	Give a summary to make Ss understand what they have learned clearly. 1. Learn about the history of Olympics. 2. Learn some vocabularies. 3. Learn the spirits of the athletes.
8	Emotional education	To arouse Ss' enthusiasm through this step—learn from the great athletes.	T- Ss	1 min	T：To be swifter, higher, stronger is the spirit of the Olympics, I hope you can be like that in your study and life, too!
9	Homework	To consolidate what they've learned and arouse their interests.	Individual work	1 min	1. Read the text several times. 2. Finish off the exercises.

Blackboard design

```
                Unit 2    The Sporting Events
                         Reading (I)


                swifter, higher, stronger
```

【课堂实录】

1. Greeting and Leading-in

Purpose：First, know each other. Then, arouse the Ss' interests and lead into the topic.

T：Good afternoon, boys and girls.

Ss：Good afternoon, teacher.

T：I'm from Ma'anshan NO.8 Middle School. My name is Liu Mei. You can call me Ms Liu. So shall we greet each other again?

Ss：OK.

T：Nice to meet you,boys and girls!

Ss：Nice to meet you, Ms Liu.

T：Thank you. And this makes me feel much better. Today I come here to talk about sports with you. Do you like sports?

Ss：Yes!

T：Good. But I noticed that maybe some girls don't like sports. It doesn't matter. Then do you like music?

Gs：Yes.(smile)

T：OK. Let's enjoy a piece of music about sports and maybe you can guess the name of the music.

(Play the music)

Ss enjoy the music and try to guess the name of the music.

After several seconds, some Ss put up their hands.

S1: It's You and Me.

T: Yeah, very good. Are you familiar with the song?

Ss: Yes!

S2: It's the theme song of 2008 Olympic Games in Beijing.

T: Great! So I think you must know much about Olympic Games. Right?

(Some Ss nod their heads)

T: So what do you know about the Olympic Games?

S3: It's held every four years.

T: Right.

S4: Players from all the world will come together.

T: Yeah. And we call them athletes. Anything more? For example, who knows the Olympic motto?

(Show the PPT)

Ss: Swifter, higher, stronger.

T: What sports are in the Summer Olympic Games?

(Show another PPT)

Ss: Badminton, basketball, tennis …

T: ok. Let me ask you something about Beijing Olympic Games. Do you remember the emblem of the Beijing Olympic Games?

(Show the 3rd PPT)

Ss: C.

T: I bet you don't know the following picture.

(Show a picture of Pierre de Coubertin. Ss can't tell the man.)

T: I give you a chance to find him on your book.

S5: He's the Father of the contemporary Olympic Games.

T: Excellent! Please remember the man. But what does the word contemporary mean? It means morden. Read the new word after me.

(Teach the new word)

2. Fast Reading

Purpose: Help the Ss to grasp the general idea of the speech.

T: Wow, you've really known much about Olympic Games. But actually there are much more things about Olympic. Today Johnson who is from ICO wants to introduce more about Olympic games. Are you interested in it?

Ss: Yes.

T: OK. In order to grasp his idea better, let's play a game. It has four levels. There're some tasks for you on each level. I believe after you complete all the tasks, you'll know better about the Olympic Games. So shall we begin now?

Ss: OK.

T: This is Level 1. You should go through the passage as quickly as possible to get the answers of two questions. What is the speech about? What does the speaker wish for at the end of the speech?

(After 2 mins)

S6: The speech is about the history and significance of the Olympic Games.

T: Great! But read the word significance after me.

Ss: Significance! Significance!

T: And the next one?

S7: He wishes the Olympic Movement a successful future.

T: Is she right?

Ss: Yes.

T: Congratulations! You have passed Level 1! Is it easy?

Ss: Easy!

3. Structure reading

Purpose: 1.Improve students' abilities to get structure.

Lead them to be familiar with the speech.

T: You got the answers so quickly. How did you do that? Or where did you find the answers?

S8: I got the idea from the first paragraph and the last paragraph.

T: So clever! Maybe it's also a good way to know the structure of a passage if we want to grasp it more quickly.

(Ss nod their heads)

T: Now I have divided the speech into 4 parts. Can you try to give the main idea of each part after you read the speech again?

(Ss try to get the main idea of each part)

S9: Part 1 is about the topic of the speech.

S10: Part 2 is about the history& significance of the Olympic Games.

S11: Part 3 is about some famous sports stars and their great contributions.

S12: Part 4 is about the conclusion of the speech.

T: Wonderful! Since there are four paragraphs in the speech, how does Johnson organize the ideas?

(Ss think about the question for some time)

T: OK. Look at the four structures. Which one do you think is the right structure of the passage?

(Show PPT)

Ss: A!

T: Yeah! Is it hard for you?

Ss: No!(Smile)

T: And I'm glad to tell you that you have passed the second level. Congratulations!

4. Detailed-reading

Purpose: Help Ss to understand the text fully by organizing the information they have read.

Get Ss to know more things about the Olympics and some great athletes.

T: In this speech, Johnson introduced not only the history & significance of the Olympic Games but also some famous sports stars and their great contributions. I want to learn about them one by one. First, where can we find the history & significance of the Olympic Games?

Ss: In Part 2.

T: OK. Read the second part carefully. Let's know more about the history of the Olympic.

(Ss try to find some key information according to the tips of the PPT)

T: Well, the Olympic includes two periods. They are…

Ss: the ancient games and the contemporary games.

T: Right. And the ancient games began in…

Ss: 776 BC.

T: OK. Now can you tell me more about it according to my hints?

S13: It was held at Olympia in Greece. Only Greek men attended it.

T: Well done! And who'd like to go on talking like this?

S14: The contemporary games began in 1896. They are held in Athens. Athletes from around the world come to attend it.

T: Great! And Johnson also introduced some famous sports stars and their great contributions. Can you find them in the speech?

Ss: In Part 3!

T: Good! Do you know them?

(Show the pictures of the athletes on the screen. And Ss say the names of the stars together)

T: I have my favorite stars. Do you have your heroes? You have some time to read this part now.

(Ss read part 3)

T: Let's know the first athlete. Look at his photo. His name is…

Ss: Muhammad Ali.

T: What else do you know about him?

Which country is he from?

Ss: America.

T: Yes. And that means his nationality is American. Who can say more about his achivement?

S15: He won the gold medal for America in the 1960 Rome Olympics.

S16: He went on to win the 1st World Heavyweight Boxing Championship in 1964.

S17: He returned to light the Olympic flame at the opening ceremony in Atlanta in 1996.

T: Wonderful! You read so carefully. And do you like him?

S18: No. I don't like this kind of sports. I like basketball.

T: So you must like him.

(Show Michael Jordan's picture)

Ss: Michael Jordan!

T: You look so excited. Do you like him?

Ss: Yes!

T: So who'd like to say something about him?

(After 1 min)

S19: He is from America. He was the highest scorer for··· at the 1984 Los Angeles Olympics.

S20: He won the 2nd Olympic gold medal at the 1992 Barcelona Olympics.

T: Good. And they are all foreign athletes. What do you know about our Chinese athletes?

(Show more pictures about some Chinese athletes. Ss read them again)

S21: Xu Haifeng won the first gold medal at the 1984 Los Angeles Olympics.

S22: Deng Yaping won 4 gold medals at the 1992 & 1996 Olympics.

S23: Liu Xiang is the 1st Asian to win the gold medal in men's 110-meter hurdles at the 2004 Athens Olympics.

S24: Zhang Yining hung on to win the gold medal in the final match.

T: They are all world-famous athletes and they made great contribution in the Olympics. What fine qualities do you think these athletes have in common?

S25: They work hard.

S26: They did their best.

...

(After talking bout the question for some time, T show the sentences on the screen)

T: I think they have these qualities in common. Let's read them together.

Ss: 1. They work very hard to achieve their aims.

2. They have passion/love for both sports and their countries.

3. They are not satisfied with the present and they struggle for better.

T: Do you agree with me?

Ss: Yes.

T: OK. Let's go through the whole passage again to see what we have learned today.

Today Johnson gave us a speech about the history and ···

(Retell the main content of the passage with the Ss together, with the help of the PPT)

5. After-reading & Discussion

Purpose: Encourage Ss to learn from the great athletes and express their opinions.

T: After listening to the speech, I have some puzzles here. I'd like to listen to your opinions.

T gives 4 topics on the screen:

1.What can we learn from the spirit of the Olympic Games? Is it useful to your life or study?

2.Who is your favourite Olympic athletes? Why?

3.Do you think the Olympic Games can help countries and people live side by side? Why or why not?

4.There is a saying "Only the athletes who have won the gold medals can be called the hero". Do you agree?

T: What do you think of these topics? OK, maybe it's too hard for you to answer all the questions. You can just choose one of them to think about and you don't need to answer them right now. You can discuss it with your classmates and listen to others' opinions. I hope you can work in groups of 4. Are you clear?

Ss: Yes.

T: So what should you do first?

Ss: …

T: Find your group. 4 Ss make a group. Now please show me your group.

Ss in one group stand up one by one to show me they have found their group.

T: Then make sure which topic your group will discuss.

Ss discuss for a while.

T: Now which group will discuss the first topic? Please put up your hands.

(Some Ss put up their hands. Make sure every group has their topic and every student has their group. Ss discuss for about 5 minutes)

T: Now time is up. Would you like to share your opinions with us?

Ss: Of course.

Ss show their conclusions or opinions one group by one.

…

T: Today we learned a speech about the history and significance of the Olympics and know about some famous athelets. But from your discussion, I think the most important thing is that you have known something beyond the sports meeting itself. Right?

Ss: Maybe.

T: So I hope you can remember what you learned and what you thought about today. And I really hope they will be useful to your study or your life. So much for this class. Goodbye.

Ss: Goodbye, Ms Liu.

明确目标　有效活动

一、课前合理设置目标

一般而言,初中阶段的阅读教学主要是以某个句型、某个语法点、某些单词为重点,进行较多的讲解和训练。而对文章整体结构,作者观点态度等方面却涉及较少。我首先明确了本节课的教学目标:(1)学习阅读策略,把握文章结构,快速了解文章大意;(2)了解奥运会的历史发展过程及运动员事迹等细节信息;(3)培养对体育精神的敬仰,在日常生活中运用。

二、课中围绕目标开展活动

1.导入

我先播放了一首2008年北京奥运会的主题曲"You and Me"的旋律,让学生猜。这首既熟悉又陌生的旋律一下子将学生的注意力抓住,同时也引起他们对于奥运会的回忆,使之顺利进入本节课主题。接下来我又设计了一些关于奥运会小知识的抢答环节,使课堂气氛也一下子活跃起来。自然欢快的导入活动不但使同学们顺利进入上课状态,也使借班上课的我和高中生们都消除了紧张感和陌生感,为后面正常的教学进程打下良好基础。

2.读前活动(Fast-reading & Structure-reading)

为了让学生了解文章结构和阅读策略,我提了两个问题:

(1)What is the speech about?

(2)What does the speaker wish for at the end of the speech?

学生在快速浏览完全文后会发现,这两个问题分别位于文章的开头段落和结尾段落,而这也正是文章结构中相对独立的首尾部分。

How can you get the answers so quickly?

1. What is the speech about?

The history and significance of the Olympic Games.

2. What does the speaker wish for at the end of the speech?

He wishes the Olympic Movement a successful future.

接下来,我趁热打铁,让学生查看文章的结构。学生再次浏览文章,会发现前面两个问题的来源以及老师的用意,从而得出本文是总—分—总的结构就水到渠成了。在此基础上,帮助学生给出每部分主要内容,这样整篇文章大意和脉络清晰明了地呈现在眼前。学生又快又准地完成目标一。

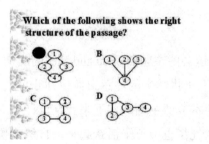

1.读中活动(detail-reading)

学生在了解了本文结构后发现,文章的主体部分包含两块内容,分别是奥运会的历史和奥运史上的名人。而这也正是本文的细节部分,我设计了图表填空和看图猜人两个活动帮助学生梳理。

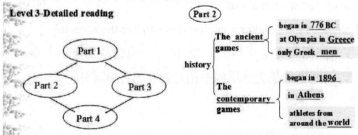

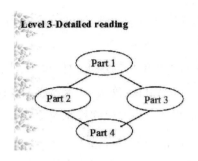

Level 3-Detailed reading

Part 1

Part 2   Part 3

Part 4

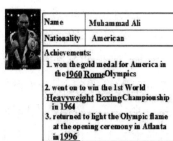

Name	Muhammad Ali
Nationality	American

Achievements:
1. won the gold medal for America in the 1960 Rome Olympics
2. went on to win the 1st World Heavyweight Boxing Championship in 1964
3. returned to light the Olympic flame at the opening ceremony in Atlanta in 1996

这部分活动需要学生仔细阅读文章才能得出答案,因此花费时间也较多。高中语篇生词较多,这也是我之前十分头痛的问题,如何在一节课内既要解决大量的生词,又要把握文章结构立意? 但通过仔细研究后,我发现本课生词以名词居多,多是介绍奥运会相关人名、地名及项目名称,涉及句型结构或有特殊用法的并不多。同时考虑后面高中英语课堂应以培养学生阅读能力为主,不应再纠缠字词了,故将生词未列入教学目标。但这两项活动始终在文章结构的指引下,将词与词之间的关系通过图表呈现。学生即使对生词不熟但仍能通过对文章结构和逻辑关系的把握,准确找到细节信息,这也是让我感到惊喜的地方。读中活动顺利实现了教学目标二。

三、课后深化目标巧设反馈活动

阅读是英语学习的重要输入过程,输入的目的是为应用(即输出),因此在阅读后要学以致用,学习目标才自然达成。精心设计读后活动,可以有效检测学生学习目标的达成度。输出的方式多样,在初中阶段主要以完成课后练习、分组或分角色诵读文章、利用关键词、关键句加图片进行分段、分节或整体复述对文章进行 Silent Movie(配音)或 Role Play(表演)或让学生展开想象的翅膀,对文章内容进行仿写、扩展或改编等为主。受词汇量所限,基本上围绕课文,因而拓展空

Level 4-Discussion:
1. There is a word "Only the athletes who have won the gold medals can be called the hero." Do you agree?
2. What kind of example do you think Olympic athletes have set to young people around the world?
3. Who is your favourite Olympic athlete? Why?
4. Do you think the Olympic Games help countri and people live side by side? Why or why not

间也有限。但高中生如果还只是一遍遍地在课文里打转,似乎就难以满足他们的需求了。因此,我设计了 Discussion.

准备了四个话题,要求学生组成四人小组,任选一个话题展开讨论。在简单讨论后,每个小组确立了自己的话题。为了帮助小组讨论更加有效,这时,

我给出学生的worksheet，进一步帮助他们明确自己组内的分工。选出 report-er，secretary 等确保每个同学在组内有任务，参与活动。

事实证明，学生的创造力和见地远远超出我们想象，对于以上话题，学生表达出正面而积极的观点，让人欣慰。学生们一致认为，竞技不只论输赢，更在于拼搏。那些尽力拼搏的人即使没能拿到金牌但同样是值得尊重的，引申到我们日常学习工作中来，也应该以奥运精神鼓舞自己。

最后在老师的引导下，同学们对那些成功的运动员的共同品质做了总结，并相约在今后的人生竞技场上向他们学习。

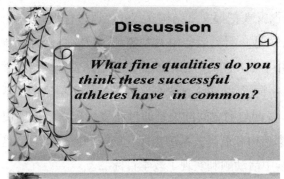

Discussion

What fine qualities do you think these successful athletes have in common?

1. They work very hard to achieve their aims.
2. They have passion/love for both sports and their countries.
3. They should be patient and not be afraid of failure because where there is a will, there is a way.
4. They are not satisfied with the present and they struggle for better.

通过读后活动，同学们从课文中走入到自己的生活学习中。在课堂上学习的不仅仅是字词句法，也是对自己人生态度的一次思考，情感的一次升华，完成目标三。

TV programmes
Reading (I)

课题：牛津译林版九年级英语上册第四单元《TV programmes Reading (I)》

背景：该课荣获2014年"第七届全国中小学互动课堂教学实践观摩活动"课例评比三等奖

执教：王媛媛

日期：2014年1月

【教学设计】

Name	王媛媛	Date	2014.1
Course Book Name	Oxford Fun with English	Unit	Unit 4,9A
School	No. 8 Middle School	Grade	Grade 9
Main Lesson Focus	Reading and speaking	Lesson Length	45 min

Objectives：By the end of the lesson, the students will be able to
1. learn what the TV guide is and the typical features of the TV guide.
2. learn some some information about each programme.
3. develop some reading skills (prediction, skimming, scanning…)
4. find the words or sentences that hope the audience to watch the programme and try to design their own TV guide by using them.
5. have the awareness of living happily, enjoying every day.
Key points and difficult points：
1. Help Ss develop their reading ability (How to get proper information quickly).
2. Help Ss learn to introduce their favourite TV programmes.
3. How to get all the Ss involved and organize the group work effectively.
Methodology and strategies：
1. Situational approach.
2. Task-based learning.
3. Activity-based learning.
Learning methods：
Watching, Listening, Individual work, Pair work, Group work.
Teaching aids：
Multi-media/ some pictures, blackboard

英语·TV programmes Reading (I)

Anticipated Problems and Solutions:		
	Problem	Solution
1	How can all the Ss be active in class activities?	Activities need to be carefully designed and well organized and clear instructions and guidance should be given to Ss, so as to let them know what to do easily.
2	Ss may feel nervous because I am new to them and there are some other teachers sitting behind.	Encourage them to do pair work or group work so that they can help each other to get confidence.

目标引领　活动达成

Procedures

	Stage/ Activity 教学环节	Objective Purpose(s) 目标	Inter-action 活动形式	Time 活动时间	Procedure 活动步骤
1	Warming-up	Create the relaxing atmosphere.	T-Ss	2 mins	Watch the English song Dad, where are we going?
2	Revision	Give some relevant knowledge and pave the way for the lesson.	T-Ss	3 mins	1. Guide Students to review some types of TV programmes. 2. Talk about different types of TV programmes.
3	Leading-in	Lead in the topic and let students think about the typical feathers of TV guides before reading the text.	T-Ss	4 mins	Introduce what is in a TV guide and the typical feathers of TV guides.
4	Skimming	Recognize and learn four TV guides.	Pair- work	3 mins	1. Read and watch four TV guides. Read the passage. 2. Fill in the table by skimming. 3. Complete four tasks based on four different programmes by careful reading.
5	Discussion	Learn further information about TV guides.	Individual work& pair work	5 mins	Ask the students to work in groups talking about which words or sentences that attract the audience to watch the programme.

6	Scanning and writing	Practice writing and speaking with the useful expressions. Cooperate to practice what we learnt.	individual work, pair work& group work	15 mins	Students are required to use some given information to design their favourite TV guide. They have three choices about Dad, where are we going? Natural legend and the One they like best. And present 3 or 4 writings.
7	Activity	To get Ss to learn how to introduce a TV programme.	Group work	10 mins	1. Give Ss an example: An introduction of their favourite TV programme Dad, where are we going? 2. Ask Ss to work in groups. Some words, phrases and patterns they've learnt in this period will be given as a scaffolding. 3. Ask several groups to show themselves.
8	Summary	To consolidate what they have learned.	T- Ss	1 min	Give a summary to make Ss understand what they have learned clearly. 1. Learn about what TV guide is. 2. Learn some vocabularies. 3. Learn how to write a TV guide.
9	Emotional education	To arouse Ss' enthusiasm through this step—love their own hometown.	T- Ss	1 min	Tell Ss to love our hometown, protect our hometown. Better environment, better life!
10	Homework	To consolidate what they've learned and arouse their interest.	Individual work	1 min	Level A: Recite one of the TV guides. Level B: Write a TV guide to introduce your favourite TV programme. (The teacher can ask Ss to choose one level)

目标引领 活动达成

TV programes
Reading(I)

News
Sports
Cooking
Documentary
Music
Travel

TV guide

Title	TV station	time	type	Attractive information

【课堂实录】

1. Greetings & Leading-in

T: Class begins.

Ss: Stand up.

T: Good morning, everyone.

Ss: Good morning, Miss Wang.

T: Sit down, please. OK, everyone, first, let's enjoy a video.（播放爸爸去哪儿英文版歌曲）

T: I think you are very familiar with this song. And I hope you can enjoy it, OK? Try to relax yourselves. Do you like this song?

Ss: Yes.

T: If you know the English words, you can sing to the music.

T: OK. Now everybody, do you know this TV programme?

Ss: Yes.

T: What is its name?

Ss&T: Daddy, where are we going?

T: Do you like this TV programme?

Ss: Yes.

T: I am attracted by it a lot. I am so interested in this TV programme. It is a parent-child TV programme. Do you understand?

Ss: Yes.

T: OK. Now who'd like to tell me what other kinds of TV programmes you know? Please look at the screen. Let's say the types of these TV programmes together. OK?

(活动一：复习上节课所学,讨论不同电视节目的类型,引入本课)

Ss: OK.

T: What about this one?

Ss: Cartoon, Drama, Music, Cooking, Fashion.

T: Perfect. Now next page.

Ss: Film, Nature, News, Sport, Travel.

2. Pre-reading

T: You really impressed me a lot. You know so many different kinds of TV programmes. I am also interested about them. But can I watch them now?

Ss: No.

T: Because I need to know the time, the TV station, and the information about these programmes. Who can tell me what can give us so much information.

Ss: TV guide.

T: Right. If you want to know what is on TV, what will you do? Yeah, read a TV guide. OK. Do you know how to read a TV guide? Let's look at this picture. What kind of information can you get? What about this one? Hunan TV station. We also can say Mango TV station, right? So you can know which TV station the programme will be on. Understand?

Ss: Yes.

T: Next?

Ss: The time.

T: Yes, you should know the title of this programme. And when will it be on? You should know the time. OK, good. So what is TV guide?

（活动二：了解什么是TV guide, 它包含了哪些内容）

T: I think a TV guide can tell us what is on TV, such as, programme, time, TV station and the information about the programme.

Next, just imagine what the typical feature of TV guide?

Ss: Practical and attractive.

T: For the practical information, you can get the time, the TV station, the programme and so on, right? For the attractive information, I think there are so many words and sentences will catch your eyeballs, will the attract your attention. Understand?

Ss: Yes.

3. While-reading

T: Good. Today we are going to learn a TV guide which includes four different TV programmes. Now open you books on Page 64. Please read these four TV programmes, four TV guide quickly. And try to fill in the blanks. First I will give you some suggestions, look at the screen. The four TV programmes are on two TV stations. They are Sunshine TV and Golden TV. OK! Can you find the names of the four TV programmes and the showing time of the four TV programmes. Now two minutes, find the answers quickly in your books, OK?

T: Have you got the answers? Now A , have a try. Can you tell me which two programmes will be on Sunshine TV Station?

A: Sports Word and Beijing Music Award.

T: Can you tell me the showing time of sports world?

A: From 10 a.m. to 11:30 a.m..

T: Let's check the answer. Is he right?

Ss: Yes.

T: OK, thank you very much. Sit down, please. Next, B, you please. What are the other TV programmes on Sunshine TV? Can you tell me the names and the showing time?

B: Murder in a country house? Maybe you need some help. Sit down, please.

T：C, can you help him?

C：Beijing Music Award.

T：And the time is?

C：From 8 p.m. to 10 p.m..

T：You got the correct answer. Thank you, sit down, please. I think the rest answers are easier. Who can tell me the rest two TV programmes? What are their names? D, have a try.

D：Murder in a country house.

T：And tell me the time.

D：From 7 p.m. to 9:30 p.m..

T：E, can you tell us the last one?

E：Tiger watch, from 10:30 p.m. to 11:30 p.m..

T：You all did so quickly and well, thank you. Next, we will watch the video of the Reading part. When you read and watch, you should be careful. After watching, I will give you more questions, pay attention to the detailed information.

（活动三：学生观看视频介绍，找出节目介绍中的亮点）

T：I think you got some detailed information about these passage. Right?

Ss：Yes.

T：Now I will give four tasks to you. Each passage will have a task. Group One, your task is Sports World. Group Two is Beijing Music Award. Group Three, Murder in a country house. Group Four, Tiger Watch. I will give each group two minutes to prepare one task. Just three or four questions. Focus on your passage and try to answer all my questions. Are you clear?

Ss：Yes.

（活动四：学生阅读，了解课文中四个不同电视节目的基本信息，为之后的讨论、写作做铺垫）

T：This is Task One. For Group One, I would like to ask one of you to come to the front and use this pen to write TRUE or FALSE on the screen. Understand?

If the sentence is true, you just write a T, if it is false, please write F and circle the wrong words, correct it over the words. Do you understand?

T: Time is up. Now who'd like to answer this question. Is it a little bit difficult for you? F, please! Which word is wrong? Please circle it.

F writes right answer.

G gives us the answer to No. 2. It is true.

T: Write a T at the end of the sentence. H, have a try. Use this pen. Is the sentence true or false?

H: It is false.

T: Can you give us the right answer? Oh, who can help her? She can do it by herself. OK, now look at the screen. Is she right?

Ss: Yes.

T: Let's move to Task 2. It is for Passage 2, Beijing Music Award. Look at the five questions. What is on? When and where? Who will attend? When will the result be known? And what can the audience do? You can find the answers in your books. You can find the same sentences and the same words. Who'd like to have a try? You just tell us the answer. I, please. Can you answer Q1?

I: Beijing Music Award.

T: Good. Q2? J?

J: In Beijing, the coming Saturday.

T: Correct, good. Who will attend?

K: Many famous Asian pop stars.

T: Right. No.4? L?

L: During the programme, the result will be announced.

T: The last one? What can the audience do? M?

M: Write down your answer, and send text message to 1036.

T: It is the task for Passage 3, the murder in a country house. Read Passage 3 quickly, find out the answers to the blanks. Write them on the screen. Any volunteer? You are so active. N, please.

N: The director is Cindy Clark.

T: Is he a famous director or a new one?

Ss: A new one.

T: What type is the film? Murder in a country house, so scared, so terrible. It must be a …

Ss: A horror film.

T: Thank you so much. Go back to your seat, please. I will ask another one. O? Can you? Who was found dead?

O: A doctor.

T: What about the actors? Are they experienced actors?

Ss: No.

T: They have no experience. OK? The director and the actors are all new. Thank you, go back to your seat, please. The last task is for Passage 4. Look at the three questions. Try to find the right answer. Circle them for us. Who'd like to have a try? Yes, P, please. Q1, How long is the programme?

P: One hour.

T: Q2, When was it taken?

P: It was taken between 2004 and 2006.

T: Q3, why did it win an award? No director, no actors, what is its welling point?

P: Because it has amazing photograph.

T: In the TV programmes, there must be something attracted your eyeballs, attracted your attention. What are they? Can you find them? I will give you 2 minutes, after reading, I will ask four students to tell us these attractive words. OK?

Ss: OK.

T: Do it now. Q, can you circle the attractive words of Passage 1 and 2.

Q: Cover different sports, A football fan, famous football player, a report on presentation, many famous Asian pop stars, about their recent work.

T: Thank you, go back to your seat. Just now we found so many attractive words about the TV guide. If you have a chance to write a TV guide, what kind of words will you use? And I will give you the chance.

4. Post-reading

T: Look at the screen. This is a structure of a TV guide. I will show you six different kinds of TV programmes, you can choose one of them to write a TV guide. Write about your favourite TV programme. Understand? I will give you the paper.

T: Please look at the screen. I will show an example to you. My favourite TV programme is Dad, where shall we go? It is a TV programme about a trip of five fathers and their children. It will be on Hunan TV Station, from 10 to 11 on Friday night. In this TV programme, all the children are every cute and they always make me laugh.

T: The following are for you. Happy camp, Human and Nature, the voice of China, Chinese characters dictation contests, Pleasant goat and Big big wolf.

T: Look at the structure, choose one of the TV programmes, write a TV guide about it. I will give you 3 minutes. Is that enough?

（活动五：学生根据本节课所学 TV guide 内容，配合老师所给材料，写出一篇电视介绍）

Ss: Yes.

T: Write it now. Use the structure on the screen. If you have any question, please hand up.

Ss write. The teacher helps them.

T: Are you ready? Have you finished the TV guide?

Ss: Yes.

T: Who'd like to present your TV guide to us? Who'd like to be the first one? OK, R, please. Come to the front, use this projector to show us your TV guide. Face your classmates.

R: My favourite TV programme is Day, Day Up. It is a talk show on Hunan TV Station. It is on from 10 p.m. to 11 p.m. on Friday night. On the show, people will sing and dance and so on. The hosts make the programme lively and interesting. When I watch it, I feel very happy and relaxed. I know a lot of things that I haven't known before. So I like it best.

T：Perfect, let's clap our hands. Thank you, here is your paper. Anyone can have a try. Be brave. S, please.

S presents her TV guide. T presents his TV guide.

T：They write TV guide in easy English. So most of you understand them, right?

5. Summary& Homework

T：Ladies and gentlemen, we learn what TV guide is today. We also learn the general information about the Reading part. You really impressed me a lot. I hope you can enjoy your life every day. This is your homework. So much for today. Thank you very much. Class is over.

【执教感言】

有效目标　活动达成

一、引言

初中英语阅读一般只局限于课本教学或在阅读材料中查找答案；到了高中阶段，英语阅读能力作为一个重要的培养目标，教师对学生进行阅读方法的指导和训练，把重心放在提高阅读速度和阅读效率上，训练阅读的策略。

本文拟从一节初中英语阅读课入手，分析、思考有效目标引领，活动达成的初中英语阅读课教学。

二、教材内容和编者意图

教学内容为牛津译林版初中英语教材 9A Unit 4 TV programmes 中的 Reading（Ⅰ）。阅读内容是四篇不同类型的电视节目的介绍，文后的练习要求学生能看懂节目介绍，并根据介绍内容选择自己喜爱的电视节目。

三、教学案例的分析

1. 本节课的亮点

(1)明确学习目标,巧妙引入话题。

话题导入是指在阅读活动开始之前引导学生进入课文特定语言情景的活动。导入的主要任务是激发学生的阅读动机,使学生对即将进行的读写活动产生兴趣。我的导入手段都比较直接,尽

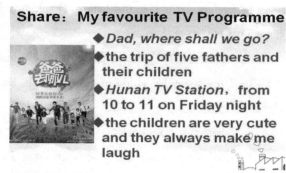

量减少导入环节占用的时间,在短时间内自然地引出本节课的话题,激发学生的阅读兴趣。

例如,本节课先复习各种不同的节目类型,再从热门节目《爸爸去哪儿》英文版主题曲导入并提出问题;引导学生进入本文的主题 TV guide,针对主题展开想象,既激活了学生已有的知识,引导学生推测阅读材料的内容,又能让大部分学生参与到学习活动中来。

(2)围绕教学目标,有效设计活动。

我在教授 TV guide 这一主题时,仅让学生理解 TV guide 的内容,也就是它的组成部分;并以图标注明,简洁明了。

(3)语言输出环节,体现要求差异。

我在语言输出环节的设计,先提供模板介绍某个热门电视节目的收视指南,然后请学生介绍自己最喜欢的节目,之后强调口头输出,重点仍然在巩固 TV guide 的几个组成部分,如节目名称、电视台、日期、基本内容。

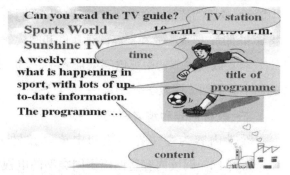

我也将重点放在写作输出,也就是节目内容的介绍上,要求学生尽量使用吸引眼球的文字,做好节目

的推广。

在这两处环节的设计体现了中学对阅读教学的要求——理解阅读文本的基本内容,并在理解的基础上总结、提炼。

2. 本节课中有待探讨之处

从我的活动设计中可以看出,在阅读环节和作业环节,更关注语言知识的操练。比如,让学生从课文中寻找一些问题的答案,以此来检测学生对文章的理解程度,并从中提取一些写作中可能会用到的词句。这些活动都淡化了阅读技能的培养。老师以阅读为起点,只进行了写前的一些准备以及给学生提供了一个写作框架,注重学生对文章内容的理解,缺乏阅读策略的指导。是否应该更侧重阅读技能和思维能力的培养,通过语言实践逐步加深学生对文章的理解,并通过提升和总结,激发学生的思维。

Programme: _____ TV station: _____
Time: _____

_____ takes a close look at the plant and animal world in nature. After you watch this programme, you will be surprised at the magical mystery around us. It is the top among the daily show rating. The producer is Yu miao, an experienced director. The audience will be impressed by its documentary, such as *The dinosaur x-files, Natural killers.* If you are interested in nature, you will be satisfied with this programme.

四、阅读课有效性的思考

随着新课改的实施和深入,如何促进阅读教学活动,利用主课文的内容和篇章结构使学生通过阅读获取信息,进而在写作活动中有效输出信息,这是许多教师在教学实践中经常遇到的问题。阅读能力是学生拥有英语自学能力的基础,又是培养学生自学能力的手段。在教学实践中,教师应该在阅读技巧和阅读方法上给学生以必要的指导。

阅读中要采用多种技巧以达到活动设置的目标。在英语阅读中,恰当地使用阅读技巧和阅读方法,会起到事半功倍的效果。因此,教师要对学生进行阅读技巧与方法的指导和训练。主要的阅读技巧有:

(1)预测(Prediction)。从标题预测文章的大致内容以及可能涉及的词汇,同时,抓住主题句(Topic Sentence)、关键词(Key Words)能更好地从整体上理解文章。

(2)略读(Skimming)。快速浏览全文,领会文章大意,发现作者的观点和

英语 · TV programmes Reading (1)

意图,掌握篇章结构进而抓住文中的中心思想。

（3）查读（Scanning）。在浏览全文的基础上,进行查读,以回答个别细节问题。

（4）通过上下文识别词义。教师可以指导学生在以下几个方面对阅读的内容进行猜测,例如：

①同义：When the officer surrendered, the others gave up too.

②对照：At the beach, some parts are deep, and others are shallow.

③比喻：Rhythmic speech or writing is like waves of the sea, moving onward with alternating rise and fall.

④定义：Linguistics is the study of the way in which language works.

总之,阅读理解能力不是一朝一夕就可以提高的,关键在于坚持。教师应根据阅读文章的特征和学生已有的英语知识和能力,把握教材内容,把教学目标重心的设置放在学生的认知活动和情感体验上,打造有效的阅读课堂,指导学生运用正确的阅读技巧和方法,培养学生形成良好的阅读习惯,学生的阅读能力定会逐步提高。

少年能自强

课题：人教版七年级思想品德下册第四课《少年能自强》

背景：该课荣获"2015年新媒体新技术教学应用研讨会暨第八届全国中小学互动课堂教学实践观摩活动"课例评比二等奖

执教：王晓燕

日期：2015年5月

【教学设计】

一、教材分析

人教版七年级思想品德下册第二单元《做自立自强的人》在学生对自尊自信有了初步认知和体验的基础上，帮助学生完善自我，走自立之路，做自强之人。其中第四课第二框《少年能自强》分别从不同的角度介绍了培养自强品质的方法。要自强就要树立坚定的理想，战胜自我是自强的关键，能扬长避短则是自强的捷径。本课与学生的成长、发展联系密切，对帮助学生走向成功有一定的现实教育意义。

1.教学目标

(1)树立自强的生活态度，在实践中体验自强的方法。培养学生正确的人生观，引导学生树立远大理想并为之执着奋斗，明确战胜自我对于人生自强的意义；

(2)利用典型材料设计相关问题，通过调动学生的想、议、说、写等多种学习方式，回答问题，学习相关内容，完成学习任务。同时联系学生自身的实际情况，懂得如何做一个自强的人；

(3)知道自强的方法。初步形成自己管理学习和生活的能力，为将来走向自强人生打下坚实的基础。

2.教学重点、难点

"理想,自强的航标"是重点;"扬长避短,自强的捷径"是重点;"战胜自我,自强的关键"既是重点也是难点。

二、学情分析

社会的快速发展对个人素质提出了新的要求和挑战,只有自强者才能生存与发展。现在的青少年以独生子女居多,生活条件较为优越,在家里被百般呵护着,事事由父母包办,非常欠缺自立自强的精神,我们在开展教学活动时一定要结合学生的这些自身实际,设计符合他们要求的活动,运用新的教学手段,让他们掌握自强的方法,坚定做自强少年的决心。

三、教学方法

为帮助学生培养自强品质,我准备采用以下教学方法:(1)直观演示法;(2)案例教学法;(3)自主探究法;(4)情感体验法。

课时安排:1课时。

四、教学过程

(一)课前预习环节

目标引领	指导活动	学习活动
逐步培养学生课前复习、预习的习惯。	教师布置学生课前复习前一框题的内容,为本节课做准备。	自主复习前一框题的内容,学会查找与本框题内容相关的资料。

(二)课堂教学环节

目标引领	指导活动	学习活动
通过视频的感染,初步感受自强的力量。	【导入环节】 教师播放春晚赵文卓《少年中国》片段。通过节目展现的内涵引入今天探讨的话题。 (板书)少年能自强	学生观看视频,回答出这个节目所展现出来的我们少年所要具备的自强不息的精神。

目标引领	指导活动	学习活动
让学生感受到在我们的身边有许多自强榜样。	【传授新知】 　1."寻"自强之星 　(1)教师引导学生举例; 　(板书一两个典型人物) 　　邓亚萍:有理想,执着追求,扬长避短。 　　张海迪:有理想,战胜自我,扬长避短。 　　牛顿:战胜自己的弱点,刻苦努力。 　　杨振宁:扬长避短。 　　霍金:战胜困难,执着追求。 　(2)教师介绍八中徐帆同学事迹; 　(教师播放介绍徐帆同学事迹的视频,并让学生总结她的自强方法) 　(3)寻找班级的"自强之星"。 　　教师让学生在发的卡片上写下本班你认为最具自强品质的一名同学,并写明理由。	(1)学生列举自强人物,从这些伟人的故事中了解他们通过哪些方法走上了自强成功之路; 　　(2)学生观看介绍徐帆事迹的视频,感受到自强离我们并不遥远,就在我们身边也有这样的自强少年。并从她的故事中总结出她是怎样走上自强之路的? 　　(3)学生在卡片上写出本班的"自强之星",并写明理由。
同学们通过说选举的理由,发现自强榜样身上共同的品质。并通过老师的精讲进一步的理解自强榜样是通过哪些方法走上自强之路的。	2."找"自强之法 　(1)老师按照学生发言在黑板上写下推选的"自强之星"的名字,并让推选的同学说明理由; 　(2)老师采访被推选的"自强之星",通过设定的问题让大家知道他们是如何成为"自强之星"的; 　(3)教师总结自强的做法。 　　三点精讲: 　(1)这些自强榜样都有坚定的理想; 　(2)战胜自我; 　(3)能够发挥自己长处,避开自己的短处。	(1)学生推选本班的"自强之星"并说明理由; 　　(2)学生通过老师的提问,进一步了解我们身边的这些同学是如何走上自强之路的? 　　(3)通过老师的精讲,明白自强的方法。

目标引领	指导活动	学习活动
使学生认识到我也能自强,鼓励他们做自强少年。	3."强"我中国少年 (1)教师布置学生在卡片上写一句自强箴言,鼓励自己也踏上自强之路! (2)请同学来说说你写的自强箴言?	学生制作、展示个性自强卡片。
升华情感,认识到只有少年自强才有国家、民族自强。	4."强"我少年中国 教师播放视频《少年中国》,与同学们一起诵读。	齐声诵读《少年中国》。
教师寄语:激励学生迈向自强人生!	教师播放flash动画并朗读寄语。	学生感悟自强。
拓展作业:在班级中营造人人争做自强少年的氛围。	课堂上让班长收集学生的自强卡片。	学生将收集的自强卡片,进一步制作班级的自强卡片墙。

附:板书设计

少年能自强

少年能自强 {
(1)理想,自强的航标
(2)战胜自我,自强的关键
(3)扬长避短,自强的捷径

邓亚萍:有理想,执着追求,扬长避短。
张海迪:有理想,战胜自我,扬长避短。
牛　顿:战胜自己的弱点,刻苦努力。
杨振宁:扬长避短。
霍　金:战胜困难,执着追求。
徐　帆:有目标、乐观自信、战胜自我、发挥自己的长处。

【课堂实录】

一、课前准备,营造学习氛围

师:(播放课件一+开场词)很荣幸给我们七中的同学们上一节政治课,希望能和大家度过愉快的40分钟。

二、情境激趣，导入今日新课

师：(播放课件二)去年的春晚同学们一定都看了吧？哪个节目你印象比较深刻啊？

师：猜猜老师对哪个节目印象深刻啊？

生1：小品，因为很搞笑。

生2：赵文卓表演的《少年中国》，展现出我们青少年的朝气和风采。

师：我们一起来看看就知道了。(播放课件三　赵文卓《少年中国》)

师：知道老师为什么对这个节目印象深刻吗？

生：展现了我们少年的自强精神。

师：想不到大家很了解我啊。同学们说得很好，整个节目展现出我们中国少年自强不息的精神。作为少年的我们应该要自强，也能自强。这也是我们今天共同来探讨的话题。

(教师板书少年能自强)

师：(过渡)那么该怎样走自强之路呢？让我们先来看看那些已经成功的人，他们是怎么做的？

三、由彼及此，寻找自强之星

师：(播放课件四打出课件上的第一个问题)说到自强，你们能想到谁？为什么会想到他？

生1：邓亚萍，因为她最初去练习乒乓球的时候，并不被教练看好，教练还劝她放弃，可是她没有放弃，而是更加努力去练习，用速度的优势来弥补自己身高上的不足，最终成为了奥运冠军。

生2：牛顿，牛顿小的时候，读书不用功，是班级里成绩最差的学生。一次，他把自己精心制作的漂亮小风车带到学校。同学们讽刺他虽然会造风车，却不懂其中的原理，还打碎了他的小风车。从那以后，牛顿变得肯动脑筋、爱学习了。他要让那些瞧不起他、嘲笑他、侮辱他的人明白，自己在学习上也是强者。牛顿战胜了自己弱点，做学习上的强者，终于成为一位举世瞩目的科学巨人。

生3：郑渊洁，被誉为中国童话大王，小时候数学常常不及格。数学学不好，他就在写作方面发展自己，走上了童话创作的道路。谈起成功秘诀，郑渊洁说："一句话，我找到了自己的最佳才能区，这是上帝赋予每个人的特殊能力，是任何人代替不了的。什么是最佳才能区呢？就是自己最愿意做、做起来感到最轻松的事情，这种最擅长的能力就是最佳才能。我之所以能有今天的成绩，主要是因为我认识了自己，认识自我是自我发展的开始。"

生4：爱迪生发明了电灯、发电机、电影等，为人类的文明和进步做出了巨大的贡献。他一生的发明有 1 000 多种，平均每 15 天就有一种新发明，是世界上当之无愧的最伟大的发明家。在漫长的一生中，他经历了数不清的失败，他的那些发明，无一不是顽强意志的结晶。为了搞发明创造，他几乎每天都在实验室里辛苦工作 18 小时，在那里吃饭，睡觉，但他丝毫不以为苦。"我一生中从未做过一天工作。"他宣称，"我每天其乐无穷。"

（板书一两个典型人物）

邓亚萍：有理想，执着追求，扬长避短。

张海迪：有理想，战胜自我，扬长避短。

牛顿：战胜自己的弱点，刻苦努力。

杨振宁：扬长避短。

霍金：战胜困难、执着追求。

师：（过渡）我们看到这些人通过这些方法走上了自强成功之路。老师也给大家来说一个自强女孩的故事。（打出课件上的第二个问题）

师：（播放链接）这个女孩离我们并不远，她是马鞍山市第二届"十佳道德模范"，原是八中初三的一名学生。

（徐帆的故事：原马鞍山市第八中学初三（5）班的学生，第二届市"十佳道德模范"，《马鞍山日报》曾做专题介绍。2008 年 3 月 29 日，徐帆的父亲因高血压和脑部缺氧送入医院，从此全身瘫痪，生活的重担从此落在妈妈和小徐帆柔弱的肩上。爸爸住院的那段日子，早上 5：30 起床去医院成为她每天必做的功课。她每天早上帮爸爸擦洗，然后播放录音给爸爸听，力图唤醒爸爸的记忆。每天中午放学，她都要拎着饭盒去医院送饭。在妈妈吃饭的时候，她会熟练地帮爸爸打一些果汁，为爸爸喂药。因为心疼妈妈，她在课余总会把家中打扫得干干净净,把全家换下的脏衣服都洗好,不让妈妈操一点心。父亲回到家后,她更忙了,在床边为爸爸读书、读报纸,给爸爸洗脸,为爸爸做一些简单的手部和腿部活动,防止他肌肉硬化。在家庭遭遇变故后,徐帆选择了自强不息,并最终以绘画的特长和优异的成绩考入省示范高中)

师:看完徐帆的故事,大家觉得她是怎样走上自强之路的呢?(课件五)

生:有目标、乐观自信、战胜自我、发挥自己的长处。

(教师板书)徐帆:有目标、乐观自信、战胜自我、发挥自己的长处。

师:(总结)徐帆和大家一样,只是一个普普通通的初中生。但是,在家庭遭遇变故时,她能够勇敢面对并通过自己的坚持努力,战胜困难,并最终凭借绘画的特长和优异的成绩考入了省示范高中。可见,自强也并不是伟人、科学家的专利,在我们身边,你们的同龄人也能走上自强之路。那么,在我们班级有没有这样的同学呢?

生:有。

师:(课件六,打出课件上的第三问题)寻找班级的自强之星。

师:同学们在老师刚才发的卡片上写下本班你认为最具自强品质的一名同学,并写明理由。

师:说说看你心目中的班级自强之星。(教师板书名字)

师:闻名不如见面,老师来认识一下这位同学,现场采访一下:说说看,你是怎样走上自强之路的?

四、就地取材,找到自强之法

生:有理想和目标、坚持努力、不怕困难、战胜自己的弱点、发挥自己长处、克制自己、有自己的兴趣爱好。

教师设计问题:(1)你优异成绩是怎么得来的啊?

(2)在学习过程中,有没有遇到过困难,你是怎么办的?

(3)为什么学习(绘画、唱歌)?

(4)在学习绘画的过程中有没有遇到什么困难? 怎么克服的?

(5)你的目标是什么? 它对于你的学习起到了什么作用?

(6)为什么觉得自己不够自强呢?

师:自强并不是简单的成绩好,它是一种品质和精神,是在困难面前不屈不挠的坚持,在苦难中盛开的微笑。我们每个人都会有弱点,你今天认识到了自己的不足,老师希望你能勇敢地去战胜他,你也可以成为自强之星。

师:(播放课件七)我们了解了不少自强榜样的做法,看看他们都有哪些共同之处呢?

(学生回答时老师在黑板上框出来)

生:有理想,战胜自我,扬长避短。

(三点之中的精讲)

师:(1)这些自强榜样都有坚定的理想。(课件八中第一点)

师:为什么要自强就要树立坚定的理想呢?

生:有了方向,才有动力,所以,要自强,首先要树立坚定的理想。

师:那么有了理想就能自强成功吗?

生:还要能为理想执着追求,这也是所有自强者的共同特点。

(2)战胜自我。(课件八中第二点)

师:我们每个人都会有一些弱点,怕吃苦、懒惰、缺乏耐心等,自强的人对待弱点会怎么做呢?(自强的人不是没有弱点,而是能够勇于并善于战胜自己的弱点)

师:我们每个人都有潜能和天赋,为什么有的人能有所作为,而许多人只能碌碌无为呢?

生:意志薄弱、不能克制自己,贪图一时享乐,放任自己,所以我们只有战胜自己,不放任自己,才能自强。

(3)能够发挥自己长处,避开自己的短处。(课件八中第三点)

师:要自强成功,还要能知道自己适合做什么,不适合什么,这样就能更快地取得成功。就像周杰伦发挥自己在唱歌方面的优势,而姚明则在篮球上取得成功一样,如果让他们互换,则可能就会少个两个巨星。(可见,扬长避短,则会事半功倍;反之,则事倍功半)

师:在做自己感兴趣的事情的时候,同学们都会觉得怎么样?

生:即使遇到困难,或者很苦的时候我们也一样兴致勃勃,不觉得累。

师:自强的人还要善于发现自己的兴趣和爱好。

师:(过渡)同学们,不管是伟人或是我们身边的同龄人;还是我们班级的同学,他们都能走上自强之路。我相信,你们都可以成为耀眼的自强之星!

五、升华情感,踏上自强之路

师:(播放课件八)现在,在卡片上写一句自强箴言,鼓励自己也踏上自强之路!(课件九音乐)

生:制作自强卡片。

师:同学来说说你写的自强箴言?(你勇敢地迈出了自强的第一步,我们来点掌声送给他)

生:自强人生少年始。

生:我自强,我成功。

师:(过渡)老师相信,你们都能成为自强的中国少年。只有我们每一个中国少年的自强,才能有我们国家和民族的自强。正如民主先驱梁启超在《少年中国说》当中所言:少年强则国强,少年智则国智。同学们,让我们一起来朗诵其中的精彩片段。

师:(播放课件九)与同学们一起朗诵。

师:(过渡)23岁的梁启超在国家危难之际写下了这篇《少年中国说》,想以此激励当时的青年人为了国家民族的兴亡而自强不息!而这些话对于今天的我们也一样重要,为了中华民族的强大而自强不息!课上到这里就快要结束了,但是同学们的自强成功之路将会一直继续。最后,老师送给大家一段话,希望在今后的人生道路上每每遇到困难挫折时,同学们能以此激励自己一直向前!

(教师朗读寄语,播放课件十)

如果说自强人生是一艘航船,那么理想就好比是方向,战胜自我和扬长避短就好比是一双羽翼。让我们驾驶着这艘航船,在未来的人生征途中,劈波斩浪,抵达成功的彼岸!

动态达成预设目标

在教学过程中,我们常常会碰到这样的事情:当我们花尽心思备好一节课,自己也挺满意,觉得只要按这个思路上课,就一定能达到预期的目标。可是,到了课堂上,学生的一个问题往往就会打乱我们的整个教学计划,所以我们要用动态生成的观念,重新全面地认识课堂教学。在准备这次互动课堂教学比赛时,我在《少年能自强》一课中好好地体验了一次动态性目标达成的教学模式,也切切实实地感受到了它的美。

一、我们的课堂怎么动态生成

1.动态课堂:始于"精心"的预设

"凡事预则立,不预则废"。课堂生成也需要预设,精彩的课堂生成离不开匠心的预设。因此,在课堂教学中,我们需要精心的"预设"为学生搭建课堂生成的平台,让预设与生成珠联璧合、和谐共生。在预设教案的时候,我有几个心得:(1)教学环节板块化。"板块式"的教学设计中每个环节各自独立,又相互联系,当课堂教学中生成新的问题情景时,就可以把新的问题情景随机设置成新的教学板块,及时纳入课堂教学之中,为课堂生成留出预设的位置;(2)教学预案应准备课堂的提问和牵引,把主要的精力放在充分考虑教学过程中各种即时生成的情境;(3)目标预设应富有弹性。课堂目标可以预设,更应及时完善;随着课堂的推进,预设目标会显出它的不合理、不完善,教学就要合理地删补、升降预设目标,从而即时生成目标。这样,当课堂上出现动态生成的情况时,教师就不会为了硬要完成预设的目标和环节等,弃学生的思维火花于不顾。

2.动态课堂:追求"精彩"的意外

动态生成的课堂是真实的课堂,是丰富多彩的课堂,能够真实地反映学生的情况,大胆地暴露出乎教师意料之外的情况。只要教师有足够的教学机智,可将这个问题变成新的教学资源,把原先可能成为病点的问题转化成教学的亮点。记得我在磨课的过程中,在一个班级试讲。评选班级自强之星的环节,按照惯例我让当选的同学来谈谈你是怎么走上自强之路的? 一般情况下,同学们都会说说自己的经验,可是这次有个学生站起来说:我觉得自己不是自强的人。一句话把大家都说愣了,我也觉得很意外。我定了定,很想知道为什么这个别人眼里都觉得自强的人自己为什么不是这样认为的呢? 其中一定有原因。我于是就问:"为什么你觉得自己不够自强呢?"他说:"我觉得自己有的时候太懒惰,而且不能很好地克制自己。"我觉得这是一个教育的契机。于是我说:你能认识到自己的不足,这就是你迈出了自强的第一步。自强的人不是没有弱点的人,而是能够勇于并善于战胜自己弱点的人,老师相信你一定能够战胜这些弱点,成为自强的人。"大家都为这个同学的诚实和勇敢所动,再看这位同学也是备受鼓舞,更加坚定了自强的决心。课堂上的这些"意外"是我们宝贵的教学资源,我们不但不能逃避,而且要善于利用这些"意外"。

3.巧用"美丽"的错误

精彩的生成固然能为我们的课堂添彩,而有时,一些让我们避而不及的错误生成,也能对我们的教学起到正面引导作用! 教师可以利用学生的一个错误,有效地组织学生进行讨论,把错误转化为一次新的学习。对这一点我是有深刻体会的。记得在一次试讲中,也是在评选班级自强之星的环节,我让学生们先来说说你为什么选他为自强之星呢? 说说理由。一个学生站起来说:"我们都认为他学习成绩不好,笨得要命,却还是在那里学啊学的……"下面的学生也是一片哗然。我也被他说懵了,示意他坐下,碍于是公开课也没有多说,就直接叫别的学生说了。课后就有老师给我指出,对于学生的这种错误观点一定要纠正,不能草草收场,你说的那么多道理,可能都没有这个歪理来的有杀伤力。我自己也觉得这个错误成了我这节课的一个败笔。老师们也给出了很好的建议,可以从自尊自信、自立自强的关系角度来评价。果然,在最后一次试讲的时候,又遇到了同样的问题。我先请其他同学来说说你认为他这样说对吗? 不少同学都认为他这样说不对。我觉得时机成熟了,便说:"同学们的想法和我一样。我们想成为一个自立自强的人,首先要先做到自尊自信。而怎么才能成为一个自尊的人呢? 首先要先学会尊重别人。"话音刚落那位学

思想品德 · 少年能自强

生已经埋下了脑袋,同学们对自强的认识也更进了一步。后来在评课的时候,专家老师还说这个地方我处理得很好,既复习了旧识,又使学生的认识层次加深了。原本的败笔竟成了亮点。我发现在新知教学时,学生限于自己的知识水平,在思考的过程中出现一些错误的想法是很正常的。如果我们从伴随着教学过程中出现的错误想法出发,进行引导点拨,引出正确的想法,得出合乎逻辑的结论将收到意想不到的效果。

4.动态课堂:活于"激烈"的争论

学生们的思维丰富,常有这样那样的想法,当课堂上出现争论时,简单的处理会让一部分学生感到"不满"。教师应该鼓励学生大胆地说出自己的想法,这样既尊重了学生,还能让他们在辨别中掌握知识。记得在上课过程中,同学们几乎一致认为自强的人肯定要成绩优异。这时有同学提出了异议:"为什么自强的人一定要成绩优异呢? 我认为不一定。"我于是鼓励大家都来说说自己的看法。同学们展开了激烈的讨论。"自强是一种精神,一种品质,怎么能简单地说是成绩好不好呢?""成绩都搞不好,怎么能说自强呢?"同学们展开了激烈的讨论。我没有按自己的预设强行施教,而是顺水推舟,及时对学生的讨论进行引导。"大家说得很好,自强确实是一种精神和品质,不能简单地用成绩好坏来衡量,这一点同学们说得很好。"有学生又说:"那些不认真学习,成绩又差的人怎么能说自强呢?""你的说法我也同意。"学生们都笑了,"老师你怎么都同意啊?""对啊,大家说的都有道理。关键是看这个同学的学习态度。是因为他不努力,还是基础不好,还是接受能力弱,还是……如果只是一时的成绩不好,而他自己已经在很认真地学习了,我们不能说他不自强啊。就比如说牛顿,他小的时候成绩不好,同学们嘲笑他,他后来开始勤奋学习了,这也是自强啊。而且自强就要求我们能够战胜自己的弱点。"这次争论反而有效地强调了本课的重难点——战胜自我,自强的关键。

我们常常习惯了用统一的答案去要求不同的学生,在课堂上不允许出现与统一答案不一样的声音,这样一来,把一个个富有个性的、幼稚但不乏创造性的答案扼杀在萌芽状态,于是课堂上只能听到一种声音,看到一种答案。如此的课堂,又怎么不沉闷呢? 在我们的课堂中,常会有这样或那样不引人注意的"小音符",教师应运用教学机智改变原来的教学方案以适应学生,充分挖掘学生的潜能,让师生在互动的教学过程中得到发展,能力得到提升。

5.动态课堂:亮于"耀眼"的火花

有的时候学生真的能带给我们很多的感动,他们本身的那种正能量有时就能很好地自我教育、自我觉醒。记得在一个班级,有个女生患有先天性脆骨病,但是她乐观自信,勤奋好学,是一个自强的孩子。当时她在谈到自己是怎么走上自强之路的时候,她是这样说的:"可能同学们看到的都是我美好的一面,但是在这些的背后,我也曾哭过、埋怨过,很羡慕你们正常的孩子。可是我觉得这些都帮不了我,所以我就想办法去战胜困难,使自己不断进步……"我和同学们都被深深地打动了,教室里响起了掌声,我相信此时所产生的教育意义是巨大的。我们的课堂需要这样的激情火花,可能在很多年之后学生们还会想起这节政治课,想起有这样一位自强的女孩。

二、我们的课堂因动态生成美丽

"一节真实的课犹如一朵鲜花,不仅能让听众闻到花的芬芳,更能让观者听到花开的声音。"也许,真实的课堂展现的并不是对答如流、完美无缺,但每次都能让我们的心灵为之一颤,我们感受到的是一种动态的美、生成的美、缺憾的美。在真实的课堂上,学生会得到真实的锻炼,获得真正的提高。

海峡两岸的交往

课题:人教版八年级历史下册第四单元《海峡两岸的交往》
背景:该课荣获"第二届全国中小学公开课电视展示活动"一等奖
执教:刘芸
日期:2015 年 5 月

【教学设计】

一、教材分析

本课是人教版八年级历史下册教材第四单元的第3课,是《香港和澳门回归》的继续,主要介绍了50年代以来台湾和大陆关系的变化,海峡两岸日益密切的交往正在不断推进祖国和平统一的进程,旨在说明台湾是中国不可分割的一部分,祖国统一是历史发展的必然趋势。这段历史对教育学生意义很大,是第四单元民族团结和统一的主题中不可或缺的部分,在中国现代史中起着承前启后的作用。

本课内容在《义务教育历史课程标准(2011年版)》中的内容标准是"了解香港、澳门回归和海峡两岸关系改善的史实,认识祖国统一是历史的必然趋势"。而针对海峡两岸关系,我们改革开放的总设计师邓小平提出的"一国两制"构想已经在香港、澳门得到了很好的落实和检验,处理台湾问题,可遵循"和平统一"的原则。同时新课标要求在课堂教学中以学生为本,善于启发或引导学生积极参与教学过程;要善于创设历史情境,鼓励学生合作学习;使学生学会运用不同的学习方法,注重探究式学习。结合新课标对情感态度价值观的要求,每一课均应渗透品德教育。在本课中我决定把侧重点就放在情感体验上,通过抓住祖国统一是历史的必然趋势这条主线,设计一系列的情景,让学生体验两岸同胞"血浓于水"的亲情。以此为主线,能够使学生在情感教

· 182 ·

育的驱动下更加积极主动地参与学习,使课堂告别枯燥和单调。因此,设计本课时的教学目标如下:

1.教学目标

(1)知识与技能。

学生记住"和平统一,一国两制"的对台方针,了解"九二共识""汪辜会谈",了解江泽民提出的八项主张及海峡两岸交往概况。

学生能从课本中获取、处理历史信息,能史论结合地陈述历史问题并进行客观评价。

(2)过程与方法。

运用史料训练学生获取信息并分析归纳信息的能力。

通过目标引领、活动辅助的方式提高学生对历史学习的探究兴趣。

(3)情感态度与价值观。

学生通过学习进一步了解台湾自古以来就是中国的领土,任何人都不能割断两岸间血肉相连的关系。

通过本课学习,学生理解祖国统一是民心所向、不可逆转的历史趋势。

2.教学重点、难点

重点:党和政府确立的和平统一祖国的大政方针。

难点:"和平统一,一国两制"的对台基本方针。

二、学情分析

本课的授课对象是初二学生,他们正处于渴望知识的发展期,绝大多数学生已拥有一定历史自学的能力,很多同学能运用网络、书籍等途径查阅相关知识,拓展自己的知识面,他们知道一些台湾与大陆的关系,以及党和政府对台湾的政策,但不具体,对台湾与大陆之间的经济文化交流活动缺乏理性上的认识。因此课堂交流互动时可以从简单的、具体化的历史着手,由浅入深,从不同角度提出问题,引导学生努力探索解决问题的多种途径,便于学生掌握。本课为同学们提供了分析历史问题的机会,也为同学们提供了思考台湾发展方向的课题。

三、教学方法

教学方法:问题探究法、活动探究法、情境创设法、列表法。

大量运用历史资料,注意体验式学习,让学生通过直观感性的材料近距离触摸历史,在教学过程中图片和问题并用,导入学生所要掌握的内容,以激起学生的探究欲望和兴趣,对重大事件配以图片文字说明,使学生更容易理解,具体如下:课前"自学—收集—小结";课中"思考—活动—解决";课后"练习—巩固—延伸"。

四、教学过程

(一)课前预习环节

目标引领	指导活动	学习活动
逐步培养学生自主收集相关史料的习惯和自学能力。	(1)教师布置学生课前自学课文,关注并了解相关历史事件; (2)通过阅读初步了解本课相关人物,收集相关人物资料。	自主掌握课文中出现的历史事件名称和相关历史人物姓名。

(二)课堂教学环节

1.导入新课

目标引领	指导活动	学习活动
阅读《乡愁》,感悟民心所向在祖国统一中的价值。	以诗读史:课件呈现《乡愁》,通过对诗歌的理解导入本课内容。	通过对诗歌的解读,感知台湾同胞对祖国大陆的深深依恋之情。

2.传授新知

目标引领	指导活动	学习活动
引导学生感知目标,为完成学习任务做好铺垫。	出示学习目标,指导学生明确学习任务。	学生根据学习目标及自学提纲,分组协作讨论研究提纲问题。
考查学生对已学知识的掌握和运用情况。	出示自学提纲,指导学生解决问题:台湾问题是怎样形成的? 教师点拨补充。	学生结合中国近代史所学内容谈台湾问题的由来。

目标引领　活动达成

目标引领	指导活动	学习活动
通过对已学知识的复习,明确台湾自古以来就是中国的领土,任何人都不能割断这种血肉相连的关系。	出示自学提纲,指导学生解决问题:为什么说台湾自古以来属于中国?	学生结合古代史、近代史知识回答。
	教师点拨补充,并通过展示图片《马英九台北圆山忠烈祠出席遥祭黄帝陵典礼》予以深化。	结合教师补充内容完成《同根源》一诗的填写,并理解记忆。
通过对课文的解读,掌握"和平统一,一国两制"的对台方针;同时考查学生对已学知识的掌握情况。	出示自学提纲,指导学生解决问题:新中国成立后各个时期党和政府对台湾的重大政策。	学生阅读并分析课文,结合课本内容回答三个历史阶段的政策变化。
	教师引导学生阅读教材,解析文本。	学生通过对文本的解析,回顾解放战争、美国干涉中国内政、建国初新生政权的巩固等相关史实。
	通过师生的互动问答解决港澳问题和台湾问题的异同及"和平统一,一国两制"的内涵、前提、作用。	明确港澳问题与台湾问题的异同点。
		学生说出"和平统一,一国两制"的对台方针的内涵、前提、作用。
阅读《望大陆》,再一次感悟民心所向在祖国统一中的价值。	展示于右任《望大陆》诗歌文字,引导学生思考诗歌背后的历史状态。	通过国民党元老于右任诗的展示,进一步明确自1949年以来,两岸之间开始了长期基本隔绝的状态,感受台湾同胞对祖国的深深依恋之情。

历史·海峡两岸的交往

目标引领	指导活动	学习活动
通过对文本和材料的解析,培养学生获取历史信息的能力。	引导学生思考:在党和人民的呼唤之下,中国共产党"一国两制"的构想和促进两岸交流、发展的措施,在台湾岛内外引起了强烈的反应,在台胞思乡之情的促动之下,大陆和台湾之间出现了哪些新的变化。	学生交流讨论后回答。
通过对文本和材料的分析,掌握"九二共识""汪辜会谈"。	教师结合学生回答情况,适时补充讲解1987年"三不"政策调整后至1993间两岸政策调整变化的历史背景、政策内涵、实施意义等。	学生了解海协会、海基会的创立情况和性质,认识汪道涵、辜振甫两位历史人物。
		回答九二共识的内容和汪辜会谈的时间、地点、内容及作用。
结合时事新闻,引导学生掌握在祖国统一的道路上的不利因素。	引导学生思考:阻碍两岸关系发展的因素有哪些?	学生回答。
	教师补充介绍李登辉、陈水扁的"台独"言论。	
通过对文本的解读,掌握江泽民提出的八项主张。	引导学生找到江泽民"八项主张"的相关史实。	回答出"八项主张"的内容、前提和作用。
结合时事新闻及社会生活信息,掌握新世纪以来两岸交往的新变化;培养学生史论结合地陈述历史问题、客观评价历史现象的能力;引导学生关注时事热点,锻炼学生合作交流能力。	教师结合热点:"胡四点"的提出、《反分裂国家法》的颁布、连宋大陆行、陈江会谈、陈林会谈、两岸达成三通、连宋再访、朱立伦访问大陆、"习五条"的出台等相关情况,通过师生互动问答,引导学生理解新世纪以来两岸关系新变化。	学生通过大量图片、时事新闻等的学习,与自身掌握史料相结合,形成相对清晰的两岸关系脉络,并完成"新中国成立后各个时期党和政府对台湾的重大政策"表格的填写。

目标引领	指导活动	学习活动
培养学生概括、归纳历史信息的能力。	呈示自学提纲,指导学生解决问题:两岸交往日益密切的史实有哪些?	畅所欲言:学生根据自己掌握的情况从政治、经济、文化、人员往来等各方面谈两岸交往情况。
	引导学生思考:两岸经济、文化交流迅速发展的基础是什么?	学生回答。
通过学生们自我观点的阐述,认识到祖国统一的趋势不可逆转,是民心所向、大势所趋,培养学生史论结合地陈述历史问题的能力。	展望未来:请学生谈谈对台湾未来形势的看法?	学生谈自身观点。
	教师对学生的看法及时反馈、评价。	
	展示诗歌《海峡春》,再次点明祖国统一的必然趋势。	

3.课堂小结

目标引领	指导活动	学习活动
通过对本节课主要知识点的回顾,促进课堂目标的达成。	通过张明敏《我的中国心》flash小结本课,并通过板书让学生回顾两岸关系发展的昨天、今天与明天。	归纳本课所学知识。

附1:板书设计

第13课　海峡两岸的交往

一、忆往昔之台湾

1. 台湾问题的由来

2. 台湾自古以来属于中国

二、看今朝之两岸

1. 台海两岸政策的变化

2. 两岸关系发展日益密切

三、望明日之统一

第13课　海峡两岸的交往

目标引领　活动达成

【教师寄语】

统一是中华儿女的共同心愿!

【学习目标】

1.掌握基础知识:"和平统一,一国两制"的对台方针,"九二共识","汪辜会谈",江泽民提出的八项主张,海峡两岸交往概况;

2.明确台湾自古以来就是中国的领土,任何人都不能割断这种血肉相连的关系;

3.认识到祖国统一的趋势不可逆转,是民心所向、大势所趋,任何想把台湾独立出去的想法和举动必将被抛到历史的垃圾堆里。

【学习重点】

党和政府确立的和平统一祖国的大政方针。

【学习难点】

"和平统一,一国两制"的对台基本方针。

【学习过程】

一、自学提纲

1. 台湾问题是怎样形成的?(结合近代史)

2. 为什么说台湾自古以来属于中国?(结合古代史、近代史)

3. 新中国成立后各个时期党和政府对台湾的重大政策。(结合课本P$_{65-66}$)

4. 两岸交往日益密切的史实有哪些?(结合课本P$_{67-68}$)

二、课堂探究

1.结合问题"为什么说台湾自古以来属于中国",填一填:

同根源

____赴夷洲　三国通台湾　隋至琉球岛____设巡检司　明末清初时

____收台湾

清置台湾府 后设台湾省 ____割台湾 五十年后归 本是同根源 自古皆中华

2.结合问题"新中国成立后各个时期党和政府对台湾的重大政策",完成以下表格:

历史时期	党和政府的对台政策及其变化	台湾政策变化
新中国成立至八十年代		
九十年代		
新世纪以来		

3.结合课本P₆₆小字内容思考:阻碍两岸关系发展的因素有哪些?

4.结合课本P₆₅小字内容和老师所提供材料,完成填空:

"三通"是指____、____、____,1979年全国人大常委会在《告台湾同胞书》中首先提出,____年____月____日基本实现。两岸人民进入"一日生活圈",两岸真正实现"千里一日还"。

5.结合课本或新闻,试用事实证明海峡两岸的交往正在日益密切。(任举一例)提示:可从经济合作、文化交流、人员交往等各方面列举。

6.思考P₆₈动脑筋:海峡两岸经济、文化交流迅速发展的基础是什么?

三、课堂小结

(略)

四、练一练

填写下列表格并从中归纳党和政府对台湾的大政方针是什么?

党和政府对台湾问题的政策		
时间	领导人	政策
新中国成立初	毛泽东	
50年代中期		
改革开放以后	邓小平	
	江泽民	
	胡锦涛	
	习近平	

【课堂实录】

一、以诗读史,导入新课

师:(课件呈示诗歌文字+朗诵)通过对这首诗的品读去回味一段历史,相信大家都能从中感受到一种浓浓的情怀,如果让你为之命名的话,你觉得什么名字比较合适?

生:乡愁!

师:非常棒,就是乡愁。那大家知道诗歌中所说的"一湾浅浅的海峡"指的是哪里吗?

生:台湾海峡。

师:对,这首诗就是台湾著名诗人余光中的《乡愁》。(课件呈示地图)接下来请大家结合大屏幕上的地图,说一说台湾的地理方位。

生:台湾岛位于祖国的东南边陲,隔台湾海峡与福建省相望。

师:非常好! 台湾岛是中国第一大岛,扼守着中国的东南门户,这里拥有秀美的风光、丰饶的物产,同时还关系到我国多民族国家的统一与安定,因此我们习惯上称它为"祖国宝岛"。我们从地图上看到台湾海峡阻隔了台湾与大陆间的交通,那么,它是否会阻隔两岸人民之间心与心的碰撞和交流呢? 接下来,我们将通过第13课的学习来和大家进一步了解。(课件呈示课题)

二、活动辅助,自主学习

师:(课件呈示学习目标)首先,我们来了解一下,本课的学习我们需要达成怎样的学习目标。

师:为了帮助同学们更好的达成学习目标,老师为大家制定了一份自学提纲(课件呈示),这份提纲由四组问题组成,我们接下来将分组逐个解决,首先是第一个问题,请大家结合近代史学过的知识回顾一下:台湾问题是怎样形成的? 在这里,老师要解释一下台湾问题的概念,台湾问题也称台海问题或两岸问题,是指今天台湾仍未回归,祖国统一大业尚未完成的问题。请同学们思考

一下。(板书:第13课　海峡两岸的交往　一、忆往昔之台湾　1.台湾问题的由来)

师:好,请一位同学来回答这个问题。

生:解放战争后期,以蒋介石为首的国民党败退台湾,成为了当今台湾问题的由来。

师:很好! 下面我们解决下个问题,请结合古代史、近代史学过的知识,思考:为什么说台湾自古以来属于中国? 关于这个问题,在助学案的课堂探究板块老师已经给了提示,如果有同学能自主回答最好,如果记忆的不是很清楚了,也可以借助老师提供的这首《同根源》来帮助你理清线索,大家可以合作交流,一起试着填一填。(课件呈示)

生:三国时期,孙权派卫温赴夷洲;隋炀帝三次派人前往琉球;元朝时设澎湖巡检司;明末清初时郑成功收复台湾;清朝先后设置台湾府、台湾省,1895年马关条约割让台湾给日本,1945年日本无条件投降时台湾回归祖国怀抱。

师:非常棒! 这位同学对各个历史时期台湾的名称表述得非常清楚,我们明确了大陆很早就与台湾有往来,元朝时,政府已对澎湖列岛进行有效管辖,所以我们说台湾自古以来属于中国。此外,国际社会也公认台湾属于中国,二战胜利前夕,《开罗宣言》《波茨坦公告》这两份国际性文件中均有对这一内容的体现。那么,接下来老师展示的这张图片又说明了什么人对这一点的认可呢?(课件呈示图片)(板书:2.台湾自古以来属于中国)

生:马英九是台湾地区领导人,他出席并主持在台北圆山忠烈祠举行的遥祭黄帝陵典礼,说明他认可自己是炎黄子孙,中华子民,这也能说明以他为代表的台湾民众对这一点也是普遍认可的。

师:很好! 这位同学的分析既说出了马英九的意图,又点明了他的这一行为后面所代表的民意,很不错! 那么接下来,我们将解决自学提纲中的第三个问题:请结合课本P$_{65-66}$的内容,找一找:新中国成立后各个时期党和政府对台湾的重大政策。针对这个问题,老师为了能和大家更好地解决,老师制作了一张表格,我们可以通过课件和学案的内容同时看到,老师把两岸政策的变化分成了三个阶段,分别是建国初至八十年代、九十年代和新世纪初。接下来我们就依据时间的顺序依次了解政策的变化情况。这里给大家一些时间阅读课

本，找一找建国初至八十年代的两岸情况。（板书：二、看今朝之两岸）

师：其实，新中国成立之初到八十年代这个历史时期，课本也把这一时期分成三个阶段，大家找一找这三个阶段分别是什么？

生：新中国成立之初、50年代中期和改革开放以来。

师：很好！那么，在这三个阶段党和政府分别制定了怎样的对台政策呢？

生：新中国成立之初明确提出要解放台湾，50年代中期又确定了和平解放台湾的政策，改革开放以来是确立了"和平统一、一国两制"的对台方针。

师：非常棒！那么建国初的解放台湾和50年代中期的解放台湾有什么不同？

生：建国初指的是武装解放。

师：对，建国初对台湾的武装解放政策事实上是哪一场战争的延续？

生：解放战争。

师：很好！那么为什么当时没能解放台湾呢？

生：美国的横加干涉。

师：嗯，同学们都想起了在第二课中我们学过的抗美援朝战争前夕，美国派驻了哪一支部队进驻台湾海峡？

生：第七舰队。

师：不错！大家觉得美国的这种行为应该如何评价？

生：这是粗暴干涉中国内政的行为。

师：是的。我们在第12课中也和大家探讨过，台湾问题与港澳问题最大的不同之处在于什么？

生：港澳涉及相关殖民国家英国、葡萄牙，而台湾问题纯属中国内政，容不得其他国家干涉。

师：很好！但是，当时的新中国政权刚刚建立，当时国家最首要的任务是什么？

生：巩固新生政权。

师：非常好！当时的新中国政权实力较弱，同时我国的海军力量薄弱，因此未能实现武装解放台湾的目标。到50年代中期变更了政策，那么50年代中期又确定了"和平解放台湾"的政策是否意味着放弃使用武力了呢？

生：没有。

师：是的，课本P₆₅页小字部分也介绍了，直到1979年解放军才停止了对台的武力威慑。1979年也就是我们刚刚提到的那个阶段？

生：改革开放以后。

师：很好！改革开放后的对台方针是有一个演变过程的，"和平统一、一国两制"的政策我们要仔细解读一下。"和平"是我们解决台湾问题最希望的什么？

生：途径。

师：是的，相较于武力，和平的方式解决问题其效果和影响是显而易见的。那么"统一"是什么呢？

生：是我们最终希望达成的目标。

师：是的。那接下来的"一国两制"，我们第12课学过，这是邓小平同志提出的伟大构想，它的含义是什么？

生："一国两制"是"一个国家，两种制度"的简称，指的是一个中国的前提下，国家的主体坚持社会主义制度，香港、澳门和台湾保持原有的资本主义制度长期不变。

师：非常好！那么请问"一国两制"中什么是前提？

生："一国"是前提。

师：是的。经邓小平同志倡议，1979年，党和政府开始实行和平统一方针，并对台湾发表《告台湾同胞书》，商讨结束两岸军事对峙状态，并提出两岸直接"三通"，扩大两岸交流的建议。后在邓小平同志伟大构想"一国两制"基础上形成了八字对台方针。它的形成起到了什么样的作用呢？

生：缓和了两岸关系，推进了祖国的统一大业。

师：很好！那么，在大陆政府政策变化的同时，台湾当局的政策在这一阶段又是如何调整的呢？我们和大家再来品读一首诗。（课件呈示）

师：这样的一首诗，虽然和之前乡愁的韵味不一样，但它要表达的感情，你们觉得是不是很相似啊？同样是一种思乡的情怀，这首诗名为《望大陆》，又名《国殇》，是国民党元老于右任在1962年所作，此时他已经84岁高龄，却有家不能归，故此写下了这首诗。请大家结合本课开头老师给大家介绍的《乡愁》和课本介绍,大家想想,这些都说明了在他们作诗的这个历史时期,台湾与大陆之间事实上是一种怎样的状态?

生:基本隔绝。

师:是的,那么这种隔绝从什么时候开始? 什么时候改变的呢?

生:开始于1949年,改变于1987年。

师:非常好! 大家可以看一下,大屏幕上出现的就是1987年时的台湾地区领导人蒋经国,他宣布解除对大陆的戒严,也就是课本上提到的什么?

生:被迫调整"三不政策"。

师:很好! 大家刚刚提到是被迫,那么,这个"迫"是从何而来呢?

生:台湾民众。

师:很好,大家说得很有道理,是台湾民众,但是台湾人民的思乡也不是现在才有的,从1949年两岸分隔后他们就思乡,为什么是到1987年才有了政策的变化呢? 和大陆的政策有没有关系呢?

生:有关系。正是因为大陆政策的变化,才有了台湾当局政策的调整。

师:是的,以前大陆也没有开放探亲,即使台湾民众非常的思乡,但是也没有办法回到大陆探亲,而现在祖国已经出台了"和平统一、一国两制"的政策,如果台湾当局仍然食古不化,势必会失去台湾民众对他们的支持,因此这种压力来自于人心所向。

师:那么现在请大家找一找,台湾当局"三不政策"的调整产生什么样的意义?

生:海峡两岸同胞近38年的隔绝状态终于被打破,两岸关系发生了历史性的变化。

师:非常好,那么,进入九十年代,两岸关系又有了怎样新的发展呢? 请同学们找找看。

生:进入九十年代,1990年,台湾成立了海峡交流基金会,次年,祖国大陆成立了海峡两岸关系协会。

师:很好! 大家请看大屏幕,左边就是海基会的首任董事长辜振甫先生,右边是海协会的首任会长汪道涵先生,我们安徽老乡。那么大家能不能在书上找一找这两个团体,我们接下来会简称为"两会",他们是什么性质的团体呢?

生:民间团体。

师:非常好,虽然是民间团体,但是他们又和别的民间团体有一些区别,因为两岸授予了他们一定的权利,这个权利是什么呢?

生:两岸授予这两个民间团体进行经济性、事务性商谈和政治对话的权利。

师:非常棒,大家找的非常正确,他们在接下来的接触当中,取得了一系列的成果,这些成果有哪些?

生:1992年,"两会"就海峡两岸均坚持一个中国原则达成共识。第二年,汪道涵和辜振甫在新加坡举行会谈,达成了一系列的协议,促进了两岸关系的发展。

师:嗯,找的非常正确,1992年所达成的坚持一个中国的原则,就是我们通常所说的"九二共识",大家要记住,九二共识,即坚持一个中国。1993年所举行的会谈,我们习惯上称为"汪辜会谈",这次会议的主要内容有哪些?

生:将"加强两岸经济交流,互补互利"写入协议,并就开展两岸经济、科技、文化交流达成共识,为促进两岸关系发展迈出历史性的一步。

师:非常好,这位同学不仅回答出了会议的内容,同时也说出了会谈的重要意义。在两岸关系有了历史性转变的同时,是不是所有人都希望看到两岸关系越来越好呢? 显然不是的,有些人,他们并不希望看到两岸关系的融洽,因为就会触及到他们的利益,现在请大家结合老师提供的线索,思考一下,阻碍两岸关系发展的因素有哪些呢?

生:国际反华势力和"台独"势力。

师:非常棒,来看一下,蒋经国的继任者——李登辉,他所抛出的"两国论",大家能不能从他的言论当中判断一下,他属于哪一股势力?

生:"台独"势力。

师:是的,在这里,老师要补充一下,阻碍两岸关系的第三个因素:那就是台湾人民的文化认同感。当然,台湾文化与当代大陆文化一脉相承,中华文化仍然是台湾文化的主体,但是台湾文化还融入了浓厚的闽南文化、客家文化及当地的原住民文化,1895年日本占领台湾后,日本文化也一定程度影响到台湾,西方文化同样给台湾文化打下了深刻的烙印,因此,虽然有主体中华文化一面,但是台湾文化也存在其地域文化的多元性。而台湾同胞与大陆同胞的文化认同感的差异,被一些别有用心的人所利用,在一定程度上,也成为阻碍两岸关系发展的因素之一。这也告诉我们:在统一的道路上,也许会布满荆棘,也许会路途漫长,但是,有主体中华文化的存在,祖国统一,这个目标一定是我们最终能够达成的,并且应当是我们共同追寻并为之努力奋斗的。

师:当然,面对"台独"势力和国际反华势力的种种叫嚣,大陆政府不会坐视不理,于是时任的国家领导人江泽民做出了怎样的政策调整呢?

生:江泽民同志针对两岸关系新情况,提出现阶段发展两岸关系,促进和平统一进程的八项主张。

师:他是在什么时候提出的?

生:1995年初。

师:很好! 我们可以看一下课本对于八项主张的介绍,内容不是特别完整,但是大家可以看一下,其中哪一条是最为重要的?

生:坚持一个中国的原则是实现和平统一的基础和前提。

师:非常棒,这点当然是最重要的。那么八项主张的提出起到了什么样的作用呢?

生:成为新时期推进祖国和平统一进程的指导思想。

师:非常好。那么进入新的世纪,新世纪初的两岸关系,是否又有了新的变化? 大家看一下大屏幕,进入新的世纪,台湾地区领导人发生变化,我们来认识一下,他叫陈水扁,他所提出的是臭名昭著的"一边一国论"。其实质和李登辉的"两国论"有没有区别?

生:没有。

师:那么他所提出的目标时至今天有没有一个达成?

生:没有。

师:是,他的企图是不会得逞的。时任的国家领导人胡锦涛同志在2005年有针对地提出强硬的反独的四点意见,大家看看它的具体内容,其核心依旧是什么?

生:坚持一个中国。

师：非常好。2005年的全国人大高票通过反映了人民心声的《反分裂国家法》，这些内容都反映出大陆政府对"台独"势力绝不姑息的立场和态度。那么反"台独"是不是只是大陆民众的意愿呢？从接下来的一组图片当中请大家看一看，这反映出什么人对"台独"的反对？

生：台湾民众。

师：很好，这组图片当中令大家印象最为深刻的是哪个标语啊？

生："台独是通向死亡之路"。

师：这些都告诉我们，祖国统一是民心所向，大势所趋，任何想把台湾独立出去的想法和举动，都将被抛到历史的垃圾堆中。同样是在2005年，两岸关系取得新的进展，台湾地区三位党派领导人先后访问大陆，他们是国民党主席连战、亲民党主席宋楚瑜、新党主席郁慕明，锦涛同志亲切地会见了他们。其中最引人注目的还是连战的访问，这是时隔多少年后国共两党领导人再一次亲切地握手啊？你们还记得上一次是什么时候吗？

生：重庆谈判。

师：嗯，很好，那你们还记得是哪一年吗？

生：1945年。

师：所以这是时隔多少年后的握手？

生：60年。

师：非常好。接下来就是奥运年，终止了十年的"两会"商谈重新启动，由于两位老先生的相继辞世，"两会"负责人也作出了调整，海基会由江丙坤担任董事长，海协会由陈云林担任会长，所以，他们之间的会谈可以命名为什么？

生：陈江会谈。

师：是的，就是陈江会谈。当时的媒体对陈江会谈给予了"告慰汪辜、继往开来"的评价。陈江会谈一共举行了八次，其中2008年举行的第二次会谈最引人注目，请大家结合老师提供的材料和课本文字，交流讨论，完成对第二次会谈成果的填空。

生："三通"是指通邮、通航、通商，1979年全国人大常委会在《告台湾同胞书》中首先提出，2008年12月15日基本实现，两岸人民进入"一日生活圈"，两岸真正实现"千里一日还"。

历 史 · 海峡两岸的交往

师：大家觉得他说的对不对呀？说得很好，从2013年，两会的负责人又变更了，他们分别是海基会的现任董事长林中森、海协会的现任会长陈德铭，他们之间的会谈叫陈林会谈，大家可以关注一下新闻，了解他们之间会谈的新进展。党的十八大召开后，国家领导人有了变动，我们现在的国家领导人是谁呀？

生：习近平。

师：很好，在习近平执政后，台湾三党主席于2013年至2014年间再度访问大陆，这里最大的变化是连战成为了国民党名誉主席。那么现任的国民党主席是谁呢？（2015年5月）大家最近有没有关注新闻啊？

生：五月初，国民党主席朱立伦访问大陆。

师：非常好，这位同学十分关心时政新闻，这是一个非常好的习惯，希望大家都能坚持。那么国共两党新领导人首度会面，习近平提出了哪几点主张呢？我们通过一组图片请同学来说说看。

生：一共有五点主张，分别是反"台独"、重福祉、心交流、勇探索和促复兴。

师：非常棒，大家觉得这些主张当中哪一点是前提？

生：反"台独"。

师：很好！那么其中哪一点能最终促进祖国的统一呢？

生：促复兴。

师：对，我也认同。如果我们的中华民族真的能完成民族的伟大复兴，国人团结，祖国强大，势必会产生强大的凝聚力和向心力，人心必将更加思归，何愁祖国不会统一？因此在现阶段，我们最重要的就是要将我们的祖国建设得更加强大。同学们可以做些什么呀？

生：好好学习，为中华之崛起而读书。

师：非常好，至理名言。（板书：1.台海两岸政策的变化）

师：接下来，请同学们畅所欲言，说一说海峡两岸交往正在日益密切的史实。可以从经济合作、文化交流、人员交往方面介绍，可以是时政新闻，也可以是课本的内容。

生：比如我们的生活当中出现了很多来自台湾的品牌。

师：你能举个例子吗？

生:康师傅、宝岛眼镜等。

师:非常好,这应当属于经济合作的方面,那文化交流呢? 老师提示一下:比如说你们平常看的电视节目,有没有熟悉的来自台湾的演员?

生:周杰伦、林志颖。

师:很好啊! 看来同学们还蛮熟悉台湾的演员。比如说近期热播的《我是歌手》《爸爸去哪儿》等栏目,就有很多大家熟悉的来自台湾或在台湾发展的人。当然还有更多的,比如说两岸经贸文化论坛,各类的两岸文化交流活动等。人员往来方面,课本也介绍了,台海两岸民众的探亲,台胞回乡祭祖,等等。有机会大家也可以去台湾旅游哦! 这些都说明,两岸关系正在朝着什么样的方向发展?

生:日益密切。(板书:2.两岸关系发展日益密切)

师:那么在这里请大家结合68页的动脑筋思考下,两岸经济、文化迅速交流发展的基础是什么?

生:都是炎黄子孙,有紧密相连的血脉关系。

生:有共同的文字、语言和传统文化。

师:还有什么人的努力呢?

生:还有台湾同胞、海外侨胞的不懈努力。

师:以及党和政府坚持推进祖国的统一大业等。

师:大屏幕上的这张漫画,我们的"China"少了台湾这一点,就不是一个完整的中国。相信大家看了都会有内心的感慨,前总理温家宝同志说过"台湾是祖国的宝岛,是我一直向往的地方。我真心希望能有机会到台湾走一走、看一看,我想到阿里山,想到日月潭,想到台湾各地去走,去接触台湾同胞。"在祖国日益繁荣昌盛的今天,我想请大家展望一下未来:你认为,台湾未来的形势会怎样呢?

生:我认为台湾未来一定会回归,祖国一定会统一。

师:非常好,老师也是这么想的。通过这一课的学习,我们看到了两岸同胞之间血浓于水的血肉亲情,求和平、求发展、求安定,希望改善和发展两岸关系如今也成为台湾的主流民意,海峡两岸和则两利,分则无益,这已让统一成为大势所趋。

师：现在，我们再品读一首诗《海峡春》：世事沧桑过甲子，恩仇一笑付春风。炎黄血脉千年远，华夏文明万代同。握手言和兴大业，比肩促统建奇功。鲲鹏再展凌云翅，把酒临台祭列公。面对如此如诗如画的宝岛台湾，老师也想用一首诗表达一下心声：燕子飞了，有再来的时候，桃花谢了，有再开的时候，杨柳枯了，有再青的时候，两岸暂时的别离，终有团圆的时候。我坚信海峡两岸的统一一定会实现，因为两岸人民血脉相连，我们都是炎黄子孙，让我们共同期待统一的日子早日到来！最后，一段flash，请大家用心的欣赏。（板书：三、望明日之统一）

三、课堂小结，布置作业

师：很高兴有同学跟着张明敏一起唱出了这首《我的中国心》。今天我们这课所学的内容主要就是台湾的昨天、今天与明天。昨天是追溯台湾的历史，我们明确了台湾问题的由来和台湾自古以来属于中国；今天介绍的是新中国成立以来两岸政策的调整，尤其是改革开放以来的八字对台方针"和平统一、一国两制"，它是1979年后大陆政府秉持的一贯政策，伴随着政策的变化，两岸间的交流日益密切；明日就是我们所期许的来日的统一。最后的练习请大家课后完成。

【执教感言】

在"目标引领、活动辅助"中徜徉历史

一、我的追逐——教材理解

如果我们做个有心人，可以发现，现实生活中就有许多历史知识。例如：每个人的姓氏，留下了中国两千多年封建社会的沉重脚印；十二生肖，反映了人类与动物的亲密关系，是汉族和部分少数民族的纪年方法；还有大量的成语，每一个成语，都是一段历史……应该说，我们身边到处留有历史的足迹。而引导学生探究现实生活的历史渊源，可以综合培养和考查学生的素质。首先,考查学生的调查能力,大多数学生都能够较为顺利地完成任务,并通过调查、访问、上网等手段查找资料。其次,是考查学生的分析、研究能力,从发现问题、提出问题、研究问题,到最后解决问题。所以,我们不应该把历史教学与社会生活分割开来,人类的发展与变化与我们的生活是息息相关的,我们每天都在书写历史。为此,我们要注意了解学生的生活,关注国内外时事,在教学中联系现实。只有这样,我们才能真正完成历史教学所肩负的任务。第13课《海峡两岸的交往》是第四单元《民族团结与祖国统一》的压轴课,本单元所关注的内容是新中国成立以来在维护祖国和谐、统一方面,党和国家所做的贡献。因此,在设计本课教学思路时,我就特别注重联系生活和关注情感、态度、价值观,此外,目标的设计也是我关注的焦点之一。

针对本课的教学,我采用了多种教学手段和教学方法,以学生为本,从学生的经验和能力入手,通过目标引领、自主学习、活动辅助、探究达成的学习方式,完成对台湾的昨天、今天、明天发展的学习过程,利用问题的层层铺垫、推进,把历史和现实更好地结合,通过课堂互动信息交流,使学生对祖国统一的认识从感性上升到理性。教学过程中注重培养学生的多方面能力,有效地拓展了教材空间。尤其在今天台海两岸的政策演变方面,补充了新世纪以来的重大事件,特别是近期的时政新闻,既培养了孩子们关注生活的习惯,也通过与我们生活相关的台湾品牌、电视栏目、时政新闻等提高了孩子们的学习兴趣,从而使得孩子们明白台湾原来与我们有如此千丝万缕的联系,进一步理解祖国统一是大势所趋、人心所向这一内涵,从而达成本课的教学目标。

二、我的收获——教学实效

在上课时我对于多学科间的渗透工作处理得较为得当,语文、地理、思想品德均有所凸显,对于拓展学生各方面的视野有所帮助。整体上本课教学取得了比较好的效果,学生参与热情高,非常投入,发表见解相当独到,具有很强的创造性。感觉师生配合默契,基本达到了预期目标。做到了合理地补充整合教学资源。在讲不同时期的政策方针时,我依据各个时期的方针,凭借一定的教材资源,适当地进行补充,再现了历史,使学生的认识、理解丰富和深化。总体上,将对教学资源的整合巧妙地融进"自主学习,探究新知"这一部分。使知识面更广,教学重点、难点突出,学生的认识理解丰富、深化,为教学重点、难

历 史 · 海峡两岸的交往

点突破奠定了"资源"的基础。突破了教学重点、难点。通过本课学习，学生认识到"和平统一、一国两制"是党和政府与时俱进地制定出的对台方针，这一方针符合两岸人民的根本利益，符合世界发展潮流。学生的情感、态度和价值观得到丰富，能立足现实、关注现实，理论联系实际。在结束新课时播放了张明敏的歌《我的中国心》为配乐的一段近代以来中国遭受屈辱又重新走向振兴的视频，在这样的气氛中，学生的爱国热情得到激发，学生的反应很强烈，达到了本节课的预期目标。以诗歌为线索，很好地实现了首尾呼应。整节课中，学生的情感流露真挚自然，他们的表现才华横溢，作为老师的我有理由相信：当一个45分钟的历史课堂转身离去，会有一个个新的主角诞生在更加瑰丽的舞台上，续写感悟自己、感悟人生的理想篇章。

三、我的遗憾——一些问题

（1）为帮助学生养成"论从史出，史由证来"的意识，可以再补充些材料，让学生在阅读、分析材料的基础上归纳、提炼自己的观点，并说出依据。如果学生认同课本的观点，则须找到它的论据。

（2）课堂不够生动，如果能够设计一些更有意思的活动，可能会让学生更加灵动。例如：设计问题"假如你见到了陈水扁，你会对他说些什么"。相信学生更喜欢这种贴近现实但又富有想象力的思考方式，这样的方法远比枯燥的给孩子说教如何反分裂、反"台独"有效。又比如最后可以设定具体目标任务：如"设计一条呼唤台湾回家的宣传语"或"结合朱立伦大陆行，尝试拟订一个新闻报道的标题"等，可能更能帮助学生不仅对两岸关系发展的前景进行展望，又可以在历史与现实的交融中评说。

（3）时间调控不是最佳，由于课堂安排内容过于充实，造成上课时间紧张，某些地方讲解不够透彻。我不禁思考：一定要将安排的全部内容上完才是一堂好课吗？在讲课过程中如果能留下更加充分的时间供学生去思考，而非一味地追求课堂内容的充实和丰富；如果能更加精选精练，更加舍得花时间去贴近学生，更加立足于初二学生的实际接受能力；如果能更加突显学生的主体地位，而非侧重于教师风采的展示，我们的历史课堂是不是将会更加"鲜活"，我们的学生是不是将更加"精彩"？

明朝皇权的高度集中

课题:岳麓版七年级下册历史第七单元第16课《明朝皇权的高度集中》
背景:该课为中国陶行知研究会教学法(讲学稿)研究中心2014年工作年会展示课
执教:鲁成务
日期:2014年4月

【教学设计】

一、教材分析

　　《明朝皇权的高度集中》是岳麓版七年级历史下册第七单元第16课,课题本身突出了主旨。明朝皇权经过秦汉,不断发展,皇权和相权合一,君主专制中央集权至明清达到顶峰;同时也标志着封建制度以及封建经济日益衰落,本课起到了承前启后的作用。预计可能的亮点是:(1)秦到明中枢机构的演变:独相—群相—废相,得出君主权力不断强化这一趋势;(2)历史与现实:联系现实,从民主、法治的角度,谈谈特务机构锦衣卫侵犯了公民的哪些权利? 会产生哪些危害? 1500年前后的中国与世界,中国:君权不断加强,逐渐落后于世界;西方:走出中世纪的黑暗,占领世界先机;深化主题:民主、自由、开放、创新的社会环境才能促进国家的发展。根据课文内容,我将本课整合成三个部分:"一、初识朱元璋";"二、走进朱元璋";"三、朱元璋再认识"。以人物为线索,以具体史实为依据,引导和加深学生对课文主题的理解,并以此确立教学目标。

二、教学目标

1.课程标准目标

知道明朝的建立;通过皇权的强化和八股取士,初步理解皇帝专权的弊端。

2.教学目标

知识与能力：

(1)通过本课学习,学生掌握明朝建立的基本史实、明朝加强皇权的各项措施;

(2)通过指导学生阅读课文,归纳明朝加强皇权的各项措施,培养学生的阅读能力和综合概括能力;

(3)通过分析比较明朝和唐朝科举考试的制度,培养学生全面评价问题的能力;

(4)通过明朝加强皇权措施的学习,培养学生综合归纳、客观分析和评价历史人物和历史事件的能力。

过程与方法：

(1)根据教材内容整合课本,突出人物主线,以民间轶事说朱元璋,引发学生兴趣,导入新课,引导学生了解朱元璋,进入新课学习;

(2)以培养学生历史兴趣为基点,以故事为线索,运用故事导学的方式,启发学生收集有效信息来表述问题、观察问题、分析问题;

(3)学生基于讲学稿的预习,通过多媒体课件突出的主线、展示的史料,利用课堂设置的问题,主动参与课堂讨论、进行合作探究学习;

(4)在学生预习的基础上,运用历史史料创设情境,达到"论从史出",引导学生探究明朝皇权强化的措施,培养学生综合归纳、分析对比史实的能力;

(5)讲解明朝八股取士时,加强和唐朝科举考试的对比分析,加深学生对古代选官制度的认识。

情感态度与价值观：

(1)学生从思想上认识,明朝皇权的高度集中,在一定程度和一定时间上,加强了我国多民族的国家统一,同时反映了我国封建制度的渐趋衰落;

(2)明朝建立后,把隋唐创立的科举制度进一步发展成八股取士,从思想文化上加强君主专制,束缚了知识分子的思想,阻滞了科学文化的发展,不利于社会进步。

3.教学重点、难点

重点:明太祖朱元璋加强皇权的措施。明朝皇权的加强,具有不同于前代的明显特点,一方面巩固了明王朝的统治,创造了比较安定的政治局面,另一方面也给明朝的统治埋下了危机。因此是学习的重点。

难点:八股取士。这是明代科举考试的重大变化,是皇权强化在思想文化方面的体现。无论从内容以及影响看都是很复杂的,加上学生对"八股文"缺乏感性认识,更不易于理解。

三、学情分析

七年级学生活泼可爱,求知欲强。就历史学科而言,七年级教学应首先培养学生学习历史的兴趣,在此基础上教给学生学习历史的方法。通过一个多学期的学习,七年级学生已初步具备分析问题、解决问题的能力,对自秦朝以来的历朝统治者加强中央集权的措施有了初步认识,为本节课的学习奠定了一定的基础。

对历史人物的学习和探究是初中阶段学生很感兴趣的话题,符合学生的年龄特点和学习需要,因此在本节课教学中,立足对朱元璋这一历史人物的探究学习,通过教学目标引领,利用史实材料、故事激发兴趣,运用学生所掌握的比较、概括等基础方法,给学生搭建一个有效的平台,在活动探究的基础上培养学生表述问题、观察问题、分析问题的能力。

四、教学方法

1.教法选择

根据七年级学生的年龄特点,在本课教学中,我先整合课文,突出人物主线,采用学生参与程度高的故事导学、情境创设等教学方式,运用启发式、问题探究式历史教学法进行师生互动、合作探究学习。

2.学法选择

基于讲学稿引导学生课前预习,完成自主学习任务,熟悉课文基础知识;课堂学习时,通过史料创设情境,设置问题,引导学生阅读课文、结合故事情境和材料史实探究新知。

五、教学过程

目标引领	指导活动	学生活动
激发学生兴趣,感受对朱元璋的第一印象,为探究朱元璋做铺垫。	【情境导入】 1. 导入新课 (1)初识朱元璋。 安徽民谣:《凤阳花鼓词》中的朱元璋。 "南京浦口论坛"中的朱元璋。 画像中的历史人物。 设问:两幅画像画的是同一个人吗?	分组交流:你对朱元璋的第一印象。
运用史料,培养学生对历史资料的阅读和运用能力。(初步认识朱元璋) 通过卡片,培养学生梳理、归纳知识的能力。 读图识图:培养学生读、识图能力。	【教师过渡】 设问:朱元璋到底是怎样的一个人呢? 让我们一起学习新课,探讨明朝开国者朱元璋。 【新课学习】 2. 走进朱元璋 (1)历经艰辛建明朝。 课件介绍:《朱氏世德碑》。 《马鞍山地方志》"大脚印"的故事。 思考:元末为什么会爆发红巾军大起义? 朱元璋势力为什么能不断壮大? 课件展示:基础知识卡片。 课件呈现:《明朝疆域图》。 【教师过渡】 明朝的疆域非常的辽阔,在明朝这块辽阔的土地上,朱元璋是如何有效地进行统治的呢?	结合课文,介绍朱元璋。 思考并回答:元末农民起义的原因,认识到朱元璋建立明朝的必然性。 填写知识卡片,并相互交流。 介绍明朝疆域四至。

目标引领	指导活动	学生活动
通过《明史纪事本》，培养学生探究、分析问题的能力。（逐步认识朱元璋）	2. 处心积虑集皇权 课件介绍故事一：胡惟庸的故事。 《明史纪事本末》胡惟庸案。 思考：朱元璋为什么要杀胡惟庸？此后明太祖对政治、军事机构是怎样改革的？ （1）政治、军事机构的改革。 阅读课文，归纳明太祖的改革措施。	回答问题，交流朱元璋改革行政机构的目的。
设计问题，结合已学知识，培养学生综合比较、分析归纳知识的能力。 加强历史与现实联系，培养学生运用知识的能力。	简要介绍明朝机构图示，引导学生思考： |	废除机构	现有机构
中央		
地方		
军队		| 明太祖朱元璋采取这些措施目的是什么？ 丞相一职在我国封建社会最早设置在什么时候？从秦朝、唐朝、明朝中枢机构的演变：独相—群相—废相。你得出什么结论？ 过渡：在皇权高度集中的同时，明太祖朱元璋还加强对官吏的监视。 课件介绍故事二：宋濂的故事。 《明史·宋濂传》 宋濂的故事说明了什么？ 阅读材料思考：明太祖"暗中派的人"是哪一机构的成员？职责是什么？ 根据你了解的法律知识，你认为它侵犯了公民哪些权利？	阅读课文，归纳明太祖的改革措施。 讨论回答问题，认识皇权的不断加强。 回答并掌握基础知识，根据了解的法律知识，解决问题。

历史·明朝皇权的高度集中

207

目标引领	指导活动	学生活动
通过唐朝、明朝加强皇权措施比较,培养学生分析比较历史问题的能力。	2. 厂卫制度 　简要介绍特务机构设立: 　明太祖:锦衣卫;明成祖:东厂;明宪宗:西厂。 【知识探究】 　明朝加强皇权的措施与唐朝的三省六部制,你能找出它们之间的不同点吗?	分组活动:结合所学知识,归纳比较。
创设历史情境,培养学生语言表达能力和参与活动的合作意识。	【教师过渡】 　明太祖朱元璋除了设置厂卫特务机构,还对人民进行高压专制、严格控制的奴化训练。 3. 八股取士 　课件介绍故事三:范进的故事。 　"范进中举"微型情景对话,你发现范进具有怎样的性格特征。	学生参与表演,探讨八股取士制度的危害。
再现历史情境,创设问题,培养学生探讨、认识历史问题的能力。	课件呈现:明朝、唐朝的考生试卷。 【知识探究】 　根据试卷反映的信息,结合所学知识思考:明朝对科举制度是怎样改革的?和唐朝的科举制度相比较有什么不同?	分析对比,回答问题。
指导学法,培养学生自学能力。	引导学生,介绍明朝加强思想控制大兴文字狱。	自学课文,并说出对文字狱认识。
利用小结,培养学生梳理知识的能力。(深入了解和认识朱元璋)	【阶段小结】 　检查课前预习内容。梳理知识,归纳总结。 　通过本课学习,你心目中的朱元璋是怎样的一个人呢?	分组活动:梳理知识结构,说说对朱元璋的认识。

目标引领	指导活动	学生活动
补充史料、拓宽学生视野,引导学生课外阅读,培养学生合作学习、综合归纳、分析问题等能力。(全面认识朱元璋)	3. 朱元璋再认识 活动:我心目中的朱元璋。 【活动探究】 从明太祖加强皇权措施对当时社会的作用来客观、辩证地认识他。 材料一、二:吴晗(修改)《朱元璋传》。 材料三:毛泽东对修改《朱元璋传》提出的意见。 材料四:陶涛《关于"中央集权制"的几点思考》。 课堂评价。	阅读材料,自由发言,谈谈心目中的朱元璋。
通过活动与探究,进一步加强历史学习方法的指导。	课后拓展:活动与探究。 中国历史绵延数千年,灿烂的中华文明造就了不计其数的历史人物。以"评价历史人物朱元璋"为主题进行研究性学习,请你一起来参加活动吧。 (1)你打算通过什么途径收集相关的历史资料? (2)请写出你的评价观点; (3)你打算从哪些角度去搜集历史史料来阐述你的观点。	师生共同完成单项选择,课后完成讲学稿其他问题。

历史·明朝皇权的高度集中

附:板书设计

明朝皇权的高度集中

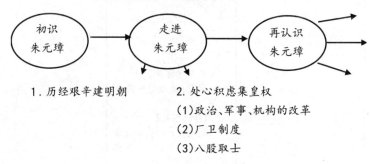

1.历经艰辛建明朝

2.处心积虑集皇权
(1)政治、军事、机构的改革
(2)厂卫制度
(3)八股取士

【课堂实录】

一、利用民间传说,激趣导入,初识朱元璋

师:今天我给大家带来了安徽的特产,安徽地方戏。

(视频播放:安徽民谣《凤阳花鼓词》。"说凤阳,道凤阳,凤阳本是好地方,自从出了朱皇帝,十年倒有九年荒……")

(板书:初识朱元璋)

师:《凤阳花鼓词》提到的地方和人物各是什么?

生1:凤阳。

生2:朱元璋。

师:很好!《凤阳花鼓词》中的朱元璋是什么样的人呢?

生1:给凤阳带来荒灾。

生2:凤阳人卖儿卖女,四处乞讨。

师:明朝定都南京,我们再来看看南京人是怎样看朱元璋的(网络链接:"南京浦口论坛"中的朱元璋:"永保朱姓天下 火烧功臣楼")。民间有关朱元璋的看法,给你怎样的印象?

生1:"十年就有九年荒"说明治国无方的皇帝。

生2:心胸狭窄的皇帝,残暴的皇帝残害很多功臣。

生3:出身低微的皇帝,草莽皇帝。

目标引领 活动达成

210

......

师：(过渡)朱元璋到底是怎样的一个人呢？让我们一起学习新课，探讨明朝开国者朱元璋。(板书：走进朱元璋)

二、挖掘史实材料，深入探究，走进朱元璋

师：(课件呈示《朱氏世德碑》)请你阅读材料，结合课前课文预习，根据人物身份的变化简要介绍朱元璋。

生1：放牛郎。

生2：和尚、乞丐。

生3：将领。

......

师：(过渡)朱元璋的势力是怎样发展的呢？(板书：1.历经艰辛建明朝)

师：(课件展示《马鞍山地方志》"大脚印"的故事)根据材料，结合课文想一想，朱元璋势力为什么能不断壮大？

生1：整顿军队，军纪严明。

生2：深得百姓拥护，善于用人。

生3：建立了稳固的根据地。

师：同学们回答得很全面，朱元璋能够得到百姓的拥护，这是朱元璋势力不断扩大的重要原因。

师：(课件呈示表格，检查课前预习知识)下面我们对明朝的建立作简要归纳，请同学们交换学案，小组相互检查。

生1：我们检查好了，都对。

生2：我们的检查也没有问题。

......

师：很好，说明每位同学都认真进行了预习，好的习惯要继续保持。明朝建立后，朱元璋的势力不断壮大，当年秋天，明军攻占大都，结束了元朝在全国统治，形成了一个疆域辽阔的明朝。

师：(课件呈示《明朝疆域图》)哪位同学能上来给我们准确介绍一下明朝疆域四至的地方？

生1:我!

生2:我能!

……

师:同学们都很积极,老师很激动。请坐在最后面的王同学上来介绍吧。

(王同学上台介绍)

师:王同学介绍不仅准确,而且介绍的方法也很正确,我们用掌声给予鼓励。

(生掌声热烈)

师:(过渡)明朝的疆域非常的辽阔,在明朝这块辽阔的土地上,朱元璋是如何有效地进行统治的呢?(板书:2.处心积虑集皇权)

师:(课件呈现《明史纪事本末》胡惟庸案)"朱元璋为什么要杀胡惟庸?此后明太祖对政治、军事机构是怎样改革的?"

生1:权势显赫,遇事专断。

生2:在朝廷常有"口舌"。

生3:丞相和行省权力过大。

师:很好,同学们从材料中获取信息,回答问题很准确,值得表扬。朱元璋认为明朝皇权受到了影响,那他是怎么解决的呢?(板书:(1)政治、军事机构的改革)

师:(展示表格)请同学们阅读课文,归纳明太祖的改革措施。

生1:中央废丞相、中书省,设六部。

生2:地方废行省,设三司。

生3:军队废大都督府,设五军都督府。

师:(展示明朝机构图示,分析朱元璋加皇权的目的)

皇帝　　吏、户、礼、兵、刑、工;中央　　布政司、按察司、都司

皇帝　　前、后、左、右、中。

师:明太祖朱元璋采取这些措施,权力都集中到谁的手中?

生:(齐声回答)皇帝。

师:由此可看出朱元璋采取这些措施的目的是什么?

生:加强皇权。

师:请同学们回忆一下,丞相一职在我国封建社会最早设置在什么时候?从秦朝、唐朝、明朝中枢机构的演变:独相—群相—废相。相权和皇权的关系发生了怎样的变化?

生1:秦朝。

生2:相权不断削弱,皇权不断加强。

师:回答得真好!(利用图示讲解)秦朝时丞相是一人之下,万人之上;唐朝设群相,分散丞相权力,集中皇权;明朝中枢机构的演变,相权不断削弱,皇权进一步得到加强。

师:(过渡)在皇权高度集中的同时,明太祖朱元璋还加强对官吏的控制。

师:(课件呈示:《明史·宋濂传》"宋濂的故事")明太祖"暗中派的人"是哪一机构的成员? 职责是什么?

生1:锦衣卫。

生2:监视、侦查。

师:宋濂的故事说明了什么?

生:加强对官吏的监视。

师:根据你了解的法律知识,你认为它侵犯了公民哪些权利?

生1:隐私权。

生2:自由权。

……

师:(过渡)明朝除了设锦衣卫,其加强皇权的手段还在不断强化,阅读课文回答还有哪些?(板书:(2)厂卫制度)

生1:明太祖设锦衣卫。

生2:明成祖设东厂。

生3:明宪宗设西厂。

师:想一想,明朝加强皇权的措施与唐朝的三省六部制,你能找出它们之间的不同点吗?

生1:明朝废除丞相,权力集中在皇帝一人手里。

生2:唐朝好像有很多丞相。

生3:唐朝丞相敢于直言,如魏征。

......

师:是的,唐朝时,三省六部制提高了办事效率,三省之间权力相互制约,可以说是皇权下的民主。

师:(过渡)明太祖朱元璋除了设置厂卫特务机构,还对人民进行高压专制,有严格控制的奴化训练。(板书:(3)八股取士)

师:(课件呈示:明代著名学者顾炎武《日知录》)顾炎武对八股取士的评价对不对?

生1:对的。

生2:八股取士和焚书一样都禁锢了人们思想。

......

师:很好,顾炎武这句话是对科举八股考试的尖锐批判。八股取士在禁锢思想方面与焚书一样,在败坏人才方面甚于坑儒。下面我们就从明朝试卷来具体认识一下八股取士制度。

(课件呈示:明朝王守仁八股文考卷,唐朝祖咏、钱起的诗赋考卷)

师:请你根据试卷反映的信息,对比唐朝的科举制度,谈谈你对明朝八股取士制度的看法。

生1:八股文问题单一,不允许发挥;唐朝诗赋出题灵活,可长可短,句式灵活。

生2:八股文分八个部分限制很死,唐朝诗赋能根据情境发挥个人感受。

生3:八股文反映了对知识分子的约束,培养的是皇帝的奴仆;唐朝能发现和培养人才,有利于诗赋的繁荣。

......

师:同学们讨论得很好,能从不同试卷的要求、问题形式、内容等多角度进行对比认识,总结八股取士的危害。

师:(课件展示情景剧《范进中举》)下面我们从一个情境加深对八股取士的认识。(任选三名学生,分配角色即兴表演)

(学生表演:《范进中举》情景剧)

(笑声一片,热烈鼓掌)

师:三位同学表现怎样?

生:(齐声)精彩!

师:精彩的表演之后,同学们想一想范进是怎样的一个人?

生1:中举前,范进是个"尖嘴猴腮""忠厚没用"的读书人;中举后,是个"才学高""品貌好"的读书人。

生2:中举前,胡屠户骂他是"该死的畜生",中举后,称他是"贤婿老爷"。

……

师:为什么中举后发疯了?

生1:高兴的。

生2:中举后有地位。

生3:一人得道,鸡犬升天。

……

师:同学们讨论得很好,从范进中举的故事我们可以洞察八股取士制度的危害(课件呈示,总结八股取士的危害)。

师:(过渡)除了八股取士,明朝还在思想上加强对人们的控制。请同学们阅读课文小字,用自己的语言回答什么是文字狱?

生1:捕风捉影,罗列罪名,维护统治。

生2:迫害知识分子,加强思想控制。

……

师:很好,封建统治者为加强思想控制,维护封建统治,故意从其著作中摘取字句,罗织成罪,迫害知识分子。通过文字狱的学习,你什么感受?

生1:禁锢了思想文化,摧残了人才。

生2:束缚了人们思想,社会死气沉沉。

师:通过学习,我们深入了解了朱元璋,我想同学已经有了对皇帝朱元璋的整体认识,下面我们一起来归纳总结。

(阶段小结。检查课前预习内容。梳理知识,归纳总结)

师:(过渡)通过本课学习,你心目中的朱元璋是怎样的一个人呢? 每个人都有自己看法,为加强对朱元璋的了解和进一步认识,老师查找了一些资料,看看别人是如何看待朱元璋的。

三、拓宽史料空间，合作学习，全面了解朱元璋

师：（课件呈示两张关于朱元璋的不同形象的照片）你认为这是一个人吗？为什么会出现不同的形象？

生1：不是一个人，两者差别太大。

生2：是一个人，第一张可能是忠于皇帝的所画的，第二张可能是反对他的人画的……

师：两张照片的确都是朱元璋，一定程度反映人们对朱元璋的看法。下面我们结合材料，多角度认识朱元璋其人。（课件呈示史料：吴晗（修改）《朱元璋传》、毛泽东对修改《朱元璋传》提出的意见、陶涛《关于"中央集权制"的几点思考》等史料摘录）

师：阅读材料，谈谈你心目中的朱元璋是什么样子？请每个小组派一位代表发言，表述你们的观点。

生1：朱元璋是一个独裁者。他废除丞相，把权力集中在自己手中，通过八股取士，让考中的人成为自己奴仆，加强思想控制，摧残了人才……

生2：朱元璋值得肯定。他建立明朝，历经苦难，敢于反抗；特别是他杀贪官污吏，吏治清正；说明他是一个很有作为的皇帝……

生3：朱元璋既有值得肯定的地方，又有很多不足的地方，我们要一分为二看待他。我们小组认为值得肯定的地方要多一些，首先是建立明朝，加强集权，整治吏治，为明朝以后的繁荣打下基础；其次，集权缺乏民主，八股取士、文字狱又束缚了人们思想，阻碍了社会发展。

……

师：同学们说得很好，有观点，有论据，说得有理有据，学习历史一定要"论从史出"。评价历史人物要把历史人物放在特定的历史条件下评价，同时也要看到历史人物对社会发展产生的影响，"中央集权制在两千多年的发展过程中，对中华文明的沿承延绵的意义不可忽视"。但明清时期，君权不断加强，封建专制制度走向衰落，社会危机加深，中国逐渐落后于世界；而西方却走出中世纪的黑暗，占领世界先机；历史证明：一个民主、自由、开放、创新的社会环境才能促进国家的发展。（板书：再认识朱元璋）

师：通过本课学习，我们每位同学心目中的朱元璋形象都逐渐丰满起来，但这并不是全部，要全面、准确地认识他，还需要我们不断去挖掘史料、深入研究。

四、小结归纳，检测反馈

师：现在我们对本课作巩固总结。(利用板书，梳理归纳课文知识点)

师：接下来我们完成当堂检测。(课堂知识检测反馈：师生完成课件呈示的练习)

师：最后给大家布置一个作业，希望大家在课外延伸拓展相关知识。中国历史绵延数千年，创造了灿烂的中华文明，造就了不计其数的历史人物。评价历史人物必须做到客观、全面。假如我们以"评价历史人物朱元璋"为主题进行研究性学习，请在课后活动完成：

(1)你打算通过什么途径收集相关的历史资料？

(2)请写出你的评价观点；

(3)你打算从哪些角度去搜集历史史料来阐述你的观点。

【执教感言】

搭建活动平台　落实教学目标

新课程实施以来，课堂教学推陈出新，新的教学观念给了我们更多的创新机会，而新课程标准的理论支撑以及一纲多本式的历史教材，引领广大教师对课程资源的开发和挖掘，给历史课堂带来革命性的变化。我深深感到上好一节课真的很不容易，教学效果如何取决于教学目标的设计，教学目标设计与达成是课堂教学的核心和灵魂，反映了教师对课堂教学活动中学生在认知、情感、技能和能力等方面发生变化的期望，是教师教和学生学的行动指南，也是课堂教学活动的出发点和归宿。它直接关系到教学方法和策略的选择、教学内容的选择与组合、教学媒体的选用、教学效果的评价等。本节课根据自己对课文的理解结合教学对象的特点确立本课的教学目标和达成策略，"目标引领，活动达成"在本节课的落实上，主要是我在教学中根据目标要求、学习内容的难易程度及学生状况不同构建不同的学习活动，确定学习活动形式与内容，让教师成为学生学习过程的帮助者。"目标活动单"的设计在教学实施中基于：

第一，立足历史课程标准，基于对教学对象的分析。历史课程标准要求以唯物史观和科学的教育理论为指导，通过精选历史课程内容，设计灵活多样的教学方式，激发学生学习历史的兴趣，转变学生被动接受、死记硬背的学习方式，拓展学生学习和探究历史问题的空间；培养学生正确的历史观，进而使学生学会辩证地观察、分析历史与现实问题。本节课教学对象是七年级学生，学生有强烈求知欲和好奇心，但基础知识相对薄弱，历史教学首先需要培养学生学习历史的兴趣。本节课在教学方法和教学策略的处理上，以历史故事为主线，激发学生的学习兴趣，通过故事中呈现的史实，多角度、多层次设计问题，引导学生探究，从而达到教学目标的实现。如：新课导入中播放视频——安徽民谣《凤阳花鼓词》，网络连线"南京浦口论坛"让学生初步感知朱元璋其人；教学过程中，通过"大脚印"的故事、胡惟庸的故事、宋濂的故事、范进中举的故事，让学生结合故事中文字材料表述观点，探究问题，培养学生学习兴趣，认识朱元璋强化君权的各项措施。

如通过"大脚印"的故事，引导学生结合课文想一想：朱元璋势力为什么能不断壮大？利用"胡惟庸的故事"启发学生思考"朱元璋为什么要杀胡惟庸？此后明太祖对政治、军事机构是怎样改革的"。这些问题的设计来自于故事本身，以课本为依托，兴趣性强，又紧紧和课文内容相联系，学生容易接受和理解，能起到很好的教学效果。

第二，基于建构主义理论，关注教学情境的营造。建构主义理论认为，学生学习不是被动地接受教师对知识的传授和理解，也不是对客观现实达成客观的、一致的认识，而是对知识进行主动加工，建构自己的意义。本节课强调故事性，但历史故事教学并不是虚构，每则故事摘自史书，在选择故事史料时，进行筛选，突出故事的情境教学和事实的结合，引导学生认识阅读和正确分析，同时在教学中注重问题的表达和呈现。如：宋濂的故事注明出处摘自《明史·宋濂传》；"范进中举"的故事采取短剧表演的形式；由于是现场公开课，我在课前准备好简短的对话,采用四个人表演的方式(范进、胡屠夫、官差、旁白),要求学生注意人物身份和语气的变化,教学中学生积极参与,课堂气氛十分活跃,效果很好。学生通过观察表演,注意语言的表达,能很快理解和领悟当时历史情景。由此引导学生探究问题,思考"范进是怎样的一个人""为什么中举后发疯了"。教师在学生回答基础上,说明尽管故事不是反映朱元璋时期的事情,但可以通过分析让学生认识八股取士制度的危害。因此,在教学过程中,应根据学生、教学内容、教学环境,加强知识与现实的联系,营造有利于学习的情境,激发学生学习的兴趣与动机,让学生在情境中,通过观察、模仿、实践等方式获得体验,从而建构知识,学会学习和应用。

第三,突出史论结合,培养学生初步具备阅读、理解和通过多种途径获取并处理历史信息的能力,形成用口头和书面语言,以及图表等形式陈述历史问题的表达能力。本节课教学立足历史史实教学,做到了史论结合。材料来源广泛如《马鞍山地方志》《明史纪事本末》《明史·宋濂传》《朱元璋传》等,问题设计都源自对材料的思考,有些答案本身就在所出史料之中,培养学生以史为据,以理服人。如:研究明史的专家吴晗(修改)《朱元璋传》"朱元璋执政一朝,是历史上封建政权对贪污进行斗争最激烈的时期,杀戮贪官污吏最多的时期。因而,吏治也是比较清正的"。这则史料本身就包含对朱元璋的一种评价。运用材料培养学生逐步学会用历史唯物主义观点分析问题、解决问题是让学生初步运用辩证唯物主义和历史唯物主义基本观点分析历史现象和历史事物的本质,阐述历史发展的规律的基本要求,也是我们课堂教学的重要方法之一。

第四,教学设计注重人物教学。初中历史教学中,历史人物教学是整个教学的重要组成部分。课堂教学中运用正确的历史观点、恰当的教学方法,是对历史人物的活动再现。它对培养学生的思维认知能力,提高中学生的思想道德素质有很大的帮助,也是历史课堂中体现情感教育的途径。基于人物教学的要求,结合本课特点,我在教学中对课文进行相应的整合,突出人物教学,把课文整合成三个部分:一、初识朱元璋;二、走进朱元璋:(1)历经艰辛建明朝(2)处心积虑集皇权;三、再认识朱元璋。以人物为线索,以具体史实为依据,引导和加深学生对课文主题的理解。本课教学以朱元璋一生的所作所为为基础,强化人物的功过评价,运用历史故事、主要措施等,让学生形成丰富的历史想象力和知识迁移能力,逐步了解一定的归纳、分析和判断的逻辑方法,初步形成在独立思考的基础上得出结论的能力;初步学习客观地认识和评价历史人物、历史事件和历史现象。

本节课教学从教学实践来看,自己觉得较为成功的是:能根据七年级学生的年龄特征和本课特点,对教学内容进行了合理的整合,突出三个部分:"初识朱元璋""走进朱元璋""再认识朱元璋",以人物为线索,以具体史实为依据,引导和加深学生对课文主题的理解。导入新课比较新颖:如《凤阳花鼓词》、"南京浦口论坛"等运用,通过民间百姓的言传初步了解朱元璋其人,激发学生兴趣,易于引导学生进行新课学习。教学过程策略运用得当:立足学生主体,采用讲学稿引领:利用讲学稿引导学生课前预习,熟悉知识点,发现问题,思考问题;故事导学:利用丰富的历史故事,激发学生兴趣,启发学生理解课文,探究问题;情境教学法:运用历史史料创设情境,学生能"论从史出"分析解决问题。学生基于讲学稿的预习,通过多媒体课件突出的主线、展示的史料,收集有效信息,来表述问题、观察问题、分析问题。根据课堂设置的问题,学生能主动参与课堂谈论、进行合作探究学习。

本节课教学中,通过"秦到明中枢机构的演变:独相—群相—废相",得出君主权力不断强化这一趋势;学生在探究中初步认识到1500年前后的中国君权不断加强,逐渐落后于世界,而西方却在此时走出中世纪的黑暗,占领世界先机;在学习中感悟到:民主、自由、开放、创新的社会环境才能促进国家的发展。学生能初步理解明朝皇权经过秦汉以来不断地发展,皇权和相权合一,君主专制中央集权至明清达到顶峰;同时也标志着封建制度以及封建经济日益衰落,基本完成教学前的预定目标。

不足之处:教学中,提供的故事材料多,学生还是围绕老师的预设进行思考,思维张力不够;预设的亮点中,1500年前后的中国与世界。中国:君权不断加强,逐渐落后于世界;西方:走出中世纪的黑暗,占领世界先机;由于学生所学知识有限,对问题的认识停留于表面,缺乏理解的深度;对于人物评价教学,紧限于所供材料,学生对于朱元璋的认识和评价还不全面等;所设内容较多,课堂教学略显仓促。

汉通西域和丝绸之路

```
课题:人教版七年级历史上册第三单元第15课《汉通西域和丝绸之路》
背景:该课荣获2015年安徽省初中历史新课程课堂教学竞赛二等奖
执教:朱宇
日期:2015年10月
```

【教学设计】

一、教材分析

本课选自人教版七年级历史上册第三单元《统一国家的建立》中的第15课,主要讲述两汉对内、对外关系。对内,西汉政府派人出使西域和设置西域都护;对外,打通了陆上和海上"丝绸之路",建立了同欧洲国家——大秦的友好往来。本课体现了两汉灵活多变的内外政策,学习本课,有助于学生了解古代中国在世界上地位和为东西文化交流做出的贡献,进一步增强民族自豪感和自信心。

二、教学目标

1.课程标准目标

通过"丝绸之路"的开通,了解丝绸之路在中外交流中的作用。

2.教学目标

知识与能力:通过本课的学习,知道西域的含义;了解张骞两次通西域的目的、意义和中央政府对西域的管辖;能够正确认识丝绸之路以及它在中外交流中的作用。

过程与方法:通过对丝绸之路的文化内涵和在中西方交流史上的重要地位的认识,培养学生全面认识和思考问题的能力。

情感态度价值观:学习张骞和班超报效祖国,不屈不挠和开拓进取的精神;通过学习丝绸之路在中外经济文化交流中的作用,认识到中国人为丝绸之路的开辟所做的贡献,激发学生对祖国文化遗产的热爱和自豪之情。

2.教学重点、难点

重点:张骞通西域;丝绸之路的路线及作用。

难点:如何正确认识丝绸之路的文化内涵及其在中西方交流史上的重要地位。

三、学情分析

本课教学的对象是初一学生,他们以形象思维为主,尚未具备较强的分析能力和方法,知识体系很松散,但求知欲强,因此,在教学中将着眼于基本技能的培养和方法的培养。

四、教学方法

1.教法选择

根据七年级学生的特点,在本节课中,突出运用创设情境、教师启发设问的方式来激发学生的学习兴趣,引导学生思考问题。

2.学法选择

基于目标引导的宗旨,在本节课中,学生在不同的历史情境中,根据教师所提供的资料,自主阅读、分析,并运用材料解决问题。

五、教学过程

(一)导入新课

目标引领	指导活动	学习活动
利用诗歌导入,激发学生的兴趣,培养学生初步的读图识图能力。	展示两首古诗,请学生集体朗读。 【点拨】 诗中有两个地名:玉门关和阳关,引导学生认识到这是对于中原人来说非常陌生的地区,是历史上的交通要道,是西域和中原地区分界的关口。引出"西域"的地理概念。	阅读诗歌,结合课本观察西域的地理位置,形成初步认识。

（二）新课讲授

目标引领	指导活动	学习活动
通过提供的材料,培养学生阅读材料、提炼信息的能力。	在这里曾经有一条历史上贯通东西方的著名的国际交通要道,是以中国的丝绸命名的,叫做"丝绸之路"。今天,我们将追溯历史的足迹,感受先辈的辉煌,进行一次有意义的探究之旅——寻访丝绸之路。 　　第一站:长安。 　　介绍张骞出使的背景。 　　展示汉武帝招募令的内容。	
创设情境,培养学生在情境中感悟历史的能力。	介绍张骞的生平,展示图片"张骞出使西域拜别汉武帝图"。 　　展示张骞出使西域路线图,点出出使西域的出发点和时间。 　　播放视频:张骞出使。	学生阅读招募令,结合教材了解汉武帝的目的。
通过不同的材料,引导学生从不同角度分析历史现象出现的原因和影响,培养他们用全面、辩证的观点看待历史问题。	【设置情境】 　　张骞在出使过程中会遇到哪些困难? 　　第二站:大月氏。 　　请学生思考:张骞出使的目的有没有达到,他的出使取得了什么样的成果? 　　展示材料。 　　"骞持汉节不失。"——《汉书·张骞传》 　　他是一位冒险家,又是一个天才的外交家,同时又是一员战将,真可谓中国历史上出类拔萃之人物也。——蓟伯赞 　　教师提问:张骞身上有哪些精神值得我们学习? 　　展示表格,引导学生看书,了解张骞的第二次出使,完成表格内容。 　　提问:张骞二次出使西域之后,西汉与西域各国的交往日益频繁,有哪些具体表现?	学生讨论回答,加深对张骞出使西域的艰难过程的认识。 　　学生讨论回答,得出不屈不挠、不畏艰险、敢于冒险、开拓进取、忠贞爱国等认识。 　　学生思考,结合教材,了解张骞出使西域后西汉与西域的交往情况,初步认识出使西域带来的影响。
通过地图的对比,培养学生识图读图的能力。	【教师总结】 　　经济文化上的交流。 　　展示秦朝和汉朝的疆域对比图,请学生找出差别。	学生通过仔细观察两幅地图,发现疆域大小的不同,从而认识到西汉时政府开始对西域地区进行管理。

目标引领	指导活动	学习活动
创设情境,思考中国的丝绸出现在欧洲的原因,培养学生在情境中感悟历史现象并分析历史现象的能力。	介绍西域都护的设立:公元前60年,西汉政府设立西域都护,标志着今新疆地区开始隶属于中央政府的管辖,成为我国不可分割的一部分。 第三站:疏勒。 【设置情境】 在疏勒(今新疆喀什)一间丝绸店里,老板向我们炫耀:店里有一种丝绸——古罗马执政官凯撒(公元前1世纪)曾经穿过这种丝绸做的衣服。这让我们百思不得其解:中国的丝绸是如何传到古代欧洲去的? 播放"丝绸之路"视频。 教师介绍:张骞通西域后,汉朝的使者、商人接踵西行,西域的使者、商人也纷纷东来。他们把祖国的丝和丝织品运往国外。在这条沟通中西交通的陆上要道上,汉朝向外输出的主要是丝绸,所以叫"丝绸之路"。 展示丝绸之路图片,请学生结合教材,找出丝绸之路的路线。 学生讨论回答,教师总结补充:长安—河西走廊—敦煌—今新疆地区—西亚—欧洲大陆。 教师提醒学生:这是一条陆上丝绸之路,除此之外,历史上还有一条海上丝绸之路。	学生观看视频,结合材料,从而加强对丝绸之路的形成和作用的认识。 学生结合课本的文字介绍和图片,归纳出丝绸之路的主要路线图,尤其是关注几个重要的地点。
通过总结陆上和海上丝绸之路的路线,培养学生对历史地点的认知,将历史与地理结合起来。	第四站:广东。 展示海上丝绸之路图片,请学生找出海上丝绸之路的路线。 教师总结补充:广东沿海—沿海岸线,从中南半岛南下—绕过马来半岛—穿过马六甲海峡—通往孟加拉湾沿岸—印度半岛南端和斯里兰卡半岛。 【设置情境】 我是小小考古学家。	学生思考讨论,认识到这些考古发现可以证明丝绸之路的存在。

目标引领	指导活动	学习活动
创设情境,培养学生从考古的角度感悟历史、分析问题的能力。 　　创设情境,让学生设身处地地感受丝绸之路在当时所起到的作用。	近几十年来,在我国新疆发现许多汉代的丝织品,在马来西亚发掘出与汉代陶片纹饰相似的陶片,在印度尼西亚出土了汉代的钱币和陶器,这些考古发现,说明了什么问题? 【设置情境】 　　如果你是当时长安的一名富商,想去西域做生意,你会从长安带去哪些东西到西域贩卖,又会带些什么回来? 　　教师归纳丝绸之路在中西交流中的作用(包括经济上和文化上)。 　　教师总结:丝绸之路不仅是一条贸易之路,同时也是一条文化之路。在中西方交流史上占有重要地位,推动了东西文化交流,它沟通了东西方文明,而且促成了这两种文明的相互渗透。	学生讨论回答,对丝绸之路的影响形成总体的认识。
作为教材中的补充内容,通过自主阅读,培养学生阅读材料,提炼信息的能力。	第五站:鄯善。 　　介绍班超出使西域的背景。 　　介绍班超生平和"投笔从戎"的由来。 　　介绍"不入虎穴,焉得虎子"的故事及班超曾经派部下甘英出使大秦。公元166年,大秦派使臣访问洛阳。这是欧洲国家同我国的首次直接交往。	阅读教材,了解班超出使西域的时间和主要活动。

(三)本课小结

目标引领	指导活动	学习活动
通过图片的形式,回顾本节课的主要内容,并升华对这节课的认知。	展示丝绸之路沿途的风景图片,总结丝绸之路在中西交流中的重要作用。 　　联系现实:现代丝绸之路——亚欧大陆桥。	根据提示,归纳本课所学知识。

历史·汉通西域和丝绸之路

【课堂实录】

一、创设情境,导入新课

(课件呈示两首古诗,请学生集体朗读)

师:读完这首诗,同学们有没有发现诗中出现了两个地名?

生:玉门关和阳关。

师:非常棒。那大家知道诗歌中所说的这两个地点指的是哪里吗?(课件呈示地图)这是对于中原人来说非常陌生的地区,是历史上的交通要道,是西域和中原地区分界的关口。那么西域是指哪里呢?

生:两汉时期,人们把现今甘肃玉门关和阳关以西,也就是今天新疆地区和更远的地方,称为西域。

师:在这里曾经有一条历史上贯通东西方的著名的国际交通要道,是以中国的丝绸命名的,叫做"丝绸之路"。今天,我们将追溯历史的足迹,感受先辈的辉煌,进行一次有意义的探究之旅——寻访丝绸之路。

二、目标引领,学习新知

师:(课件呈示学习目标)首先,我们来了解一下,本课的学习我们需要达成怎样的学习目标。下面,我们沿着这条丝绸之路的路线,来了解这条古代商路是如何形成发展的,又起到了怎样的作用。

第一站:长安

(课件呈示汉武帝招募令的内容)

师:同学们来看一看这张招募令的内容,你发现当时的汉武帝为什么要招募人去西域?

生:联络大月氏,夹击匈奴。

师:很好,当时有一个人看到了这张招募令,他就是张骞。

(课件呈示张骞的雕像和"张骞出使西域拜别汉武帝图")

师:张骞,陕西城固人,西汉著名的探险家、外交家。因为屡立奇功,被汉武帝封为博望侯。

（课件呈现张骞出使西域路线图）

师：从图片上能否找到张骞出使西域的地点和时间？

生：公元前138年，从长安出发。

师：下面我们一起来看一段视频，了解张骞当时从长安出发的情况。

（播放视频：张骞出使）

师：看完这个视频，同学们感受到了什么样的情绪？

生：悲壮，前途未卜。

师：是的，因为张骞将要去的是西汉人非常陌生的西域，那么同学们设想一下，张骞在出使过程中会遇到哪些困难？

生：不认识路，缺少水和食物，匈奴人的袭击，自然环境恶劣……

师：同学们说的都非常好，归纳一下同学们的答案，可以分为两个部分：

（1）去时扣留了十年，回来时又被扣留了一年多；

（2）所到之处，有茫茫的戈壁滩，有人迹罕至的雪山峡谷，道路不熟、语言不通、缺衣少食，非常人所能承受。

第二站：大月氏。

师：请同学们结合课本进一步思考：张骞出使的目的有没有达到，他的出使取得了什么样的成果？

生：张骞虽然没有达到联合大月氏的目的，但是了解了西域各国的地理、物产和各族人民的生活以及他们想和汉朝往来的愿望。他是沟通汉朝和西域的第一个友好使者。

师：下面我们来看看史书上和史学家是如何评价张骞的。

（课件呈现材料）

"骞持汉节不失。"——《汉书·张骞传》

他是一位冒险家，又是一个天才的外交家，同时又是一员战将，真可谓中国历史上出类拔萃之人物也。——翦伯赞

师：结合刚才所学，同学们觉得张骞身上有哪些精神值得我们学习？

生：不屈不挠、不畏艰险、敢于冒险、开拓进取、忠贞爱国等。

（课件呈现张骞出使西域路线图）

师:同学们结合教材和路线图,能不能说出张骞出使西域所经过的地点?

生:长安 河西走廊 今新疆地区 葱岭 西亚 欧洲。

师:在第一次出使西域,历经艰难万险回到长安后,张骞很快又带着新的任务开始了第二次出使,同学们请结合教材,完成下列表格,对比张骞的两次出使。

(课件呈示表格,引导学生看书,了解张骞的第二次出使,完成"张骞两次出使西域的比较"表格内容)

师:张骞二次出使西域之后,西汉与西域各国的交往日益频繁,有哪些具体表现?

生:从西域传入了当地特有的物种,如汗血马、胡萝卜等,从西汉到西域的有丝绸、铁器等。

师:很好,从这里可以看出,张骞出使西域之后,西域和西汉的经济文化交流日益增多。并且,西汉政府也开始加强对西域地区的管理。(多媒体展示秦朝和汉朝的疆域对比图)同学们发现两幅疆域图有什么区别吗?

生:西汉的疆域图比秦朝的更大。

师:是增加了哪一块呢? 这里是什么地方?

生:西域。

师:是的,伴随着西域和西汉的联系越来越密切,西汉政府也开始加强对这个地方的管理。公元前60年,西汉政府设立西域都护,标志着今新疆地区开始隶属于中央政府的管辖,成为我国不可分割的一部分。

第三站:疏勒

师:同学们,下面我们来到丝绸之路的第三站,请看发生在当时的疏勒的一个场景。

在疏勒(今新疆喀什)一间丝绸店里,老板向我们炫耀:店里有一种丝绸——古罗马执政官凯撒(公元前1世纪)曾经穿过这种丝绸做的衣服。这让我们百思不得其解:中国的丝绸是如何传到古代欧洲去的?

生:丝绸之路。

师:没错! 这正是丝绸之路的作用,下面我们来看一个有关丝绸之路的视频,进一步了解这条古代商路。(播放"丝绸之路"视频)

师:张骞通西域后,汉朝的使者、商人接踵西行,西域的使者、商人也纷纷东来。他们把祖国的丝和丝织品运往国外。在这条沟通中西交通的陆上要道上,汉朝向外输出的主要是丝绸,所以叫"丝绸之路"。

(课件呈现丝绸之路图片)

师:请学生结合教材,找出丝绸之路的路线。

生:长安—河西走廊—敦煌—今新疆地区—西亚—欧洲大陆。

师:这是一条陆上丝绸之路,除此之外,历史上还有一条海上丝绸之路。

第四站:广东。

(课件呈现海上丝绸之路图片)

师:请学生根据地图,结合教材,找出海上丝绸之路的路线。

生:广东沿海—沿海岸线,从中南半岛南下—绕过马来半岛—穿过马六甲海峡—通往孟加拉湾沿岸—印度半岛南端和斯里兰卡半岛。

(设置情境:我是小小考古学家)

师:近几十年来,在我国新疆发现许多汉代的丝织品,在马来西亚发掘出与汉代陶片纹饰相似的陶片,在印度尼西亚出土了汉代的钱币和陶器,这些考古发现,说明了什么问题?

生:说明新疆是陆上丝绸之路的必经之地,马来西亚和印度尼西亚地处海上丝绸之路的交通要道,从这些地方考古发掘汉代的丝织品、钱币和陶器,不仅证实当时丝绸之路的存在,而且说明当时我国的对外贸易已相当繁荣。

师:随着丝绸之路的发展,西汉与西域的交往日益频繁,同学们请设想一下,如果你是当时长安的一名富商,想去西域做生意,你会从长安带去哪些东西到西域贩卖,又会带些什么回来?

生:中国的丝绸、瓷器、茶叶、造纸术、火药……西域的香料、水果、良种马、音乐、舞蹈……

师:同学们说得很好。大家有没有发现,我们可以将西域与西汉间的交往分为两大类:经济上的和文化上的。所以丝绸之路不仅是一条贸易之路,同时也是一条文化之路。在中西方交流史上占有重要地位,推动了东西文化交流,它沟通了东西方文明,而且促成了这两种文明的相互渗透。

第五站:鄯善。

师：同学们，下面我们到今天旅程的最后一站。这里是鄯善，在今天的新疆境内。在东汉的时候，有一位著名的外交家和军事家。他在西域活动达三十年，为平定西域，促进民族融合，做出了巨大贡献，他曾是一位文官，后来开始军事活动，所以关于他的事迹还形成了一个成语。

生：投笔从戎。

师：是的。下面请同学们阅读教材楷体字部分，了解班超出使西域的时间和他在西域的主要活动。同学们找到时间了吗？

生：班超在公元73年出使西域。

师：很好，那么班超在西域做了哪些事呢？有没有产生相关的典故？

生：有。班超非常勇敢，有一个典故是"不入虎穴，焉得虎子"。

师：很好。这个故事其实不仅反映出班超的勇敢，也反映出他的谋略。他在西域经营了30年，进一步加强了西域和内地的联系。并且在公元97年班超派甘英出使大秦，公元166年，大秦派使者访问洛阳，送给东汉皇帝象牙、犀角等礼物，这是欧洲国家同我国的首次直接交往。

三、联系现实，感悟历史

（课件呈现丝绸之路沿途的风景图片）

师：今天我们追随丝绸之路的路线，重走了这条古代商路。通过学习，我们可以发现，这不仅是一条贸易之路，同时也是一条文化之路。它沟通了东西方文明，而且促成了这两种文明的相互渗透。而在今天，这条商路还存在吗？

生：还存在。

师：是的，近年来在这条古代商路上建起了一座"亚欧大陆桥"，它东起我国连云港，西抵荷兰的鹿特丹，全长10 900千米。它是一条横贯亚非欧，连接太平洋、大西洋的国际海陆通道。这条曾经辉煌的古代商路，现在仍然充满了活力。好，今天的学习就到这里，下课！

生：老师再见！

师：同学们再见！

创设情境　激活历史
——《汉通西域与丝绸之路》教学反思

本课有两大重点内容:张骞通西域和丝绸之路。这两大内容与地理知识的联系都很紧密。于是我选择了几个代表性的地点作为本课的线索,将知识点串起来,这样使得本课的内容显得比较流畅自然。同时在讲授中穿插了几处情境设置,引导学生去思考,尽量做到这节课中我想突出的主题:"创设情境,激活历史"。

本节课的内容体现了我国古代历史上中原地区与边疆地区的经济文化联系和东西经济文化交流的历史过程,涉及面广,但我采用灵活多样的教学方法,在教学中通过创设情境、分析讨论等多种方法培养学生的鉴赏能力和善于创新的精神,强化学生的爱国思想和开拓进取的意识。使学生在轻松愉悦的课堂气氛中完成了学习任务,在快乐中都能有收获,有良好的教学效果。同时在设计每一个教学环节的时候,都从学生的角度出发,思考这个环节我希望达成的目标、希望学生通过这个环节能够培养哪一方面的能力,尽量做到:"目标引领,活动达成"。

当然在这节课的教学中也存在着很多的不足,最大的问题,就是我作为青年教师,在备课和授课过程中,更多的还是在考虑作为老师我应该怎么做,常常忽略了学生的学习情况。这表现在很多方面:首先,讲课过程中语速太快,学生常常跟不上我的思路;其次,在问题的设置上还不够合理,不能充分调动起学生的积极性和参与意识;最后,因为对教材的熟悉程度还不够,以及知识的储备不足,常常出现一些口误。

在今后的教学中,我希望能找到教师和学生共同遵守的规则,使课堂高效而充满活力,并应用多种教学手段,充分调动学生的各种感官。改变学生单一的历史学习方式,充分发挥学生学习的主动性,给他们更多的时间和空间参与到活动中来,在教学方法上注重点拨讨论,让学生充分发表意见,真正做学习的主人,真正深入地将目标教学设计落到实处。

　　通过这次公开课我不仅锻炼和提高了自己,也知道了自己的不足,更让我知道了课堂上发挥学生主体地位的重要性。教师重在引导,要培养学生自主学习的能力。

地形图的判读

课题：人教版七年级地理上册第一章第4节《地形图的判读》(第二课时)

背景：该课荣获2014年安徽省初中地理优质课评比二等奖

执教：汪燕

日期：2014年11月

【教学设计】

一、课程标准和教材分析

1.课标要求

在等高线地形图上,识别山峰、山脊、山谷,判读坡的陡缓,估算海拔与相对高度。

2.教材分析

地形图的判读是初中地理教学中的重点和难点,是在学习了地图的阅读后遇到的最现实的问题:如何把地面上高低起伏的地势以及丰富多彩的地貌完美地表现在一张平面地图上。本节课概念多、难度大、大多数知识都是学生未接触的,对学生的空间思维能力要求较高。

3.学情分析

地理这门课程对于七年级学生是一门新鲜的学科,学生们在学习完地球仪及地球运动后对空间概念有了一定的认识但仍不够深入,本部分知识对学生的空间到平面知识的转化能力要求较高,使得部分学生在此部分的学习中有一定的困难。此外,学生对地理学科比较忽视,往往在学习上积极性不是很高。

4.教学目标

依据本节内容在本册教材中的地位与作用,结合课标的要求,本节课主要达到以下教学目标:

地理·地形图的判读

知识与能力：了解绘制等高线的方法，初步在等高线地形图上识别地势高低和坡度陡缓，能在等高线地形图上判读山谷、山脊等山体部位。

过程与方法：结合学生生活实际遇到的地理问题激发学习兴趣，学习绘制等高线，动手制作山体模型。

情感态度与价值观：激发学生学习地理的兴趣，培养科学探究的意识和方法，培养动手操作的实践能力。

5.教学重点、难点

重点：等高线形态与地势高低、坡度陡缓的关系；运用等高线识别山体部位。

难点：在等高线地形图上判读山谷、山脊、山峰、陡崖、鞍部等，尤其是山谷与山脊；学生能够将平面地图与立体地形相联系。

6.教学方法

为了能够在有效时间里让学生完成对本部分知识的掌握与运用，本节课采用"自学—探究—实践"即"自主学习—自学检测—提出问题—梳理问题—探究问题—讨论交流—拓展加深—知识巩固—知识整理"的翻转课堂教学方式。

二、课前任务

1.课前任务设计意图

（1）将传统的"书本+练习"的预习模式更改为"书本+微视频+分层训练"模式的自主学习，提高学生的学习兴趣，吸引其注意力。

（2）"亲自动手"绘制等高线图，学生在学习中不再是凭空想象，而是有据可依、有章可循，使学习更加具有目的性。

（3）设置一些有难度而学生又能解答的问题，学生解决问题后能理解这些是自己付出努力的结果。

（4）提出疑问设计可以激发学生的学习欲望和探究兴趣，同时教师可以发现问题并在课堂上与全体同学交流讨论，共同答疑解惑。

2.学生课前准备

橡皮泥、白纸。

目标引领　活动达成

3.教师提供的资源

目标学习单、微视频访问地址:http://v.youku.com/v_show/id_XODA3MjAzN-jIw.html。

课前任务:第一步,复习第一课时内容,

第二步,阅读本节的教材内容,

第三步,观看教学微视频,

第四步,完成目标学习任务,

第五步,提出问题并提交课堂讨论、解决。

三、教学过程

(一)课前预习环节

活动目标	教学内容	活动设计	设计意图
自主学习并能完成目标任务单,提高自学能力。	教师制作微课,学生课前学习。	学生观看教学微视频并完成目标学习单。	"书本+微视频+分层训练"模式的自主学习,提高学生的兴趣,吸引其注意力。

(二)课堂教学环节

活动目标	教学内容	活动设计	设计意图
将所学知识与生活实际相结合。	展示一碗水、一杯水及一个池塘的图片。	学生表述自己的想法。	设置悬念,激发兴趣。
学生能初步在等高线地形图上识别地势高低和坡度陡缓。	【课件呈现】 等高线地形图。 复习等高线和等高距。 解答目标学习"闯关题一"。 【答疑解惑】 等高线的数值排列都是越往中间越大吗? 等高线数值可以是负值吗? 【教师总结】 课件呈现巩固练习。 【拓展】 寻找生活中的等高线。	学生讨论,给出答案。 学生讨论回答,教师给予提示。	新课标指出要学习对生活有用的地理,学习对终身发展有用的地理的课程概念,让学生联系生活实际对知识展开追问与探索,使学生感受地理就在身边。

活动目标	教学内容	活动设计	设计意图
学生发现问题并从问题的解决中获得新知。	【课件呈示】 目标学习"闯关题二"中四位同学绘制的等高线地形图，这些图存在错误吗？如有，请指出其具体错误。 【答疑解惑】 (1)如何快速绘制等高线地形图？ (2)还有哪些简单的方法让大家快速理解等高线地形图的制作？	学生独立观察图并分别指出图中存在的问题。 学生思考。	学生看到别人的优点以弥补自己的不足，同时吸取经验，达到事半功倍的效果。每个学生都能参与其中主动学习，动手能力、团结协作能力、创新能力都得到提高，更重要的是让学生体会到成功的喜悦。
培养学生的平面与空间思维转换的能力。	【课件呈示】 一幅等高线图。 复习山峰、鞍部、陡崖及坡度陡缓的判断。 【答疑解惑】 如何判断山脊、山谷？ 解答目标学习"闯关题三"。 【巩固练习】 说出图中字母代表的山体部位名称。	学生担任小老师踊跃讲解此部分知识。	"学生充当小老师"，给了学生一个展示自我能力的机会，也培养了他们概括归纳的能力。
学生把实际体验与课本知识结合起来，在"做中学"。	【比一比】 写一段话，描述从图中任意一点到山顶的简单路线。写好后让大家猜一猜你写的是哪一条路线。 【画一画】 依据图片绘制一幅简单的翠螺山等高线地形图。 【做一做】 根据所给等高线地形图，用材料制作其相对应的山体模型，看谁做得最相似。	学生描述路线并朗读，其他同学根据其描述判断路线。 学生绘制并在结束后将绘制结果展示给全班同学。请两位同学在黑板上演示。 学生用橡皮泥制作一个山体模型并展示。	学生通过"画一画"活动将平面图与身边的实物相结合，达到了由立体转化为平面的教学目标，在这个转化过程中获得科学的看图方法，空间思维能力得到提升。通过"做一做"活动提升了学生的动手能力，同时达成"平面转化为立体"的教学目标，使学生获得的知识更加牢固。

【课堂实录】

一、情景引入

（行礼毕，出示三幅图片）

师：这三幅图片是什么。

生：一碗水、一杯水、池塘。

师：这三幅图和我们今天所上的内容有什么关系呢？在这我们留个悬念，课程中间我们将解答这个问题。

二、认识等高线地形图

师：课前大家通过自主学习对本节所学内容应该有了一定了解。首先我们来认识等高线地形图中的等高线和等高距。接下来请大家一起朗读一下。

生：（齐声朗读）海拔高度相同的点连接成线就是等高线。相邻两条等高线之间的高度差就是等高距。

师：课前我们完成了目标学习单，有些同学做得很好，有很好的自学能力，但有些题目错误率比较高，请大家拿出目标学习单，我们一起来研究一下这些题目。请看闯关题一，请一位同学将他（她）的答案告诉大家。

闯关题一：读图回答下列问题。

(1)同一条等高线上所有点的高度____，图中A点的海拔高度为____米。

(2)同一幅地图中等高距____，此图的等高距是____米。

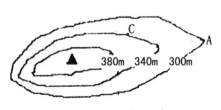

生：(1)同一条等高线上所有点的高度相等，图中A点的海拔高度为300米；(2)同一幅地图中等高距相同，此图的等高距是40米。

师：A点在哪一条等高线上，我们找到此线对应的海拔高度值即可得出答案。有些同学在自主学习后提出了一些疑问，我想请同学们一起来帮助他们解答。

（课件呈现问题）

师：(1)等高线的数值排列都是越往中间越大吗？

(2)等高线数值可以是负值吗？

生：相互讨论并回答。

生1：是的。

生2：不是的，如果是盆地地形则等高线图上数值越往中间越小。

师：这位同学回答得非常好，看来他课前自主学习得很充分。平时我们看到的等高线图是越往中间越高，因为中部为山峰，当为盆地地形时则越往中间数值越低。第二个问题呢？

生：可以。（部分同学回答不可以）

师：赞同的同学请举手。看来大多数同学是赞成的，那么就请赞同的同学解释一下这个问题吧。

生：当这个点在海平面以下时为负值。

师：（画图解释）此点在陆地上，但是它却在海平面以下，如果这点到海平面的垂直距离为50米，则此点的海拔高度记做：-50。

（师出示巩固练习题，学生思考）

例1　读图回答下列问题。

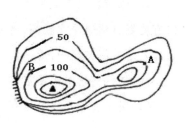

B点的海拔高度是____米；

A点的海拔高度是____米。

生1：B点海拔高度为100米，A点海拔高度为75米。

师：回答得正确吗？如何得到这个答案的？

生2：相邻的两条等高线的高度差是相等的，第二条和第四条等高线相差50米，则第三条等高线与第二、四条等高线相差25米。

师：非常好。到这里，大家已经认识了等高线、等高距。那么等高线在我们的生活中存在吗？你能找到它们吗？

生：思考并讨论。（注：没有学生能回答出这个问题）

师：展示导入新课时的三幅图片，这里面就有等高线，比如这碗水和碗的交界线,杯中水面的边缘线,池塘水的边缘线都是等高线。大家明白了吗?

生:明白了。

三、等高线地形图的绘制

师:地图上的等高线是如何绘制出来的呢,微视频有详细的讲解,自主学习闯关题二要求大家绘制一幅等高线地形图,我选取了几位同学的作品,请大家仔细检查,看看这四幅作品有没有错误? 有错误的话请指出其错误之处。

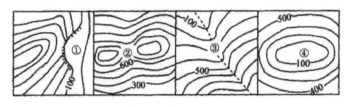

生1:第一幅图是错的,它缺少等高线的数值。

生2:第四幅图是错误的,因为数值没有统一,同一条等高线标了两个数值,是不正确的,同一条等高线只能对应一个数值。

师:第二、三两幅图基本上是正确的。

(答疑解惑:在自主学习单中很多同学问我这样的问题:如何快速绘制等高线地形图? 有哪些简单的方法让大家快速理解等高线地形图的制作)

师:制图是一门非常严谨的学科,它要求精确,所以绘制过程就必须细致。针对第二个问题,给大家看两幅图片。

生:相互讨论两幅图片所给方法,感受所给方法的直观性。

四、等高线地形图的判读

师:了解了等高线地形图的绘制,我们就要学会在地形图上认识山体部位及坡度陡缓。自主学习中,我们首先了解了坡度陡缓与等高线的疏密关系,什么是山峰、鞍部、陡崖。有些同学又给我提出了一些疑问。

(课件呈现:如何快速判断山脊山谷)

师:请你们当一回老师,向同学们讲解这个问题吧。(学生讨论)

生:(黑板演示)看等高线弯曲方向,若向高处弯曲就是山谷,向低处弯曲就是山脊。

师:大家看这个巩固练习,说出下列图中字母代表的山体部位名称。

例2 说出下列图中字母代表的山体部位名称。

(生齐声回答)

五、知识应用

师:请大家拿出一张纸,看黑板上的图,比一比:写一段话,描述从图中任意一点到山顶的简单路线。写好后与同学们分享,让大家猜一猜你写的是哪一条路线。

生1:通过山脊走到左面的山峰,再经过鞍部到达另一个山峰。

师:这是哪一条路线呢?

生1:A。

生2:我想选择通过山脊,等高线较为稀疏的一条线。

生:齐声回答。

师:你可以告诉大家你写的是哪条路线了。

生2:A路线。

生3:比较近,坡度比较缓,经过山脊,路线有些绕。

生3:C路线。

师:我也给大家一条路线吧。我选择的这条路经过的一个地方非常适合开发一种非常流行的攀岩运动。

生:(一起回答)D路线。

师:(课件呈现)学完这一课,你能绘制一幅等高线图吗? 这幅图片大家认识吗?

生:翠螺山。

师:你能依照图片在纸上画一幅地形图吗?

(两位同学在黑板上绘制,其他同学用纸绘出。老师检查部分同学绘制,对绘制有困难的同学及时给予指导)

师:我们一起来看一下这两位同学绘制的图形,大家觉得哪位同学绘制的更准确啊?

生:从坡度的陡缓上来看,第一位同学画得更为准确。在他的图上我们能够看到明显的缓坡与陡坡的差别。

师:(课件呈示)接下来我们就来做一做:根据所给等高线地形图,用材料制作其相对应的山体模型,看谁做得最相似。

(学生制作,教师将部分学生作品展示并给予评价)

六、知识总结

通过自主学习及本节课的学习,大家应该掌握如何在等高线上认识不同的山体部位及坡度陡缓的判断标准,书本上有详细内容,大家课下可以继续等高线地形图的学习。

师:下课,同学们再见。

生:老师再见。

(行礼毕,本节课结束)

【执教感言】

"翻转"视角下的微课堂准备

人教版七年级地理上册《地形图的判读》作为一节重要的学习内容,本人利用"基于微课的翻转课堂"进行教学,取得了较好的学习效果。针对课前准备部分本人做了以下几点反思:

一、优质课前文本材料是课堂成功的关键

这里的课前文本材料是指目标学习单,它是翻转课堂教学有效性的核心。在"目标学习单"的基础上,进行"翻转课堂"的导入、创设情境、过渡、活动练习设计等,立足于学生已有的知识、经验,创设有助于学生自主学习、合作交流的情境,使教学内容鲜活化、过程活动化、解惑探索化、交流互动化、思维多样化,从多个层面激发学生主动参与学习的全过程,提高"目标学习单"的效果。

首先,明确学习目标。本节的学习目标为:(1)了解绘制等高线地形图的方法并能实际操作绘制等高线地形图,培养学生实践能力;(2)能在等高线地形图上辨别山谷、山脊等山体形态;(3)能够将平面图转化为立体地形;(4)学习对生活有用的地理知识。

其次,创建优质课前文本材料。课前文本材料的主要作用是指导学生在课前对课本内容进行自学。笔者创建课前学习文本材料时,对本节教材进行了细致分析。在本节的课前目标任务中本人设置了三个闯关题。

闯关题一:读右图回答下列问题。

(1)同一条等高线上所有点的高度____,图中A点的海拔高度为____米。

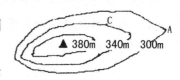

(2)同一幅地图中等高距____,此图的等高距是____米。

闯关题二:利用第一课时制作的山体模型并依据视频材料绘制一幅等高线地形图。

闯关题三:在等高线图上辨别山体不同的部位。

翻转课堂是典型的"先学后教"模式,其预习方案是基于微课的,相对于导学案、讲学稿等文本式的预习方案,它有许多优势,但教师必须用心设计制作,才能取得较好的预习效果。例如适当创设情境,激发自学兴趣;设计导学问题,引导学生深入浅出地思考;坚持循序渐进原则。同时,微视频也应有适量的"作业",以对学生利用微视频预习的效果做出评价,通过应用知识解决问题的训练,提升心智水平。但它不是传统的"课后作业",切忌将传统的数量多、难度大的题目搬到导学微视频中。微视频中的作业不宜繁、难,应是进阶练习;如果是选择题,应尽可能是单选题,避免出现多选、选错误选项或辨别题,让学生容易学对,并建立自信。另外,要及时反馈,让学生及时知道自己的答案是否正确,这是树立信心、保持学习行为的有效措施。

二、优质高效的微课视频是课堂教学目标的保证

优质微课是实现翻转课堂教学目标的重要保证。微课是地理翻转课堂前一阶段的主要手段,其本质是地理知识最精准、最高效的传输。微课不仅能帮助学生对地理知识进行预习、多次巩固强化,而且能促进学生深度学习,拉近与学习内容的距离,缩小个体差异,它与课堂是互补的关系。微课设计、制作得好,才能实现课堂的翻转、课堂的互动。

"等高线地形图的判读"是初中地理教学中的重点和难点章节。这部分内容比较抽象,对学生的空间想象能力和空间联系能力要求比较高,再加上教材过于简单,学习难度可想而知。而七年级学生缺乏空间立体的概念和野外经验,要让学生读懂等高线地形图,首先要让学生理解"高低起伏的地表特征是如何准确地在平面的地图上表示出来的",只有理解了等高线地形图的绘制原理,才能达到事半功倍的效果。然而,要破解这一关键问题,不仅仅是靠教师口头讲解和几幅图片就能使学生形成空间思维和认知的。教材等高线示意图对山体的立体空间表达比较抽象,学生对学习平面图还是"只知其一不知其二"。"听不如看,看不如做",为了化抽象为直观,让学生"唾手可得",为学生自制教具山体模型(包括山顶、山脊、山谷、鞍部、陡崖),以此模型为基础,本人重新设计了一个等高线地形图的制作视频,并加入到了微课中。具体步骤如下:(1)先在模型上绘制好等高线,要注意等高距的选择;(2)沿等高线模型最底层,将底部轮廓描绘在白纸上;(3)将模型固定在纸上,并在100米等高线上选取若干个点,用细铁丝过这些点穿透模型,在纸面上做垂直扎孔;(4)移开模型,将这些孔用平滑的曲线连接起来,100米等高线绘制完成;(5)依次沿等高线模型200米、300米、400米,用细铁丝穿透模型,在纸面上做垂直扎孔;(6)移走模型,分别将200米、300米、400米所扎的孔连成线圈,并注明海拔高度。在任务单中本人布置了一个绘制等高线的闯关任务,让学生绘制等高线图。(略)

学生绘制的图中不乏一些错误,但是在这个过程中学生的探究不再是凭空想象,而是有据可依、有章可循,使探究更加具有目的性,感悟地图是描绘地球表面状态的语言。学生收获的不仅是对新知的完整认识,而且动手能力、团结协作能力、创新能力都得到了较高的发展,更重要的是激发了学生的学习兴趣和探究欲望,让学生体验到学到知识的喜悦,达到了事半功倍的效果。

这段视频时长约3分钟,整个微课视频约8分半钟,微课视频设计在我整个微课设计中占据了非常重要的位置,但是这个设计在评比中出现了较大争议,有评委提出了这样的疑问:在科技发达的今天,学生可以通过很多科技手段了解不同的地形,为何还要如此费篇幅去讲一幅等高线图的制作。众所周

地理·地形图的判读

知,我们放眼学生初中到高中的地理学习,等值线的内容非常多,高考中对等值线问题的考查也越来越多,而初中等高线的学习正是等值线学习的基础,学生通过对等高线的详细学习,可以正确理解各种等值线知识的内涵和外延,同时深入掌握知识间的内在联系,建立相对完整的知识结构。

优质的微课视频制作需要耗费大量的时间和精力,所以,团队优势要最大化地发挥出来,密切分工协作,避免单兵作战。

三、在课堂中如何使用课前任务是翻转课堂的关键

翻转课堂将知识的学习前置到课外,知识的内化过程翻转到课堂上,因此其最大的好处就是全面提升了课堂的生生、师生互动,同时也更有利于在课堂上实现个性化指导和因材施教。在课前任务中设计了"困惑与建议",学生将其学完微课后依然没有解决的问题或自己的想法写下来,教师根据学生提交的任务单对这些问题进行归类、梳理,将比较有共性的问题罗列出来,提交课堂讨论,分析解决。笔者将学生提出的问题进行梳理,主要归纳出以下几点:(1)等高线的数值排列都是越往中间越大吗?(2)等高线数值可以是负值吗?(3)如何快速绘制等高线地形图?(4)还有哪些简单的方法让大家快速理解等高线地形图的制作?(5)如何判断山脊、山谷? 课堂上笔者根据学生提出的疑惑设置了几个探究性问题:(1)寻找生活中的等高线;(2)比一比:写一段话,描述从图中任意一点到山顶的简单路线。写好后与同学们分享,让大家猜一猜你写的是哪一条路线;(3)画一画:依据图片绘制一幅简单的翠螺山等高线地形图;(4)做一做:根据所给等高线地形图,用材料制作其相对应的山体模型,看谁做得最相似。课堂探究与学生提问相呼应,先易后难,由浅入深,环环相扣,层层推进,不仅容易解决问题,而且有助于培养学生从综合的、整体的角度去思考问题。

对翻转课堂这一引起"课堂革命"的新生事物,也许我们接受它还需要一个过程,但借鉴并合理吸收其先进的教育理念,将其有机融合到地理课改实践之中,相信一定能取得意想不到的效果。

探究滑动摩擦力的大小

课题:沪粤版八年级物理下册第六章第4节《探究滑动摩擦力的大小》
背景:该课为2012年全国初中特色课堂展示交流研讨会展示课
执教:曹伟
日期:2012年1月

【教学设计】

一、教材分析

本节主要内容有:认识生活中的摩擦,探究滑动摩擦力的大小,了解增大摩擦与减小摩擦的方法。

摩擦是一种常见的现象,摩擦力也是我们最常见的力之一。滑动摩擦力既是本章的重点,又是以后学习牛顿运动定律、力和运动的关系、力的平衡等知识的基础。

本节教学通过实验探究影响滑动摩擦力大小的因素,进一步培养学生科学探究的能力。

本节教材侧重学生科学探究的方法教育,以及学生自主探究能力的培养。如"探究滑动摩擦力的大小",结合生活中的两个现象,创设问题情景,启发学生提出要探究的问题;再让学生体验滑动摩擦力的大小,为猜想滑动摩擦力的大小跟哪些因素有关提供依据。"制订计划""设计实验与搜集证据"两个环节,通过"金钥匙"教予的方法,利用图片提示实验方法步骤,通过"想一想"引导学生解决实验中需要解决的问题。

二、教学目标

知识与技能:知道一个物体在另一个物体表面上滑动和滚动时,都会产生摩擦;知道影响滑动摩擦力大小的因素;知道增大和减小摩擦的方法,了解摩擦在现实生活中的应用。

过程与方法:通过观察和实验,感知摩擦的存在;经历探究"影响滑动摩擦力大小的因素"的过程,领悟其中的科学方法。

情感态度与价值观:通过对摩擦的利弊分析,使学生对事物的两重性有具体的认识,有助于确立正确的世界观。

三、学情分析

摩擦是人们经常遇到的现象。就物理学科的全过程而言,摩擦也是一个重要的概念,如果学生对这个概念似是而非,对未来物理课程学习会带来很大的困难,因此本节教学非常重要。

结合初二学生的认知能力,教学中充分利用身边简单的事例,多分析、多演示、多讨论,使他们从感性出发,形成理性思考。

四、教学方法

本节课主要采取以教师引导,学生探究和实验为主的"探究式"教学方法。

在教学中先利用学生已有的感性认识,由"生活体验—理性思考—讨论分析—探究实验—解释应用"的思路展开,让学生观察实验认识摩擦力,引入课题;再让学生通过几个活动,提出"影响滑动摩擦力大小的因素"的猜想,再自选器材对众多猜想设计实验进行探究,归纳结论;最后,运用摩擦力的知识解决实际问题。

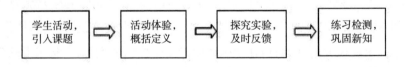

学生活动,引入课题 ➡ 活动体验,概括定义 ➡ 探究实验,及时反馈 ➡ 练习检测,巩固新知

教具准备:毛刷、纤维板、长方体滑块、弹簧测力计、钩码、圆形铅笔、有轮子的小车、多媒体设备等。

课时安排:1课时。

五、教学过程

(一)生活中的摩擦

目标引领	指导活动	学习活动
1. 新课引入 通过游戏,激发兴趣,了解目标。	【活动安排】 活动1:挑选两名同学,一名力气大的男生和一名力气一般的女生,进行拔河比赛;让男生穿上旱冰鞋,再与女生进行拔河比赛。 活动2:要求将两本书纸张分别间隔插入,堆叠起来,压紧,让力气大的两位男生上台来试试分开两本书。 揭示主题,并告知本节学习目标。 (课件呈现)	挑选的两名学生进行比赛,其他学生进行观察。 描述观察结果。 选的两名学生进行实验,其他学生进行观察。 描述观察结果。 学生明确目标。
2. 认识摩擦力 (1)生活中的摩擦,感知摩擦的存在。	引导学生举出生活中与摩擦有关的其他事例。 指导学生阅读课本,并思考: (1)什么是滑动摩擦、滑动摩擦力? (2)什么是滚动摩擦、滚动摩擦力? 你是如何理解滑动摩擦力定义中"相对运动"含义的? 活动3:引导学生做一做下面的实验:用毛刷在木板上滑动,观察刷毛弯曲的方向;毛刷不动,抽动木板,观察刷毛弯曲的方向。	学生相互交流和讨论,回答关于摩擦的事例。 学生阅读并交流。 学生思考。 学生实验并观察。

目标引领	指导活动	学习活动
（2）认识摩擦力。 （3）知道影响滑动摩擦力大小的因素。	【讨论】 （1）两种情况下，毛刷相对木板的运动方向各是怎样的？ （2）毛刷受到的滑动摩擦力方向各是怎样的？ （3）摩擦力对毛刷相对木板的运动各起什么作用？ 【活动安排】 （1）将纤维板的光滑面朝上放在水平桌面上，用手按纤维板并向后拖动； （2）将纤维板的粗糙面朝上放在水平桌面上，用相同的力度按纤维板并向后拖动。 （3）在（2）的基础上，加大力度按纤维板并向后拖动。 谈谈你有什么发现？你想进一步研究什么问题呢？	学生结合实验、交流讨论并作回答。 学生边实验边交流。 感受到摩擦力大小与接触面粗糙程度有关，与压力大小有关。 结合实验与感受，提出"滑动摩擦力的大小跟哪些因素有关"问题。

（二）探究摩擦力的大小与哪些因素有关

目标引领	指导活动	学习活动
经历探究"影响滑动摩擦力大小的因素"的过程，领悟其中的科学方法。	（1）针对上述问题说说你有什么猜想？并让学生说出猜想的依据。 对这些猜想进行分析、归纳，并为四个因素： 滑动摩擦力的大小跟压力、接触面的粗糙程度、接触面积、运动速度有关。 这样就可以有针对性地设计实验和搜集证据了。	学生根据实验感受及已有的知识、经验，通过思考，可能会有这样的猜想： （1）滑动摩擦力大小跟压力大小有关； （2）跟物体的粗糙程度有关； （3）跟物体运动的快慢有关； （4）跟物体接触面积的大小有关等。

目标引领	指导活动	学习活动
经历探究"影响滑动摩擦力大小的因素"的过程,领悟其中的科学方法。	(2)制订计划与设计实验,提出注意事项: ①影响滑动摩擦力大小的因素不止一个,应该采用怎样的方法来研究呢? ②在实验中如何控制这些变量? ③滑动摩擦力的大小如何测量?如何才能准确读数? (3)进行实验与搜集证据,实验指导: ①匀速拉木块运动时,拉动木块所用的力与木块受到的摩擦力大小相等,因此用弹簧测力计测出摩擦力的大小,就等于拉力的大小; ②使木块在木板上做匀速直线运动的关键是拉力要均匀; ③由于弹簧测力计本身受到重力的作用,为了保证拉力在水平方向上,牵引木块时,可握住弹簧测力计的外壳,而不是只拉住吊环; ④正确使用弹簧测力计并正确读数,如实记录实验数据。 (4)分析与论证。 指导学生对实验现象和数据进行分析,对实验结果进行解释和描述。 (5)谈谈实验收获与反思。	学生交流和讨论制订实验方案。 学生实验。 必做课题: A. 研究滑动摩擦力的大小与压力大小关系; B. 研究滑动摩擦力的大小与接触面粗糙程度的; 自选课题: C. …… D. …… 小组之间互相交流、分类整理,得出结论。 实验结论:滑动摩擦力的大小跟物体间接触表面的粗糙程度以及压力的大小有关。在压力一定的情况下,接触表面越光滑,滑动摩擦力越小;在接触表面粗糙程度相同的情况下,压力越大,滑动摩擦力越大。 学生交流。

物理·探究滑动摩擦力的大小

（三）增大摩擦与减小摩擦的方法

目标引领	指导活动	学习活动
知道增大和减小摩擦的方法，了解摩擦在生活中的应用。	（1）阅读课本"信息浏览"。 验证：在相同压力情况下，滚动摩擦比滑动摩擦小得多。 （2）摩擦对我们生活是有益的还是有害的？ 总结：摩擦有时是有益的，有时是有害的，认识到摩擦跟其他许多事物一样，对我们的生活同样具有两面性。 （3）怎样增大摩擦和减小摩擦。 ①总结增大和减小摩擦的方法； ②列举生活中的事例，分析它们是如何增大和减小摩擦的；（播放有关视频资料） ③分析课前游戏。	学生实验验证。 学生自由辩论。 学生总结交流增大和减小摩擦的方法。 学生结合视频资料进行分析。

（四）小结

结合板书，总结本节课的相关知识。

（五）随堂练习

（1）下列几种摩擦中，各属于何种摩擦？

①用钢笔写字时，笔尖与纸之间的摩擦：_____；

②用圆珠笔写字时，笔头的珠子与纸之间的摩擦：_____；

③人走路时，鞋底与地面之间的摩擦：_____。

（2）在光滑的冰面上，空手行走往往比挑担子行走的人更容易打滑，这是由于挑担后对冰面的____增大，从而使____增大的原故。

（3）下列各种摩擦中，属于有害摩擦的是_____，属于有益摩擦的是____。（填序号）

①机器运转时，各部件之间的摩擦；

②拔河比赛时，手与绳子之间的摩擦；

③自行车行进时，后轮胎与地面间的摩擦；

④吃饭时，筷子与食物之间的摩擦。

(4)如图所示,用弹簧测力计拉着木块在水平桌面上作直线运动,实验记录如下表。由此可知,木块与水平桌面的滑动摩擦力为(　　)。

实验次数	1	2	3
木块运动情况	越来越快	匀速运动	越来越慢
弹簧秤读数（牛）	4.5	3.0	2.1

A. 4.5牛　　　　B. 3.2牛　　　　C. 3.0牛　　　　D. 2.1牛

附:板书设计

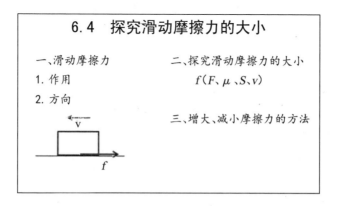

【课堂实录】

一、游戏激趣,引入课题

师:同学们,上新课前,我们来做两个小游戏。

(活动1:请大家推举两位同学来进行一场拔河比赛。要求力气大的、长得帅的男生1人,力气小的女生1人。同学们猜猜谁会取胜?

两位学生上台后,让男生穿上旱冰鞋,与女生进行拔河比赛。

结果:女生取胜。

活动2:选两位大力士来进行一场拔河比赛。

将两本书纸张分别间隔插入,堆叠起来,压紧,让两位男生用力将两本书拉开。

结果:没有分开。)

师:是什么原因导致出现刚才游戏活动结果的?

生:摩擦。

师:很好,是因为摩擦。我们今天就来学习与摩擦相关的知识。首先大家要明确一下学习目标。(课件呈示本节课学习目标,学生阅读)

二、认识摩擦力

师:请同学们列举一些事例,说明摩擦的存在。

生1:我们用手拿起桌上的东西,靠摩擦。(边说边示范)

生2:我们平时走路,靠摩擦。

生3:我们擦黑板时,靠摩擦。

生4:写字的时候,笔尖与纸面之间有摩擦。

生5:体育课上爬杆时,手与杆之间也有摩擦。

师:如果没有摩擦,火车不能启动,到了站也停不下来。

同学们设想一下,如果真有一个没有摩擦的世界,这个世界将会出现什么样的景象? 请考虑后发言。

(学生们的奇思异想,引起阵阵欢笑)

师:同学们举了很多与摩擦有关事例,让我们认识了摩擦现象,请仔细阅读课本,并思考问题。

(课件呈示:

(1)什么是滑动摩擦、滑动摩擦力?

(2)什么是滚动摩擦、滚动摩擦力?

学生阅读课本并回答问题)

师:滑动摩擦概念中的"相对运动",你是如何理解的呢?

(生陷入思考)

师:请同学们来做一个实验,看看能不能帮助你来理解这个问题。

(活动:推动毛刷,让毛刷在木板上滑动,描述你观察到的现象。)

生:刷毛弯曲了。

师:刷毛变弯曲,说明了什么?

生:木板对刷毛施加了力。

师:很好! 这个力就是滑动摩擦力。接着进行活动。

(向左推动毛刷,让毛刷在木板上滑动,观察刷毛弯曲的方向)

生:向右弯曲。

师:向右拖动毛刷,让毛刷在木板上滑动,观察刷毛弯曲的方向。

生:向左弯曲。

师:毛刷不动,向右抽动木板,观察刷毛弯曲的方向。

生:刷毛向右弯曲。

师:回顾一下上述实验,看看有什么感悟?

生1:毛刷相对木板在运动,刷毛弯曲方向与毛刷相对木板的运动方向相反,也就是说刷毛受到的滑动摩擦力方向总是与毛刷相对木板的运动方向相反。

生2:滑动摩擦力总是阻碍物体发生相对运动的,其方向与其相对运动方向相反。

师:很好! 我们接着进行另一个实验。

(活动安排:

(1)将纤维板的光滑面朝上放在水平桌面上,用手按纤维板并向后拖动;

(2)将纤维板的粗糙面朝上放在水平桌面上,用相同的力度按纤维板并向后拖动;

(3)在(2)的基础上,加大力度按纤维板并向后拖动。

谈谈你有什么发现? 你想进一步研究什么问题呢?)

生1:比较实验(1)和(2),发现粗糙面上滑动摩擦力大一些。

生2:比较实验(2)和(3),发现压力大一些滑动摩擦力也大一些。

生3:我们发现了滑动摩擦力大小可能与接触面的粗糙程度有关,也可能和受到的压力大小也有关。我们想知道滑动摩擦力的大小到底跟哪些因素有关呢?

三、探究摩擦力的大小与哪些因素有关

师:你认为滑动摩擦力的大小到底跟哪些因素有关呢? 并说说依据。

生1:依据刚才实验,我认为滑动摩擦力的大小跟接触面的粗糙程度有关。

生2：依据刚才实验，我认为滑动摩擦力的大小跟所受的压力大小有关。

生3：我与同桌手掌大小不同，我认为滑动摩擦力的大小跟接触面的大小有关。

生4：滑动时速度快慢不一样，我认为滑动摩擦力的大小跟物体运动的快慢有关。

......

师：很好！同学们考虑的都有一定道理，综合来看，可并为四个因素：滑动摩擦力的大小跟压力、接触面的粗糙程度、接触面积、运动速度有关。这样就可以有针对性地设计实验和搜集证据了。

我们提供给同学们的器材有：纤维板、长方体滑块、弹簧测力计、钩码等。

请同学们在制订计划与设计实验时，注意以下几个问题：（课件呈示）

（1）影响滑动摩擦力大小的因素不止一个，应该采用怎样的方法来研究呢？

（2）在实验中如何控制这些变量？

（3）滑动摩擦力的大小如何测量？如何才能准确读数？

设计方案并相互交流。

（学生交流）

生1：要用控制变量法。

生2：我用转换法测滑动摩擦力的。滑动摩擦力的大小没办法直接测量的，当拉动木块缓慢运动时，滑动摩擦力大小等于拉力大小，用弹簧测力计测出拉力大小，就知道滑动摩擦力大小。

师：你真棒！注意用弹簧测力计缓慢地水平拉动物体，一定要沿水平方向，同时观察弹簧测力计的示数。

进行实验与搜集证据：

必做课题：（课件呈示）

（1）研究滑动摩擦力的大小与压力大小关系；

（2）研究滑动摩擦力的大小与接触面粗糙程度的关系。

自选课题：

（3）研究滑动摩擦力的大小与运动快慢关系；

(4)研究滑动摩擦力的大小与接触面积大小的关系。

（学生实验,教师巡回指导）

师:由于弹簧测力计本身受到重力的作用,为了保证拉力在水平方向上,牵引木块时,可握住弹簧测力计的外壳,而不是拉住吊环。

（分析与论证。指导学生对实验现象和数据进行分析,对实验结果进行解释和描述。学生小组之间互相交流、分类整理,写出结论。）

师:请同学们汇报实验结论。

生1:压力一定时,接触表面越粗糙,滑动摩擦力越大。

生2:接触表面粗糙程度相同时,压力越大,滑动摩擦力越大。

师:这说明滑动摩擦力的大小跟物体间接触表面的粗糙程度以及压力的大小有关,而且找到定性规律,非常好。

师:自选课题有研究结果吗?

生1:我们发现滑动摩擦力的大小与物体运动快慢无关。

生2:我们发现滑动摩擦力的大小与接触表面大小无关。

师:同学们实验很认真,观察也细心。实验过程中还有什么新发现吗? 还想到什么问题没有?

生1:在缓慢拉弹簧测力计时,发现测力计示数在增大,木块不动,当拉力大到一定程度时,木块才滑动,这是什么原因呢?

生2:滑动摩擦力的大小与压力的大小之间有定量关系吗?

师:这是两个很有意义的课题,课后我们再一起研究。

四、增大摩擦与减小摩擦的方法

师:请同学们阅读课本"信息浏览"后验证"在相同压力情况下,滚动摩擦比滑动摩擦小得多"的课题。利用桌上器材做一下论证。

（学生活动。

发现:有学生将小车正置和倒置,用弹簧测力计来拉动小车,观察示数变化;有学生将圆铅笔放在木块下方,用弹簧测力计来拉动木块,观察示数变化。）

生:我们发现在相同条件下,滚动摩擦比滑动摩擦要小得多。

师：摩擦对我们生活是有益的还是有害的呢？

学生自由辩论后，得出摩擦有时是有益的，有时是有害的。

师：这个观点很好，在生活中常常适度增大有益摩擦，减小有害摩擦。怎样增大摩擦力和减小摩擦力呢？

（板书：增大摩擦力的方法）

生1：增大压力可以增大摩擦力。

生2：增大接触面粗糙程度可以增大摩擦力。

生3：变滚动为滑动，可以增大摩擦力。

（板书：减小摩擦力的方法）

生1：减小压力可以减小摩擦力。

生2：使表面光滑可以减小摩擦力。

生3：用滚动代替滑动摩擦也可以减小摩擦力。

……

师：同学们回答得很棒。看看下列实例是如何增大摩擦力或减小摩擦力的？

（播放有关视频资料，学生分析，教师点评）

师：只要善于观察、认真思考就能运用所学的物理知识解决生活中实例。大家说一说运动会上要进行拔河比赛，你有什么好建议吗？

生1：拔河时，选手体重要大一些。

生2：穿鞋底粗糙的新鞋。

生3：要纱布手套。

师：课前游戏，女生取胜的道理大家明白了吧？

生：明白了。

师：通过这节课的学习，你有哪些收获？

生：……

（结合板书设计内容，总结本节所学内容）

师：下面检测一下我们学习效果。

（课件呈现，生回答）

师：通过检测，我发现同学们基本掌握了今天所学的知识，课后有兴趣的同学到实验室,我们再一起研究刚才的两个课题。

(1)静摩擦力问题;

(2)滑动摩擦力的大小与压力的大小之间有定量规律问题。

【执教感言】

改进实验活动　促进目标达成

《义务教育物理课程标准(2011年版)》强调要转变学生的学习方式,倡导自主学习、合作学习、探究学习。结合教材要求和学生特点,我在教学中采用实验和多媒体结合的手段,创设合适情境,激发学生的问题意识,并引导学生设计实验,帮助学生归纳、理解。

摩擦现象虽然是学生日常生活中非常熟悉的物理现象,但是学生很少深入地思考和探讨。基于初中学生特点,我认为教学中学生最难理解,也是将来在受力分析问题中容易出错的两个问题:一是相对运动,二是摩擦力方向的确定。另一个是技术问题:准确测量摩擦力大小。

基于此,我重点谈谈教学中是怎样处理这些问题的。

对于相对运动知识,要在下一章节学习,关于摩擦力方向,教材上直接给出:滑动摩擦力方向总是与相对运动方向相反。对于这一规律学生往往通过机械记忆方式记住它,但是通过几年的教学体会,我发现绝大多数学生对于定义中的"与相对运动方向相反"一知半解,产生了认知障碍,使学生无法达成学习目标。为了解决这一问题,我将"毛刷"引入教学,通过这个活动使学生先建立刷毛形变反映相对运动方向的感性认识,然后通过力的作用效果来分析刷毛所受摩擦力方向与相对运动方向之间的关系,这样从感性认识到理性认知,加深了学生对于摩擦力方向的理解,很好地突破了摩擦力方向问题的教学难点,促进学生达成学习目标。

对于粗糙面和光滑面之间的对比,原教材中的毛巾在实验中易变形,很难保持平整,对于拖动物块实验影响很大,我在实验中采用了纤维板,纤维板的两个面粗糙程度对比明显,不易变形,实验中稳定性高。并且使用不同粗糙程度的同种材料对于学生理解也更加直观,突破了学生对于毛巾、玻璃、木板等材料不同和接触面粗糙程度不同的认识混淆。

接下来,对于同学提出关于滑动摩擦力大小和哪些因素有关的问题时,传统做法是通过简单的事例或者视频录像来引导学生提出相关猜想,虽然通过课前预习,学生已经知道课本中关于滑动摩擦力大小影响因素的描述,但是难点是因为缺乏感性认识,学生对于后续实验探究的目标缺乏针对性,容易盲目。使用纤维板和手或者纤维板和课本组合都可以做探究活动,简便易操作,容易观察理解。这项活动对于学生达成学习目标很有效,很有趣,同时训练了学生的物理思维,提升了学生的认知水平。

关于准确测量滑动摩擦力大小问题的教学处理。目前教材中使用"弹簧测力计直接拉动在木板上面的物块,观察示数来比较滑动摩擦力大小"的方法,此方法学生操作起来很难使弹簧测力计稳定读数,且实验中误差较大,不容易做跟物体运动速度是否有关的研究,具体原因很多,比如木板表面不平整,容易使物块突然变速或者卡住,手的抖动对实验也产生影响,握弹簧测力计不同位置(吊环和外壳)对实验结果也有影响,还有不方便确定拉力和摩擦力在同一直线,读数时视线要跟着刻度板移动等。对于该处学习目标,学生很难通过自主活动达成,降低了学习有效性。

实验改进中,我要求一名同学握住弹簧测力计不动,将细线与物块相连,保持细线与弹簧伸长方向一致并与纤维板表面平行(这很容易做到),然后拖动物块下面的纤维板,观察弹簧测力计的示数来比较滑动摩擦力的大小,这项实验活动改进使弹簧测力计指针位置非常稳定,还方便比较滑动摩擦力与物块运动速度的关系。而且与前面的实验活动前后呼应,相得益彰。

通过这些实验拓展了学生的思维,提升了学生观察辨析的能力,更重要的是可以方便理解滑动摩擦力的大小和压力、接触面粗糙程度、接触面面积、运动速度之间的关系,通过实际教学发现,效果良好。

将来随着现代教育装备的更新和教学软件的创新,在硬件基础完备的基础上,可以用力学传感器代替弹簧测力计,用电动马达传送带代替手动拉动纤维板,然后将记录的数据用dis系统分析绘图,更能加深学生的理解,为将来升入高中学习做好铺垫,而这些实验改进不仅使学生认识到物理和科技应用的关系,也为教师利用计算机辅助教学提供了有益的探索和尝试。

目标教学最重要的是教学的有效性,即学生有效地理解并掌握了学习目标。为此我们不仅要设计合理的学习目标,也要在活动达成上面下足力气、用足精神。物理实验是活动达成的关键所在,如何使实验设计符合初中学生的认知水平,降低学生认知门槛,除了对于实验活动的感性认识要明显外,还要对实验活动的现象有针对性和敏感性。

关于静摩擦力问题,新教材为了降低难度,删除了这一内容,学生由实验发现并提出这一问题,作为教师有必要帮助学生达成这一愿望。

至于摩擦定律也是很有意义的课题。课后我带着学生进实验室,一起研究这两个课题,绘制出图像,定量地分析了这两个问题。

"目标引导、活动达成、教学有效"一直是我教学的主旨,路漫漫其修远兮,吾将上下而求索。

燃烧和灭火

课题:人教版九年级化学上册第七单元课题1《燃烧和灭火》

背景:该课荣获"2015年新媒体新技术教学应用研讨会暨第八届全国中小学互动课堂教学实践观摩活动"课例评比一等奖

执教:黄思国

日期:2015年5月

【教学设计】

一、学习目标

(1)课前通过微课的自主学习,认识燃烧的条件和灭火的原理,并能利用所学知识解决生活中与之相关的简单问题,提高自学能力;

(2)逐步学会利用"知识树"对所学知识进行复习和梳理;

(3)通过对燃烧条件实验的改进,突出本课题的核心知识,养成善于质疑,勇于创新的良好习惯;

(4)根据微课学习中的疑问,设计课堂探究内容,并学会利用实验、手持技术等手段来解决问题,加深对燃烧条件和灭火原理的认识。

二、学习者分析

从学生的认知水平看,学生在生活中经常接触燃烧和灭火,并在前面的学习中进行过磷、硫、木炭、铁、蜡烛等燃烧的实验,学生对燃烧已经有了初步认识。从实验技能的准备看,通过以前的学习,学生已基本掌握了实验的一些基本技能,这为本节课的实验探究做了很好的铺垫。从学生的心理特点看,学生对新事物充满了好奇,更喜欢自己动手操作,为本节课手持技术应用、白板操作、实验操作等打下了基础。

三、教学重难点分析及解决措施

　　本节课的教学重点是燃烧的条件和灭火的原理。难点是解决三个问题:
(1)吹灭蜡烛是破坏了燃烧的哪个条件?(2)有氧气就一定能燃烧吗?(3)燃烧
一定需要氧气吗?

　　本节课共设计了4个学习目标:1个课前学习目标,3个课内目标。目标重
点是学生学习方法和能力的培养,为达成教学目标,共设计了8个活动。在教
学方法上采用基于微课的翻转课堂教学模式组织教学,教师把学习内容录成
微课,课前学生通过观看微课自主学习,并完成微课中的检测练习,对学生练
习情况进行梳理,进而发现学生自主学习过程中存在的问题,再根据学生存在
的问题组织教学。教学的基本思路是:

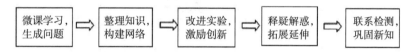

四、教学设计

活动目标	教学内容	活动设计	设计意图
学习微课,了解本节课主要内容,提高自学能力。	(课前)观看微课,自主学习。	观看微课,练习检测。	借助微课学习获取知识是未来学习的方向,本节课基于微课实现课堂翻转,让学生自主获取知识,培养学生自主学习的意识和习惯。
学会应用知识树的方法整理知识。	构建知识树。	学生在白板上画知识树。	利用白板的拖拽、移动等功能,以知识树的形式,将所学知识进行整理,掌握整理知识的基本方法。

化 学 · 燃烧和灭火

活动目标	教学内容	活动设计	设计意图
突出核心知识，培养创新意识。	学生设计方案，并进行分组实验。	学生在白板上画实验装置图，并进行分组实验。 白磷　红磷	改进实验方案、优化实验过程，使实验更环保，更易于操作，培养学生实验能力，渗透创新意识。
生成问题，确定探究内容。	生成3个问题： （1）吹灭蜡烛是隔绝了氧气吗？ （2）有氧气就一定能燃烧吗？ （3）燃烧一定需要氧气吗？	利用白板呈现学生答题情况分析。	高效的课堂教什么——教学生不知道的内容，教学生疑惑不解的问题。课堂检测能有效地检验学生微课学习的效果，同时收集学生的疑难问题，并根据问题组织课堂教学。
会利用实验、手持技术等手段来解决问题。	（1）吹灭蜡烛隔绝了氧气，是真的吗？	用氧气传感器测氧气的浓度，用注射器抽取该气体，吹灭蜡烛。	大部分学生认为：吹灭蜡烛是隔绝了氧气，数字实验的应用，使解决问题更简单。模仿电视节目中"是真的吗"，使问题解决充满趣味。
会利用实验、手持技术等手段来解决问题。	（2）有氧气就一定能燃烧，是真的吗？	点燃集气瓶中的蜡烛，用氧气采集器测蜡烛熄灭时氧气的浓度。 14.9 %	用氧气传感器测蜡烛熄灭时氧气的浓度，说明燃烧与氧气的浓度有关：可燃物燃烧，氧气要达到一定的浓度，并不是只要有氧气就一定能燃烧。

活动目标	教学内容	活动设计	设计意图
会利用实验等手段来解决问题。	(3)燃烧一定需要氧气,是真的吗?	镁带在二氧化碳中燃烧。	培养学生利用实验手段解决问题的能力,通过对燃烧概念的再认识,让学生明白我们所学概念的内涵和外延都是可以拓展的,对概念的界定是相对的而不是绝对的。
学以致用。	(1)解释成语:釜底抽薪。 (2)油锅着火用什么方法灭火? (3)解释"纸火锅"的原理。	白板呈现问题,学生抢答。	以多种不同的方式将相关问题呈现,让学生体验到学习化学的实际应用价值,化学知识来源于生活,同时也服务于生活。

【课堂实录】

一、微课学习,生成问题

师:今天我们学习燃烧和灭火。

(板书:燃烧和灭火)

师:课前同学们通过微课对本课进行了自主学习,下面老师来考考你们。本课学了哪些主要内容?

生:主要学习的是燃烧的条件和灭火的原理。

(板书:燃烧的条件和灭火的原理)

师:燃烧需要什么样的条件?

生1:一是需要可燃物,二要达到着火点,三要有氧气。三个条件要同时具备。

师:她说得对吗? 有谁来评价一下。

生2:第二个条件应该是温度达到着火点。

师:很好,灭火需要什么样的条件?

生:破坏燃烧的条件。

师：能否说得具体点？

生：隔离可燃物，隔绝空气，降低着火点。三者具其一。

师：是降低着火点吗？

生：噢，温度降到着火点以下。

二、整合知识，构建网络

师：以上是本课的主要内容，下面老师把各知识点在白板上展示出来，请一位同学利用知识树的方式，到白板上绘制知识树，找出知识间的联系。

（老师利用白板的隐藏功能，课前把知识点隐藏在白板页面，上课时利用显示功能和拖拽功能，把知识点呈现在白板上。学生在白板上绘制知识树）

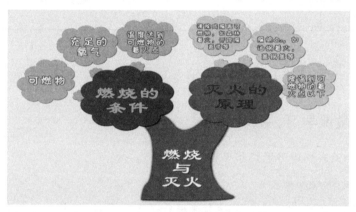

师：这是知识树，也是同学们的智慧之树。用知识树的方式来整理知识，是化学知识整理的一种常用方法。

师：本节课内容已整理完，下面老师再把几个概念向同学们强调一下。什么是燃烧？

生1：燃烧是发光发热的剧烈氧化反应。

师：谁来补充一下？

生2：可燃物与氧气发生的发光发热的剧烈氧化反应。

师：什么是着火点？

生：可燃物燃烧要达到的最低温度。

师：白板上出示了几种物质图片，请一位同学在可燃物上打"√"。

（白板出示几种物质图片，学生在白板上选出可燃物并打"√"）

师：完全正确。

三、改进实验，激励创新

（展示课本第129页图7-5燃烧条件的演示实验Ⅰ）

师：从环境保护的角度看，此实验有什么不足之处？

生：白磷燃烧能产生五氧化二磷，五氧化二磷是一种有毒的物质，暴露在空气中会污染环境。

师：下面老师提供仪器和药品，请同学们自主设计实验，既能探究燃烧的条件，又能克服白磷燃烧对环境的污染。

（师白板出示仪器和药品）

师：请一位同学在白板上把仪器和药品连接成装置的示意图，其他同学在学习单上画草图。

（同桌同学讨论2分钟，一位同学在白板上画示意图，其他同学在学案上画。学生画出如右图所示装置）

师：她设计得有道理吗？

生：有道理。

师：请你说说你的设计思路。

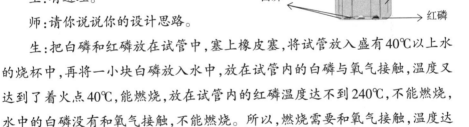

生：把白磷和红磷放在试管中，塞上橡皮塞，将试管放入盛有40℃以上水的烧杯中，再将一小块白磷放入水中，放在试管内的白磷与氧气接触，温度又达到了着火点40℃，能燃烧，放在试管内的红磷温度达不到240℃，不能燃烧，水中的白磷没有和氧气接触，不能燃烧。所以，燃烧需要和氧气接触，温度达到着火点。

（学生自发鼓掌）

师：设计和解说得都不错。

师：如果把刚才拖动的过程看成是实验安装的过程，有没有不足之处？

生：她是把橡皮塞塞进试管，然后再放入白磷和红磷，应该是把白磷和红磷放入试管后，再塞上橡皮塞。

师：你观察真仔细！

师：下面根据你们设计的实验方案进行分组实验。实验前老师提醒一下：

(1)操作要规范,放入试管中的白磷和红磷都要用滤纸吸干。放入水中的白磷先用老师给你们准备的铁丝网包起来,再放入水中;(2)要认真观察实验现象,将观察到的实验现象记录在学习单上。

(学生分组实验并记录实验现象,老师巡视指导)

师:刚才同学们实验做得很认真,请一个实验小组汇报一下实验现象。

生:试管中的白磷燃烧发出白烟,试管中的红磷不能燃烧,水中的白磷也不能燃烧。

师:能分析一下原因吗?

生:试管中的红磷不能燃烧是因为没有和氧气充分接触,水中的白磷也不能燃烧是因为温度没有达到着火点。说明燃烧需要与氧气接触,温度要达到着火点。

师:很好! 老师给你们一支大试管,怎样使水中白磷燃烧起来呢?

(学生讨论,并设计方案)

师:请一位同学到白板上连接装置图。

(一位学生在白板上根据事先准备好的仪器连接装置图,如右图所示)

80℃水

师:说说你为什么这样设计?

生:用大试管罩住水中白磷,大试管中空气与白磷接触,提供了氧气,白磷就能燃烧。

师:请同学们根据方案进行实验。

(学生根据方案进行实验,并记录实验现象)

师:请说说实验现象。

生1:用大试管罩住水中白磷,白磷又燃烧起来,试管中充满白烟。结论是白磷燃烧需要氧气。

生2:我们组认为为了防止白烟外泄,在水中拿起试管时,要用橡皮塞塞住试管口。

师:你们想得太周到了!老师也疏忽了。

师:刚才我们通过改进实验,证明了燃烧的条件。大家在这一环节表现都非常棒。

四、释疑解惑,拓展延伸

师:同学们在学习微课的时候,做了六道检测题,计算机对你们做的六道题进行了分析处理,请同学们看白板。

(白板出示题目和处理结果)

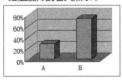

1. 吹灭蜡烛是破坏了燃烧的哪几个条件?
   A　隔绝了氧气
   B　把温度降到着火点以下

2. 森林发生了火灾时,灭火员砍伐树木开辟"防火隔离带"其主要目的是
   A　隔离空气　　B　降低可燃物的温度
   C　隔离可燃物　D　促进烟尘的扩散

3. 温度达到着火点时,有氧气,可燃物能燃烧吗?
   A　一定能燃烧
   B　不一定燃烧

4. 室内起火,迅速打开门窗通风。
   A　正确
   B　错误

5. 如图所示,点燃甲、乙两支蜡烛,甲燃烧一会熄灭,乙在空气中正常燃烧,这一试验说明了燃烧的条件之一是
   A　具有可燃物　　　　B　可燃物有着火点
   C　温度达到可燃物的着火点　D　有氧气或空气

6. 燃烧一定需要氧气吗?
   A　不一定需要
   B　一定需要

师:从计算机分析情况看,同学们做得比较好的题目是第2、4、5题,分歧较大的是第1、3、6题,请同桌的同学把2、4、5题交流一下,1、3、6题我们在课内集体探究。

(学生相互交流2、4、5题约2分钟,相互答疑)

师:同学们,化学解决问题的最有效的方法是什么?

生:实验。

师:老师把同学们练习中分歧较大的三道题,设计了以下三个问题:

(1)吹灭蜡烛是隔绝了氧气,是真的吗?

(2)可燃物有了氧气,温度达到着火点,就一定能燃烧,是真的吗?

(3)燃烧一定需要氧气,是真的吗?

(问题解决的情境设计,是模仿电视节目"是真的吗",组织教学)

师:问题一,吹灭蜡烛是隔绝了氧气,是真的吗? 并说说你的理由。

生:是真的。我认为吹蜡烛时人呼出的二氧化碳会隔绝氧气,使蜡烛熄灭。

师:我们一起来做个实验。

(老师展示一瓶气体)

师:如何检验瓶中装的是氧气?

生:用带火星的木条放入瓶中,如果木条复燃,证明是氧气。

师:如果用这种方法检验氧气,再使用这瓶氧气时,它的浓度就会受到影响,下面老师介绍一种检验氧气的方法。

(教师介绍并演示使用氧气传感器测氧气浓度的方法)

师:我们刚才已测出这瓶气体是高浓度的氧气,老师根据图示(白板出示实验示意图),用注射器抽取其中的气体来吹蜡烛。

师:同学们看到了什么? 说明了什么?

生1:蜡烛熄灭。说明吹灭蜡烛不是隔绝氧气。

师:吹灭蜡烛的原因是什么呢?

生2:吹蜡烛时,气流带走热量,使温度降到着火点以下,因而熄灭。

师:请解释为什么煤炉火焰越扇越旺,蜡烛火焰一扇就灭?

生:煤炉着火面积大,发热量高,用扇子扇,带走部分热量,不会使温度降到着火点以下,反而提供了充足的氧气,因而越扇越旺。蜡烛着火面积小,发热量低,扇时,带走了热量,使温度降到着火点以下,因而熄灭。

师:很好。再看问题二:可燃物温度达到着火点时,有氧气就能燃烧,是真的吗?

生:一定是真的。

师:是真是假,同学们请看实验。

（教师演示实验:将点燃的蜡烛放入集气瓶中,用氧气采集器塞住瓶口,用氧气传感器测氧气浓度的变化。如右图所示)

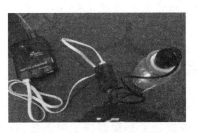

师:看到什么现象?

生:蜡烛燃烧时,显示器上氧气的数值越来越小,蜡烛熄灭时氧气的体积分数是14.9%,而不是0,说明蜡烛熄灭时,瓶中还有氧气,所以,可燃物温度达到着火点时,有氧气不一定能燃烧。

师:同学们回忆一下我们以前还做过哪个实验也说明了有氧气不一定能燃烧?

生:铁丝在空气里不能燃烧,而在纯氧中却能燃烧,要使可燃物燃烧,氧气要达到一定的浓度,氧气的浓度越大,燃烧就越充分。

（学生自发鼓掌)

师:说得太精彩了!同学们表现都非常棒,下面看第三个问题:燃烧一定需要氧气,是真的吗?

师:同学们先告诉我什么是燃烧?

生:燃烧是可燃物与氧气发生的发光放热的剧烈氧化反应。

师:燃烧一定需要氧气吗? 下面请一名同学跟我一起做个实验。

（师生演示实验:镁带在二氧化碳中燃烧。教师出示一瓶无色气体,用二氧化碳传感器测出装的是二氧化碳气体,将镁条打磨,在空气中将其点燃后,插入二氧化碳的集气瓶中,观察现象)

师:同学们看到什么?

生:镁条在二氧化碳中也能燃烧,发出白光,产生白色和黑色固体。

师:这里的白色固体是氧化镁,黑色物质是碳。请一名同学在黑板书写出此反应的化学方程式。

（学生在黑板上书写:$2\ Mg + CO_2 \xrightarrow{\text{点燃}} 2\ MgO + C$)

师:燃烧一定需要氧气,是真的吗?

生:是假的,燃烧不一定需要氧气。

师:很好。刚才我们通过实验,解决了同学们学习微课时存在的问题。下面再考考你们。

五、联系检测,巩固创新

(白板出示问题,学生思考1分钟)

(第1题:请用化学知识解释下列成语:钻木取火、釜底抽薪)

师:请一位同学先解释一下"钻木取火"。

生:木头是可燃物,摩擦生热,使温度达到着火点,空气中有氧气,满足了燃烧的条件,所以钻木就能取火。

师:很好! 那釜底抽薪呢?

生:"釜底抽薪"就是把柴从锅底抽走,清除了可燃物,火就熄灭了。

师:不错,请看下一题。

(白板出示问题,学生思考1分钟)

(第2题:油锅着火了,我们该怎样灭火呢)

师:谁来说?

生1:用水浇灭。

生2:用水浇灭不行,因为油的密度比水小,会浮在水上,燃烧更旺。可以用锅盖盖灭。

生3:也可以把要炒的菜倒进去,使火熄灭。

……

(白板播放视频,解释"纸火锅"的原理)

(第3题:为什么纸做得火锅烧不坏)

师:从短片中大家看到这的确是真正的纸,但为什么"纸火锅"烧不坏呢?

生:因为水一直在沸腾,要吸收热量,使纸的温度始终达不到着火点。

师:同学们说他分析得有道理吗? 请用你们的掌声告诉我。

(学生鼓掌)

(白板出示北京奥运圣火和悉尼奥运圣火燃烧的图片,教师讲解)

师:北京奥运圣火在低温缺氧的珠穆朗玛峰传递,悉尼奥运圣火在水中点燃,这都是利用燃烧的相关知识,把不可能变成了可能,这就是化学的魅力,最后就以下面的视频来结束我们今天的学习。

（播放悉尼奥运圣火在水中点燃的视频）

【执教感言】

目标准确　　活动有效

"燃烧和灭火"是初中化学教学的重要内容,本课难度不大,对学生而言,已积累了一定的相关生活经验,再加上前面所学氧气、二氧化碳的实验室制法,空气成分的探究等活动,为本节课学习提供了实验知识方面的积累。基于以上因素,本节课我选择的教学模式是基于微课进行翻转课堂教学,把课本中主要内容制作成微课,课前学生学习微课并回答微课中的主要问题,课中教师主要是根据学生微课学习存在的问题,借助于实验、手持技术等手段,帮助学生释疑解惑。本课设计新颖,学生的积极性被充分调动起来,思维活跃,主体地位得到充分发挥。从目标和活动的角度分析,有以下几个亮点:

一、目标定位准确

教学目标的确定,既要考虑教学内容,又要考虑学生的生活经验和知识水平;既要全面、具体、准确,又要起到"导教导学"的作用。根据以上原则,本节课我确定的教学目标是:认识燃烧的条件和灭火的原理;逐步学会整理知识;利用实验、手持技术等手段解决问题;逐步养成善于质疑,勇于创新的思维习惯。通过学生上课的发言,绘制知识树,改进实验的设计,释疑解惑,从课堂检测等环节的反馈看,基本达成了以上教学目标。

二、活动设计有效

为了达成"认识燃烧的条件和灭火的原理"这一教学目标,我设计的活动是:

(1)课前让学生自主学习微课,并进行自我检测。这种新颖的学习方式,学生充满兴趣,有的同学把微课看了4~5遍,微课中的训练题也完成得十分认真。计算机对学生的答题情况进行分析,为教师课堂教学提供了依据。

(2)课中为了进一步强化这一目标的达成,我又设计了两个活动:

一是,让学生用知识树的形式,把本节课的内容进行整理,把零碎的知识由点到线、由线到面织成知识网络。人们常说,获取知识的方法比知识本身更重要,这种"授人以渔"整理知识的方法,在学生今后的学习中,将受益无穷。当学生在白板上看到他们自己画的知识树时,那种愉悦的心情,无可比拟。当时我也激动地说:"这是知识树,更是同学们的智慧之树。"

二是,对课本中的实验7-1进行改进。为了强化本节课的核心知识,培养学生的创新意识和实验能力,我引导学生指出课本中实验的不足之处,再给学生提供器材,鼓励学生大胆改进,学生在小组讨论时争得面红耳赤,各种方案层出不穷,无不体现学生的创意无穷,这不正是我们所追求的教学境界和教学效果吗?至于学生能设计出什么结果真的不重要,关键是教师要创造出这种氛围,让学生体会创造的乐趣。学生在根据自己设计的方案进行实验时,更是专心致志,操作规范认真,观察细致,小组汇报时说得也是头头是道。

把过程与方法、情感态度与价值观方面的目标渗透在知识目标中。如通过学生绘制知识树,渗透学习的方法;通过改进实验培养学生的创新意识等,不再赘述。在此重点介绍的是如何引导学生善于质疑,如何把先进的技术手段应用到我们的课堂教学中。

我常反思,学生为什么喜欢年青教师?对老教师的课没有兴趣?其原因除了年青教师漂亮、充满活力,跟学生思想更容易沟通以外,更重要的是年青教师会变着法子让学生保持对学习的兴趣,那些"满堂灌"的课堂,最不受学生欢迎。受其启发,我把学生课前学习暴露的三个问题,模仿中央电视台"是真的吗"这个节目,设计成三个探究活动,来激发学生学习的兴趣。

一是:"吹灭蜡烛是隔绝了氧气,是真的吗?"有百分之四十的同学认为是真的。为了探究吹灭蜡烛的真正原因,我用注射器抽取高浓度的氧气并用它来吹蜡烛,蜡烛也能被吹灭,"事实胜于雄辩",学生恍然大悟:认识到吹灭蜡烛并不是隔绝氧气,接着再引导学生分析其原因,问题就迎刃而解。

二是:"有氧气就一定能燃烧,是真的吗?"为了解决此问题,我把点燃的蜡烛放在集气瓶里燃烧,把氧气传感器的数字采集器塞进瓶口,打开数字传感器,发现氧气的浓度在不断变小,当瓶中氧气熄灭时,氧气传感器上的读数并不是零,而是14.9%,学生当时惊呆了,高科技手段的恰当使用,不仅形象直观地让学生感受到蜡烛燃烧过程中集气瓶中氧气浓度的变化情况,而且使学生直观地看到虽然还有氧气但蜡烛也会熄灭,"有氧气就一定能燃烧"这个命题是真是假就一目了然了。

　　三是:"燃烧一定需要氧气,是真的吗?"此实验我是和学生在讲台上完成的。把点燃的镁条放到盛有二氧化碳的集气瓶中,镁条继续燃烧,说明燃烧不一定需要氧气。

　　以上三个探究实验,对解决问题的方法的渗透、热爱科学的美好情感的体验、实事求是的科学精神的培养都是潜移默化的,没有空洞的说教,学生乐在其中,教师更是享受这一过程。

化学·燃烧和灭火

奇妙的二氧化碳

目标引领　活动达成

课题:人教版九年级化学上册第六单元《奇妙的二氧化碳》
背景:该课荣获"2015年新媒体新技术教学应用研讨会暨第八届全国中小学互动课堂教学实践观摩活动"课例评比一等奖
执教:程春琴
日期:2014年11月

【教学设计】

一、学习目标

(1)通过课堂演示实验,了解二氧化碳的物理性质和用途,学会从生活视角观察二氧化碳的存在及用途;

(2)通过实验及实验分析,掌握二氧化碳的化学性质,在探究学习过程中逐步形成分析、对比、归纳的方法;

(3)通过实验认识物质性质的方法,提高实验探究能力,体会化学与社会的关系。

二、教学重点、难点

重点:二氧化碳的化学性质。
难点:二氧化碳与水反应,培养学生根据要求设计简单实验的能力。

三、学情分析

知识状况:学生有二氧化碳的生活常识,知道氧气的性质,学习了二氧化碳的实验室制取方法;

能力状况:具有一定的自学能力、分析能力和思维方法,实验能力还要进

一步提高;

心理状况:学生正处于知识快速发展的阶段,学习积极,乐于探究和表达。

四、教学准备

学生每4人为一学习小组。

实验用品:集气瓶、澄清石灰水、石蕊试液、小苏打、柠檬酸、试管、单孔橡皮塞、导管。(全部用品整齐摆放在塑料篮中)

五、教学过程

活动目标	教学内容	活动设计	设计意图
通过请学生品尝跳跳糖引入新课。	引入。	学生品尝跳跳糖,阅读说明书,引出课题奇妙的二氧化碳。	用学生生活中接触到的物品来引入新课,有助于吸引学生的注意力。
通过展示一瓶收集好的二氧化碳,让学生认识二氧化碳的部分物理性质。	新课讲授。 1. 二氧化碳物理性质 (1)二氧化碳无色无味。	展示一瓶二氧化碳气体并观察,说出它的物理性质。	根据学生已有的学习经验讲授新课,符合学生的心理认知过程。
通过二氧化碳水溶性分组实验,使学生知道二氧化碳能溶于水。	(2)二氧化碳能溶于水。	学生实验:证明二氧化碳能溶于水。 (在装有气体的塑料瓶中,加入约三分之一体积的水,立即旋紧瓶盖,振荡,变瘪了)	培养学生获得知识的能力和相互合作的学习能力,关注知识获得的过程。
通过魔术进一步证明二氧化碳溶于水发生化学变化。	2. 二氧化碳化学性质(1)CO_2+H_2O=H_2CO_3 H_2CO_3=CO_2↑+ H_2O	实验探究:二氧化碳与水发生化学反应。 (魔术引入,学生猜想,师生共同完成实验:①向石蕊溶液中加水,不变色。②二氧化碳不能使紫色石蕊变色。③二氧化碳和水反应生成的新物质使紫色石蕊溶液变红)	让学生感知科学探究的一般过程,培养学生对科学探究的情感。学习如何评价实验方案,通过实验验证使知识从零散到条理系统化,思维从发散到收敛、认识提炼升华。

化　学·奇妙的二氧化碳

活动目标	教学内容	活动设计	设计意图
改进实验,使学生理解通常情况下CO_2不燃烧也不支持燃烧,二氧化碳密度比空气大,体会数字实验的魅力。	(2)通常情况下CO_2不燃烧也不支持燃烧,二氧化碳密度比空气大。	实验探究:CO_2不燃烧也不支持燃烧,二氧化碳密度比空气大。(阶梯蜡烛改进实验并利用二氧化碳传感器测试烧杯中二氧化碳浓度)	培养学生的创新思维,感受现代教学手段的魅力,激发学生认真学习的情感。
通过高低蜡烛实验,让学生了解火场逃生。	补充拓展知识。	演示:高低蜡烛置于倒扣的烧杯中。	激发兴趣,调节气氛,升华课题:化学源于生活,而又用于生活的学科价值。
通过自制汽水,验证二氧化碳使澄清石灰水变浑浊。	(3)二氧化碳使澄清石灰水变浑浊 $CO_2+Ca(OH)_2=CaCO_3\downarrow+H_2O$（以此鉴别二氧化碳）	实验:二氧化碳与澄清石灰水的反应。①在半瓶纯净水中先加入一点小苏打(注意不要太多),振荡均匀。②加入柠檬汁(或柠檬酸),迅速拧紧瓶盖。将生成的气体通入澄清石灰水。	把学生的兴趣充分地调动起来,有助于激发其探究实验的热情。再次体现生活中处处有化学。
教师评价小结。	课堂总结。	引导学生总结。	培养学生自我归纳总结的能力。
找出生活中有关二氧化碳的案例,继续探究。	课后探究。	给出案例,课后继续探究。	将课内知识延伸课外,学以致用。

附:板书设计

奇妙的二氧化碳

一、物理性质

二氧化碳是无色无味气体,能溶于水,密度比空气大。

二、化学性质

1. 和水反应生成碳酸

$CO_2+H_2O=H_2CO_3$

$H_2CO_3=CO_2\uparrow+H_2O$

2. 不能燃烧也不支持燃烧

3. 能使澄清的石灰水变浑浊

$CO_2+Ca(OH)_2=CaCO_3\downarrow+H_2O$

目标引领 活动达成

【课堂实录】

一、引入新课

师:请大家品尝跳跳糖并谈谈感受。

生:糖在嘴里跳起来了!

师:为什么糖在嘴里跳起来了?

生:(充满疑惑)……

师:同学们请看跳跳糖说明书(课件呈示),因为二氧化碳,糖在嘴里跳起来了!今天我们就一起来探究学习这奇妙的二氧化碳。

二、认识二氧化碳物理性质

师:现在我们来近距离认识一下二氧化碳(拿起实验篮中一瓶二氧化碳气体展示),它是什么颜色?

生:无色。

师:什么气味?

生:无味。

师:你怎么知道?

生:空气中有二氧化碳。

师:很好!

(板书:"一、物理性质

　　　　二氧化碳是无色无味气体")

三、认识二氧化碳化学性质

师:关于二氧化碳最近有两个字很流行,大家知道吗?

生:低碳。

师:那今天你低碳了吗?

(播放低碳公益短片)

师:低碳生活方式能降低大气中二氧化碳浓度,科学家们还发现海洋水也能吸收二氧化碳,是不是海水能吸收二氧化碳呢? 下面我们就来探究二氧化碳在水中会有怎样的表现。

（课件呈示二氧化碳水溶性分组操作细节）

师:请同学们在装有二氧化碳气体的塑料瓶中,加入约三分之一体积的水,立即旋紧瓶盖,振荡,观察现象。

（学生参考方案,了解步骤,合作实验）

师:请同学们把瓶子举起来。大家发现了什么现象?

生:瓶子变瘪了。

师:(拿起一只瓶子)哪位同学告诉大家瓶子为什么变瘪了?

生:二氧化碳能溶于水。

（板书:能溶于水）

师:(展示碳酸饮料)二氧化碳溶于水可以生产汽水,日常生活中喝的可乐、雪碧等碳酸饮料里面都含有二氧化碳,所以我们手上矿泉水瓶内液体就相当于新制的汽水,我们用这汽水一起变一个小魔术。

（邀请学生带着自制汽水上台一起变魔术:将汽水和紫色液体混合于大饮料瓶中振荡,液体变色情况:紫色—红色—紫色）

生:惊奇。

师:魔术是假的,但刚才我们所做是真的,因为其中蕴含着化学道理,下面让我们一起来揭秘魔术。刚才的魔术中,是什么使紫色石蕊变红呢?

（友情提醒:紫色液体是紫色石蕊溶液遇酸变红）

生:刚才那瓶水。

师:能不能更具体点。

生1:二氧化碳和水生成的新物质。

生2:二氧化碳。

生3:水。

（课件呈示 1.水 2.二氧化碳 3.生成的新物质或碳酸）

师:它们都可能是使石蕊变色的原因,运用控制变量的方法,我们怎样逐

目标引领 活动达成

个进行验证呢？如何验证是不是水使石蕊变红？

生：向石蕊溶液中加水。

（演示：向石蕊溶液中加水，观察现象得出结论：水不能使石蕊变红）

师：很好。实际上石蕊溶液中已经有水了，石蕊溶液呈紫色，就证明了水不能使石蕊变红。如何验证是不是二氧化碳使石蕊变红？

生：将二氧化碳通入石蕊溶液中；或者用集气瓶收集气体，再滴加石蕊溶液。

师：要想证明是不是二氧化碳使石蕊变红色，就不能有水出现。同学们思考一下自己的方案可行吗？

生：石蕊溶液中有水，不行。

师：怎样使石蕊溶液无水呢？

（展示：干燥的紫色石蕊纸花和一瓶二氧化碳气体）

师：（追问）我们可以怎么做？

生：将干燥的紫色石蕊小花放到盛满二氧化碳的集气瓶中。

师：那就开始做吧。

（生分组实验）

师：请小组展示实验现象。

（学生观察现象并总结）

生：二氧化碳不能使紫色石蕊变色，生成的新物质使紫色石蕊溶液变红。

师：如何通过实验证明我们的推断？

生1：把二氧化碳通到紫色石蕊溶液中去。

师：可以，因为石蕊溶液中有水。还有别的方案吗？

生1：把变瘪矿泉水瓶内的水喷到纸花上。

生2：前面魔术已经做过了。

生3：往集气瓶中的小花上滴水，观察。

师：好，下面我们每组都来把这个方案做一下，大家记住迅速盖紧瓶塞。

生：分组实验，观察现象，得出结论——气体与水反应，有新物质生成。

师：到这里魔术成功揭秘，二氧化碳溶于水生成碳酸，碳酸使紫色石蕊试液变红色,碳酸不稳定,振荡分解,紫色石蕊中没有酸,它又变回了紫色,这就是刚才魔术的秘密。所以雪碧、可乐又叫碳酸饮料,喝汽水会打嗝。

(板书:二、化学性质

1.和水反应生成碳酸 $CO_2+H_2O = H_2CO_3$ $H_2CO_3 = CO_2\uparrow + H_2O$)

(设疑过渡二氧化碳能在水中大变身,那它在火场中会有怎样的表现呢)

(介绍实验中用到的一些仪器:烧杯、蜡烛、二氧化碳传感器等)

(学生充满期待)

师:请同学们认真观察老师的演示实验。

(演示阶梯蜡烛改进实验并利用二氧化碳传感器测试烧杯中二氧化碳浓度,探头放在烧杯底部,介绍ppm。当蜡烛熄灭后立刻停止倾倒二氧化碳,引导学生观察曲线继续上升,保持传感器继续工作)

师:让传感器继续采集数据,现在我们来分析一下蜡烛燃烧情况,哪位同学把你观察到的现象描述一下。

生:蜡烛从下到上熄灭,停止倾倒后曲线继续上升。

师:蜡烛为什么熄灭? 为什么下面的蜡烛先熄灭?

生:CO_2不燃烧也不支持燃烧,二氧化碳密度比空气大。

(板书:2.不能燃烧也不支持燃烧)

师:现在我们来分析还在形成中的曲线,为什么曲线刚开始平缓,停止倒后曲线继续上升?

生:刚开始平缓是因为二氧化碳未倾倒,随着二氧化碳的倒入二氧化碳密度比空气大,烧杯中的二氧化碳继续沉降,曲线逐渐上升。

师:大家能预测一下曲线走势吗?

生:分子不断运动,气体扩散,曲线往下走。

师:所以收集气体后要立刻盖好玻璃片。现在老师再做一个有趣的实验,大家仔细观察。

(演示高低蜡烛置于倒扣的烧杯中)

生:蜡烛从上到下熄灭。

师:谁能解释一下实验现象?

生:蜡烛都熄灭是因为烧杯内氧气被消耗完了,上面的蜡烛先灭是因为温度升高,二氧化碳向上扩散,聚在顶部。

师:那一旦发生火灾,怎么逃生?

生:发生火灾时应沿墙壁迅速逃出门外。

师:(展示一瓶汽水)刚才二氧化碳带着我们在火场走了一圈,大家想不想喝瓶汽水轻松一下?

生:想。

师:想喝就要先找到老师为大家精心准备的礼物——一张神秘的小卡片。(提前在学生实验篮内放好写有汽水配方的卡片)

生:找到了。

师:哪位同学愿意把卡片内容和大家分享一下?

(学生找到卡片,大声读出制汽水的步骤)

师:老师不但把自制汽水的秘方送给大家,还为各位同学准备了制汽水的原料:小苏打、柠檬酸、纯净水。大家还等什么呢?请同学们依据卡片上的方法,自制汽水,犒劳自己吧!

(提醒操作细节:①在半瓶纯净水中先加入一点小苏打,注意不要太多,振荡均匀;②加入柠檬汁或柠檬酸,迅速拧紧瓶盖)

(学生兴致勃勃制汽水)

师:(拿起一瓶学生自制的汽水)各组同学汽水都制成功了吗?自制汽水的秘方大家都记住了吗?有心的同学可以制一些给家人品尝!还可以依据个人喜好添加不同口味,加糖、果汁……

师:汽水中有二氧化碳,你怎么证明你的汽水制成功了,里面有二氧化碳气体呢?

生:用澄清石灰水。

师:那怎样把气体导出来呢?

生:用带导管的单孔橡皮塞代替瓶盖。

师:先倒石灰水还是先导气呢?

生:先准备石灰水,后进行实验。

(课件呈示操作细节)

师:请各小组汇报实验结果并分析。

生:澄清石灰水变浑浊。

(板书:3.能使澄清的水灰水变浑浊 $CO_2+Ca(OH)_2=CaCO_3\downarrow+H_2O$)

四、总结收获,课后延伸

师:好,这节课二氧化碳带我们进行了一次奇妙之旅,在很多场所二氧化碳都能大显身手,非常神奇,同学们既动了手又动了脑,请谈谈你的体会和收获吧!

(生总结)

师:其实二氧化碳的性质远不止这些,后面我们还会学到更多有关二氧化碳的知识,课后同学们还可以寻找身边的二氧化碳,继续探究,这里老师提供几个素材。(投影:①将鸡蛋放在石灰水中浸泡后取出可保鲜很久? ②在进入菜窖或久未开启的深井前该怎么做?)

师:化学必将使生活变得更加丰富多彩!

【执教感言】

在传统中寻求突破

本课题是人教版九年级化学上册第六单元的核心和重点,也是初中化学除酸碱盐、金属以外最重要的一块元素化合物知识,是继氧气和水之后第三次系统学习物质的性质,在教材中起承上启下的作用。本节课的重难点在二氧化碳的化学性质上,为了更好地突出本节课的重点难点,达成预设目标,本节课我设置了多个活动,每个活动都蕴含着精心设计的问题,让学生直接相互讨论以得出最终的结论,在活动中完成目标。反思本节课的教学,发现我所设计的教学过程既有成功之处,也有需要改进的地方,具体总结如下:

一、体现了教学方式和学习方式的转变

围绕预定的学习目标,课堂上我精心设置了以下四个活动来帮助完成教学内容。

1. 情景引入,渗透学科价值

在本次授课中,为了提高学生的热情,我设置了请学生品尝跳跳糖的活动,并提问为什么糖在嘴里跳起来了? 接着课件呈示跳跳糖说明书,指出是因为二氧化碳的作用,引出课题——奇妙的二氧化碳。在课堂的一开始就抓住学生的注意力,适当地拓展学生的知识面,帮助学生明确"化学来自于生活,又回归到生活中"。

2. 魔术释疑,渗透环保理念

为了增加趣味性,我将课本中探究二氧化碳溶于水的实验改成了"变色小魔术"。该实验探究突破传统的实验教学模式,采用更贴近生活、更活泼有趣的实验教学来引起学生的求知欲。"CO_2水中大变身"活动中,在"变"上做足文章,让学生在欣赏、参与魔术及魔术揭秘的过程中不知不觉地期盼并及时掌握化学知识,感受化学的趣味、领略化学的神奇,完成相应的学习目标。

3. 知识升华,实验改进

在"阶梯蜡烛"实验中,受到多种因素的影响,课本原实验演示效果不理想,所以我对教材实验进行了以下改进:在烧杯内做一个硬纸挡板,并利用二氧化碳传感器测试烧杯中二氧化碳浓度,传感器采集到的数据图像非常清晰。同学们更加直观地看到了实验的过程与结果,数字实验使学生更客观真实地认识到二氧化碳密度比空气大。为了和上面演示实验形成对比,我又加做了高低不同的两支蜡烛置于烧杯中的实验,结果蜡烛从上而下依次熄灭,对此现象做了解释:因为烧杯内氧气减少了,温度升高,二氧化碳向上扩散。然后联系实际:发生火灾时,应沿墙脚迅速爬出门外。这样一来学生对相关知识点记忆更深刻,还能将知识活学活用。

4. 联系实际,学生动手

为了尽可能创造学生动手的机会,让学生感受实验过程、领悟实验原理,充分启发学生对简单实验进行设计,鼓励学生利用身边的物质进行实验,在二氧化碳使澄清石灰水变浑浊的教学中,我设置活动如下:提供原料让学生自制汽水并获得二氧化碳,学生依据提示改进装置,验证二氧化碳使澄清石灰水变浑浊。在活动过程中,有少数同学制得的二氧化碳过多,导致澄清石灰水变浑浊后又变澄清,我及时抓住这个"意外",解释原理后,引导学生课后探究溶洞的形成。

以上活动的开展,从学生实际出发,加强了学生的参与意识,激发了学生的学习欲望,使学生积极主动地参与到对二氧化碳性质的探究中来,把学生摆在主人的位置,进行自主、合作、探究学习。而且学法指导也巧妙地安排在课堂活动中,一环套一环,层层推进,学生亲身体验探究得到的知识,远比教师演示归纳深刻得多。

二、体现了"用教材而非教教材"

教师是学生学习资源的设计者,是学生学习过程中的亲密伙伴。本节课的导入部分,曾经多次修改,最后确定引用跳跳糖作为课堂切入点,引发学生产生问题,引出本课的学习任务。本节课实验多,有演示,有分组,实验仪器简单,每个活动均围绕学习目标来展开,在"目标引领,活动达成"的模式下既给学生创造了动手的机会,又给学生创造了思考的机会。活动形式多样:看视频,做魔术,用常见的物质自制饮料,等等,大大激发了学生的热情;手持技术的使用更让学生大开眼界,让学生更直观地观察实验过程,加深了对二氧化碳性质的理解。这四个活动内容,均源于课本,但又高于课本,将课本内容加以拓展,并将知识点生活化,利于学生理解。

三、本节课存在不足之处

(1)过高地估计了学生的实验操作能力。在教学过程中,暴露了学生实验操作不过关的问题,导致探究实验操作费时过长,影响了进度,反映出进行教学设计时对学生的分析了解不够。

(2)由于本课时的内容安排较紧凑,活动较多,部分能力较差的学生思维可能会跟不上,所以我将通过课下辅导来帮助这部分同学接受新知。

分子和原子

课题:人教版九年级化学上册第三单元《分子和原子》(第一课时)

背景:该课荣获"2015年新媒体新技术教学应用研讨会暨第八届全国中小学互动课堂教学实践观摩活动"课例评比一等奖

执教:李盛

日期:2014年12月

【教学设计】

一、教学目标

(1)通过从宏观到微观的图片展示,认识物质的微粒性,知道所有的物质由微观粒子构成的。

(2)通过探究实验能对分子等微粒的基本特征有一定认识,并会利用分子等微粒的基本特征解释日常生活中的现象;

(3)通过评价、比较、设计实验,进一步理解与运用控制变量法。

(4)教学重点、难点

重点:知道物质是由分子和原子等微粒构成的,分子等微粒的基本特征。

难点:建立微粒观。

二、学情分析

学生在第一单元已经学习了物质的变化和性质、化学实验的基本操作,在第二单元学习了空气的成分及其用途,已经具备了一定的观察能力、分析问题和解决问题的能力;在小学科学与初中物理中已经接触过物质的三态变化和热胀冷缩等宏观现象,已有的知识为微粒的学习奠定了一定的基础。学生学习本课题的困难是对抽象概念难以理解,很多学生错误地认为微观世界就是缩小的宏观世界,很难理解微粒的基本特征,为了解决这一难题,本节课的设计重点在于架构联系宏观与微观世界之间桥梁。

三、实验用品

仪器:胶头滴管、小试管、大试管、橡皮塞、药棉、滤纸、250mL烧杯、长导管、止水夹、乳胶管、注射器、红墨水、镊子、药匙。

药品:无色酚酞溶液、浓氨水、品红、酒精。

四、教学过程

目标引领	指导活动	学习活动
从宏观进入微观,初步建立微粒观。	(1)播放2014年诺贝尔化学奖新闻视频; (2)播放幻灯片图片通过显微镜的放大逐步进入微观世界。	(1)观看2014年诺贝尔化学奖新闻视频; (2)通过感受显微镜图片的逐步放大,进入微观世界。
感知分子的基本特征之一:分子很小。	引导学生阅读并理解教材内容,计算数一滴水所需要的时间。	(1)阅读教材内容,分析教材如何描述水分子的"小"; (2)计算10亿人数一滴水中的分子数所需要的时间: $$\frac{1.67\times10^{21}}{10^9\times100\times60\times24\times365}\approx31773.2\text{年}$$

目标引领	指导活动	学习活动
创设真实情境,现场感受分子运动;通过实验探究分子运动以及分子运动速度与温度的关系。	(1)引导学生闻浓氨水的气味; (2)演示实验:将酚酞试液滴入浓氨水,酚酞变红,了解浓氨水的化学性质,并设置对照实验突出分子运动。 滤纸条 酚酞试液 棉花 **实验1.氨水与酚酞直接接触实验2.氨水与酚酞不直接接触** 浓氨水 酚酞溶液 B A 浓氨水 酚酞溶液 甲 乙 (3)展示例题,并引导学生比较实验方案; (4)联系生活,引导学生猜想分子运动速度与温度间的关系。 (5)引导设计实验验证分子运动速度与温度的关系。	(1)学生闻浓氨水的气味感受分子是不断运动的; (2)学生观察现象,并分析该实验能否验证分子不断运动,在改进过程中侧重于引导学生发现实验不合理的原因,再针对性地进行改进。 (3)学以致用,用分子不断运动的特点解释实验现象并感受利用控制变量法设计对照实验进行科学探究,尝试评价实验课的优劣。 (4)猜想分子运动速度与温度的关系,并对教材实验3-1品红在水中的扩散实验进行改进,运用控制变量法设计实验方案。
巧妙类比,突破难点。实验探究分子之间有间隔及分子间隔与物质状态之间的关系。	(1)展示苯分子图像,直观感受分子之间有间隔; (2)播放《聪明的一休》蚕豆和稗子混合视频片段,运用类比法解释分子之间有间隔; (3)展示酒精与水混合实验方案; (4)引导学生将分子之间有间隔运用到生活中; (5)引导学生猜想物质状态与分子间隔间的关系。 水 **操作:用注射器分别抽取20mL的空气与水,用手指堵住注射器,对活塞进行压缩。** 	组别	第一组		第二组		第三组		第四组	
---	---	---	---	---	---	---	---	---
	压缩前	压缩后	压缩前	压缩后	压缩前	压缩后	压缩前	压缩后
水	20mL		20mL		20mL		20mL	
空气	20mL		20mL		20mL		20mL			(1)学生通过苯分子图像,初步认识分子之间有间隔; (2)利用类比法感受分子之间有间隔对不同液体混合后的体积影响; (3)学生分组实验,记录实验现象,得出结论; (4)列举日常生活中可以用分子之间有间隔解释的现象,归纳出热胀冷缩与物质状态改变的微观原理; (5)猜想分子间隔与物质三态的关系,并通过实验进行验证。

化 学·分子和原子

目标引领	指导活动	学习活动
学生总结归纳本节课的知识点,并在归纳过程中逐步完成知识树的构建。	引导学生回忆本节主要内容,构建知识树。 	构建知识树,对知识点形成结构化理解。
精选四道选择题检测学生对知识的掌握情况,同时培养学生知识应用的能力。	展示课堂检测(略)	学生由题目进行分析,并进行解释,同学互评。

【课堂实录】

一、明确物质是由分子和原子等微小粒子构成的

(播放 2014 年 10 月 8 日诺贝尔化学奖新闻视频)

师:古代科学家们假设物质都是由肉眼看不到的微粒构成的,显微镜对于帮助观察肉眼看不到的微观世界有着非常重要的作用。下面跟随显微镜,我们一起进入微观世界。

(教师播放人的手背的图片,从 10^{-1}m 放大到 10^{-9}m,从手背到构成 DNA 分子的原子)

师:通过显微镜的观察,证实了古代科学家对于物质构成的猜想是正确的,某些物质是由分子构成的,比如苯是由苯分子构成;有些物质是由原子构

成的,比如说硅是由硅原子构成。

(幻灯片展示苯分子和硅原子的图像)

二、构成物质的分子等微粒的质量和体积很小

师:通过以上描述,大家对分子等微粒的第一印象是什么?

生:非常小。

师:所以我们称它们为微粒,那么微粒有多小呢? 请大家阅读教材第48页,感受一下分子有多小。

师:教材中是如何描述分子小的?

(学生阅读教材相关内容)

师:一滴水中有$1.67×10^{21}$个水分子,说明水分子的体积怎么样?

生:水分子的体积很小。

师:一个水分子的质量大约是$3×10^{-26}$kg,说明水分子的质量如何?

生:质量很小。

师:所以我们就得知分子等微粒的第一条基本特征就是分子的质量和体积都很小。

师:刚才孙雨同学还读了这么一段话,10亿人数一滴水中的水分子,每人每分钟数100个,日夜不停,需要多少年?

生:3万多年。

师:大家可以计算一下吗?

生1:$1.67×10^{21}$除以10^9,除以100,除以60,除以24,除以365,约等于31773.2年。

三、分子是不断运动的;温度越高,分子运动速度越快

师:分子除了质量和体积都很小之外,还有哪些性质呢? 先请一位同学来闻一下瓶中液体的气味。

生:有刺激性气味。

师:我们为什么可以闻到液体的气味? 请你试着从微观世界的角度进行分析。

生：分子不停地在做无规则运动。

师：分子是不断运动的。即便鼻子与液体之间有一段距离，但是构成物质的分子运动到鼻中刺激嗅觉器官，使我们还是可以闻到气味。如何设计实验证明猜想？有刺激性气味是浓氨水的物理性质，那么浓氨水有什么化学性质呢？取一只小试管，向其中滴加一滴管浓氨水，然后滴加2滴无色酚酞溶液，可以看到什么现象？

生：溶液变红。

师：浓氨水可以使无色酚酞变红，那么这个实验能不能证明分子是不断运动的呢？如果不可以的话，原因是什么？

生1：不能。

生2：因为直接将无色酚酞滴到了浓氨水中，无色酚酞和浓氨水接触了。（在课件中用红色字体标出直接接触）

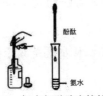 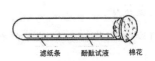

实验1　氨水与酚酞直接接触　　　实验2　氨水与酚酞不直接接触

师：所以我们对实验进行改进，用一段滤纸条，向上面滴加数滴无色酚酞，然后放入大试管中；再取一小团棉花，向其中滴加浓氨水，然后将棉花放置在试管口，用橡皮塞堵住试管口，观察实验现象。（实验现象用实物投影展示出来）

生：变红。

师：哪个位置首先变红？

生：靠近棉花的位置先变红。

师：通过滤纸上的无色酚酞依次变红这个现象，可以得出什么结论？

生：分子是不断运动的。

师：根据这个结论，我们可以解释一些学习和生活中的现象。

（展示例题：

例题,将烧杯中的酚酞溶液分别倒入A、B两个小烧杯中,另取一个小烧杯C,加入约5ml浓氨水。用一个大烧杯罩住A、C两个小烧杯,烧杯B置于大烧杯外,观察几分钟。

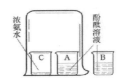

(1)烧杯中的现象＿＿＿＿＿＿＿＿＿＿。
　　烧杯中的现象＿＿＿＿＿＿＿＿＿＿。
(2)根据上述现象可得到的结论是＿＿＿＿＿＿＿＿＿＿＿＿。）

师:烧杯A中的现象和烧杯B中的现象分别是什么?

生:烧杯A中的溶液变红,烧杯B中的酚酞溶液不变。

师:那么这个实验说明了什么问题呢?

生:分子是不断运动的。

师:为什么烧杯B中的酚酞不变色?

生:被倒扣的大烧杯隔绝开来,无法接触浓氨水。

师:这个实验在教材有一个类似的装置,请大家比较一下这两个实验。

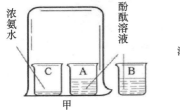
甲

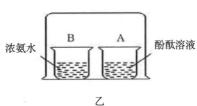
乙

师:甲和乙装置有什么不同?

生:甲装置中在烧杯外放了一个B烧杯。

师:请你在白板上把它圈出来。这个B烧杯在这里有什么作用呢?

生:可以做对照实验。

师:你觉得哪一个实验更科学? 为什么?

生:甲实验好像更科学一点,因为它有对照实验。

师:分子不断运动除了能解释实验现象,还能用来解释生活现象,比如湿衣服为什么可以晾干?

生:水分子不断运动。

师:答得很快。那么夏天为什么比冬天衣服干得快?

生：夏天的温度比冬天高。

师：夏天的温度比冬天高又说明了什么？

生：可能温度越高，分子运动速度变快。

师：很好，这位同学提出了一个猜想——温度越高，分子运动速度越快。请大家将教材48页的实验3-1进行改进，证明猜想并画出装置图。

（学生在白板上画出实验装置图）

生：解释实验装置，取相同大小的烧杯2只，向其中加入相同体积的冷水和热水。

师：1只烧杯中已经加入了冷水，体积大约是多少？

生：大约是300mL。

师：那么热水的体积应该是多少？

生：也是300mL。

师：那么我如果加入热水约300mL，品红的量有没有要求？

生：要加入相同质量的品红。

师：为了节约时间，品红的质量就不进行称量，都取大约三分之一药匙。放入品红的时间有没有要求？

生：需要同时放。

师：那我们大家一起数"1""2""3"，你们分别把品红加入到冷水和热水中。

师：大家看到了什么现象？

生：热水迅速变红。

师：所以我们可以得出什么结论？

生：温度越高，分子运动速度越快。

师：那谁来归纳一下分子的第二个基本特征？

生：分子是不断运动的，并且分子运动速度与温度有关。

师：那么分子运动速度与温度之间的关系是什么呢？

生：温度越高，分子运动速度越快。

四、分子之间有间隔，热胀冷缩现象的微观解释，分子间隔与物质状态之间的简单关系

师：观察苯分子的图像，其中白色区域是苯分子，通过苯分子图像，你能得

到哪些信息。

生:苯分子和苯分子之间是有间隔的。

师:每一个苯分子之间不是紧密相连,而是有间隔的,是不是真的是这样呢? 我们先看一段视频。

师:该视频是动画片《聪明的一休》的片段,这个视频中一休将相同体积的蚕豆和稗子混合之后发现体积减小,是为什么呢?

生:蚕豆之间的空格比较大。

师:空格? 我们一般说间隔。

生:间隔比较大,然后稗子存在于蚕豆的间隔中。

师:这个实验并不能证明分子之间是有间隔的,因为分子存在于肉眼看不到的微观世界,而蚕豆和稗子都是肉眼能看到的,并不是微观世界,但是它给我们提供了一种思路。所以,我们将1体积的水与1体积的酒精进行混合,观察现象。

(取一根长导管,把水与酒精按1:1的体积比注入其中至导管满,用拇指堵住导管口,上下翻转使酒精与水混合均匀)

(生分组实验)

师:请一位同学描述一下现象。

生:水和酒精混合了。

师:怎么看出水和酒精混合了? 你是通过什么现象看出水和酒精混合了?(酒精事先用红墨水染色了)

生:导管中的液体全部变成了红色。

师:还有什么现象?

生:体积变小了。

师:本来我们已经将导管装满了,看到了什么现象说明液体混合后体积减小了?

生:在翻转之后导管中形成了一段气柱。

师:我们可以推断水分子和酒精分子就像蚕豆和稗子一样填充在彼此的间隔中,从而使混合后的体积减小,由此得出什么结论?

生:分子之间有间隔。

师：你能想到生活中有哪些例子是可以用分子之间有间隔来解释？同组之间可以互相讨论一下。

生：天然气压缩成液体。

师：那么天然气压缩成液体之后的分子间隔是变大还是变小？

生：变小。

师：好，请坐。还有吗？

生：如果乒乓球压瘪了，放在热水中可以复原。

师：很好，这个现象分子间隔是变大还是变小？

生：变大。

师：是在什么条件下变大的？

生：受热的情况下。

师：好，请坐。还有呢？

生：铁轨与铁轨之间有一段间隔。

师：为什么要留一段缝隙？

生：当铁轨受热以后会膨胀。

师：其间隔是怎么改变的？

生：变大。

师：很好，请坐。还有呢？

生：水结成冰。

师：很好，这个是不是说明物质的状态发生改变——从液态变成了固态？还有没有？

生：给自行车车胎打气。

师：这个是对空气进行……

生：压缩。

师：还有呢？

生：吹气球。

师：嗯，原理和打气是一样的。

师：那我们总结一下刚才说的最多的——受热分子间隔变大，遇冷分子间隔变小，就是常说的热胀冷缩现象。那么，热胀冷缩现象如何用微观角度来解释?

　　生:温度升高,分子间隔变大;温度降低,分子间隔变小。

　　师:除了热胀冷缩之外,还有一类就是其中一位同学所说的水结成冰,这种物质的状态发生改变了。那物质的状态与分子间隔有没有关系呢? 如果有的话可能是什么关系?

　　师:为了方便实验操作,我们只设计比较气体与液体之间的分子间隔,气体用常见的空气,液体用水。

　　师:首先请大家猜想一下。气体与液体之间的分子间隔有什么关系?

　　生:气体比液体的分子间隔大。

　　师:能否设计一个实验进行验证?

　　生:利用注射器对水和空气进行压缩,比较压缩的难易程度。

　　师:那就是说,如果物质易压缩,它的分子间隔就比较……

　　生:大。

　　师:不易压缩的话,分子间隔就……

　　生:小。

　　师:请同学们取注射器分别吸取20mL的水和20mL的空气,然后进行压缩,比较压缩的难易程度,记录压缩后的读数。

　　生:通过对4组实验数据的分析发现:压缩后的空气体积远小于压缩后的水的体积,说明气体的分子间隔比水的分子间隔大。

　　师:一般情况下:同种物质的分子间隔:固体<液体<气体(水这种物质例外:固体冰>液体水)。

　　师:从微观角度解释物质三态间变化实质?

　　生:分子间隔发生改变,分子本身不变。

五、课堂总结,练习反馈

　　学生总结归纳本节课的知识点,并在归纳过程中逐步完成知识树的构建,教师展示课堂练习,学生根据问题思考并解释回答。

【执教感言】

巧用对比和关联　构建相关知识网

《分子和原子》这节课是学生开始认识微观世界,在此之前学生对微粒的性质并没有系统性的认识,所以引入新课时要关注学生从肉眼看得到的宏观世界向肉眼看不到的微观世界的过渡,着重引导学生用微粒的视角看世界,从微观角度解释宏观现象。因此,本节课的教学目标设置为:使学生认识到物质都是由分子等微粒构成的;引导学生认识微粒的特性并会解释某些现象。为了达成目标,本节课采用了大量图片直观展示出微粒的部分特征,同时运用控制变量法设计了多个探究实验,教师巧设疑问激发了学生的无限创意,师生共同合作对实验进行改进和演示,有效地突破了本节课的重难点。反思本节课的教学,我总结出了以下几个特点:

1.目标引领,活动达成

整个教学过程都是围绕教学目标展开,活动的开展利用知识的迁移帮助学生理解,由浅入深、由形象到抽象。针对本节课的主要教学内容,在课堂中我设计了五个活动来达成目标,分别是:

活动一:通过视频给学生以感性认识,再通过计算等体验进行理性分析,理解构成物质的微粒质量和体积都很小;

活动二:通过改进实验发现不直接接触的两种物质间也能发生反应,从而理解构成物质的分子是不断运动的;

活动三:巧设情境,夏天衣服干得比冬天快,引导学生猜想并设计实验发现分子运动速度与温度之间的关系:温度越高,分子运动速度越快;

活动四:引导学生通过观察教材中的苯分子图像,猜想分子之间有间隔,然后类比宏观物质之间互相填充间隙的视频,引发学生联想思考,理解分子之间有间隔这一特性;

活动五:引导学生将所学知识应用于生活,通过大量生活中的现象,理解并解释物质的热胀冷缩的现象,总结出分子间隔与热胀冷缩现象以及物质状态之间的关系。

以上五个活动的设计是针对不同的教学目标而设计的,活动的形式多样,内容丰富,学生的参与面广、积极性高,有效地达成了教学目标。

2.联系生活,应用知识

教学过程中,重视化学与生活的联系。问题来源于生活,通过实验了解并掌握新知之后,又将知识服务于生活——应用化学原理解释生活中的某些现象。如导课用的是2014年诺贝尔化学奖的新闻视频,身边的热点事件激发了学生的兴趣;借助大量显微镜下的图片,让学生在新奇中体验从宏观进入到微观世界的过程;提供一束鲜花或者有气味的一些化学药品。让学生闻气味,猜想分子在不断运动,再设计实验进行验证,最后运用分子不断运动的知识解释生活中的某些现象;类比法展示宏观的不同物质混合时填充在彼此的间隔中,引导学生理解分子间有间隔……教学中的每个环节都体现了化学与生活的密切联系,注重了化学知识在生活中的应用价值。

3.注重过程,巧设情境

教学中注重对学生发现问题、分析问题和解决问题能力的培养,注重引导学生参与到科学探究的过程中,充分发挥学生的主体作用。在教学设计中创设多种情境,如实验情境、图片或视频情境、问题情境等,引导学生生疑并解疑,教学环节环环相扣,过渡自然,学生在课堂上的参与面广,并能始终保持专注。

4.基于教材,鼓励创新

对于分子特性的诠释,教材中多处提供了利用控制变量法设计的对照实验,如利用浓氨水与酚酞的反应,验证分子不断运动;品红使热水和冷水变红现象的不同,展示温度对分子运动速率的影响等,教材中的这些经典实验对于学生理解分子的特性可谓"点睛之笔"。但学生的思维是无限的,解决问题的途径也不是唯一的,在课堂上,我积极鼓励学生对课本上的实验进行改进,如利用注射器分别压缩水和空气,从而对不同状态的物质分子间间隔不同有了更深刻的认识;利用滤纸条逐渐变红的现象展示分子运动的特点,既清晰,又节约了药品……这些改进实验无不是学生智慧的体现。

总结收获的同时，我也感觉到这节课还有很多不足之处，个人素养方面，教学过程中我的语言还不够精练；知识处理方面，由于课堂时间的限制，在本节课上学生没有很好地理解不同的物质分子运动性质不相同；教学环节设计方面，根据上课时间来看，浓氨水与酚酞溶液的改进实验，可以更换为学生的分组实验，以增大学生的参与程度与参与面；另外练习反馈中的题目数量可以适当增加。利用宏观世界中蚕豆与稗子混合之后的体积减小类比微观世界中的微粒之间有间隔，虽然便于学生理解，但是也会给学生带来一种错误的理解——以为微观世界就等同于缩小的宏观世界，还需改进。

目标引领　·　活动达成

鸟的生殖和发育

课题:人教版八年级生物下册第七单元第一章第4节《鸟的生殖和发育》

背景:该课例微课获安徽省电化教育馆举办的"2014年长三角结对学校微课教学评比"一等奖

执教:李婉

日期:2015年2月

【教学设计】

一、教材分析

本节位于八年级生物下册第七单元第一章第四节,教材内容包括:"观察鸟卵的结构"实验,鸟卵结构图,鸟类的多种繁殖行为图片,以及练习中鸟卵的孵化时间表、"爱鸟周"等图文。该部分涉及的重要概念有:不同动物生殖发育的方式可能不同;有些动物的幼体与成体形态相似,有些动物的幼体与成体形态差别很大。学习动植物的生殖、发育和遗传的基本知识,及其在生产实践中的应用,有助于学生认识生物科学技术在生活、生产和社会发展中的作用。因此,教学中教师应注意将所学与实际生活相联系,引导学生对不同生物的繁殖和发育特点进行学习和比较,促进学生形成重要概念。据此,本节教学目标及重难点确立如下:

1.教学目标

知识与能力:(1)通过观察常见鸟卵的结构和学习微课,说出鸟卵适于在陆地发育的结构特点;(2)通过观看多种鸟类的不同繁殖行为图片和视频,归纳鸟类的生殖与发育的过程。

过程与方法:通过观察鸟卵的结构,分析图片、视频等,锻炼动手实验、观察、分析、归纳等能力。

情感态度与价值观:联系生活需要,关注鸟类与人类生活的关系,树立爱鸟、护鸟的意识。

2.教学重点、难点

重点:鸟卵的结构特点。

难点:鸟类的生殖与发育过程。

二、学情分析

学生在学习前已有一定的知识基础:能识别常见的鸟类及其鸟卵,已知青蛙等两栖动物的生殖和发育特点,但对鸟类具体的繁殖特点还不够了解,观察方法不够科学,学生在平时会随便选择一个地方敲破蛋壳剥开观察,容易忽略对气孔、气室、内壳膜、外壳膜的观察;他们对生物学充满兴趣,乐于通过自主探究获取经验和认知。因此,在教学时,应提供学习资源引导学生自主学习,并有序地进行实验观察。

三、教学方法

通过实验观察鸟卵结构,利用多媒体展示图片、微课等视频,引导学生进行观察实验和自主学习,提高学生参与活动的兴趣和学习效果。

教学准备:(1)教师:收集图片、视频,制作多媒体课件;准备鹌鹑蛋、鸡蛋、鸭蛋及牙签、镊子、塑料饭盒等实验材料;(2)学生:4人一组,选出组长;每组准备一个生鸡蛋或鹌鹑蛋、鸭蛋;课前学习微课,完成煮鸡蛋、剥鸡蛋的观察活动,初步认识鸡蛋的结构。

课时安排:1课时。

四、教学过程

(一)课前预习环节

目标引领	指导活动	学习活动
观看微课,预习教材。	(1)教师布置学生课前观看微课,完成反馈练习。 (2)安排学生尝试煮鸡蛋,剥鸡蛋,初步观察鸡蛋的结构。	观看微课、自主学习,初步认识鸟卵结构,鸟类的部分行为。

目标引领	指导活动	学习活动
1.创设情境，展示目标 　　联系生活，创设问题情境，引导学生明确新课目标。	(1)提出问题，引导学生进入课题： 　　①俗话说"苍蝇不叮无缝的蛋"，微课学习后，你发现蛋壳表面实际是怎样的呢？ 　　②鸟类产卵繁殖后代，完整的鸡蛋是否一定能孵化出小鸡？ 　　(2)展示本节学习目标。	(1)回顾微课内容，思考回答。 　　(2)明确学习目标。
2.新课学习，实现目标 　　(一)鸟卵的结构 　　微课展示，改进实验。 　　引导学生观看微课，改进实验，锻炼观察能力，理解结构与功能相适应的关系。	(1)展示常见几种鸟卵，引导学生比较不同鸟卵大小及外部形态。 　　(2)微课：观察鸡蛋外形及卵壳上的气孔，总结鸡蛋的外部结构特点。 　　(3)实验：观察鸟卵基本结构。 　　方法指导："由外到内"观察，从钝端轻敲开，观察气室、卵壳膜，然后戳破内壳膜，把里面的物质倒入容器中，观察卵白、卵黄、卵黄膜、胚盘、系带。 　　(4)展示图片，引导学生表达交流观察结果： 　　①鸟卵结构图，请学生指认各个结构，说出各结构的功能。 　　②胚盘比较图，请学生分辨受精卵。 　　③与蛙卵相比，鸟卵的哪些结构有助于它适应陆地环境？ 　　④能孵出雏鸟的卵除了外表完整，内部应具备哪些关键条件？ 　　总结：鸟卵更适于陆地环境，只有受精卵才可能孵出小鸟。	(1)观察、归纳不同鸟卵大小形态。 　　(2)观看微课，学习实验方法。 　　(3)"由外到内"观察实验，直观形象地认识鸟卵形态及结构。 　　(4)分辨各结构名称，说明其对于适应陆地环境的意义。

生　物·鸟的生殖和发育

目标引领	指导活动	学习活动
(二)鸟的生殖和发育 (1)丰富视听,全面认知。 通过图片及视频,展示鸟类的一般行为及个别行为,全面认知鸟类繁殖行为。引导学生分析鸟类繁殖发育的特点及意义,理解并作为重要概念的事实基础。	(1)教师展示鸟类不同繁殖行为的图片: ①不同鸟巢的图片, ②孔雀、丹顶鹤、军舰鸟求偶图片, ③蓝翠鸟、鸽子的交配图片, ④产卵的图片, ⑤孵卵的图片, ⑥育雏的图片, 引导学生分析不同行为的出现顺序及其对于鸟类繁殖的意义,共同总结出鸟类繁殖方式是"有性生殖",受精方式是"体内受精",发育方式是"不变态发育"。 (2)播放视频:杜鹃的繁殖行为。 提问:杜鹃鸟具有哪些繁殖行为? 引导学生思考、交流、总结:鸟类受精卵的形成离不开鸟类繁殖行为,一般过程有:筑巢、求偶、交配、产卵、孵卵、育雏,其中求偶、交配、产卵是必要的。	(1)分析、归纳鸟类生殖、交配、发育等特点,理解其行为对适应陆地环境的意义;形成重要概念"有的动物的幼体和成体相似"。 (2)思考、交流、归纳鸟的繁殖行为一般过程和必须过程。
(2)前后联系,构建概念。 比较鸟类和两栖类繁殖行为的异同,作为构建重要概念——"不同生物的繁殖方式可能不同"的事实基础。	展示对比表,并提问:鸟类和两栖动物相比,谁的繁殖行为更适应陆地环境? | 种类	两栖动物	鸟类
生殖方式		
受精方式		
发育方式		
卵		| 引导学生总结:不同生物的繁殖方式可能不同,鸟类更适应陆地环境。	比较、思考、回答异同点,构建重要概念"不同生物的繁殖方式可能不同";认同鸟类的繁殖行为更适应陆地环境。

（三）鸟类与人类生活的关系 联系生活，延伸拓展。 通过分析鸟类与人类生活的关系，培养学生爱护鸟类的意识。	（1）展示：鸟类与人类生活的关系。 引导学生分析图片，总结鸟类的用途。 （2）展示：爱护鸟类的宣传画和宣传语。 总结：鸟类是人类的好朋友，其繁殖行为有一定的规律，我省把每个五月的第一周定为"爱鸟周"。	联系生活，认同鸟类与人类生活关系密切，树立爱护鸟类的意识。
总结练习，巩固目标。 通过总结和练习，锻炼表达能力和解决问题的能力。	（1）提问：如果你将来进行家禽养殖，鸟卵的孵化需要哪些内部和外部条件？引导学生运用所学解决生活中的问题，总结鸟卵结构、鸟类繁殖行为。 （2）展示：练习题。 （3）布置作业。	思考、总结、运用所学解决问题。

附：板书设计

鸟的生殖和发育

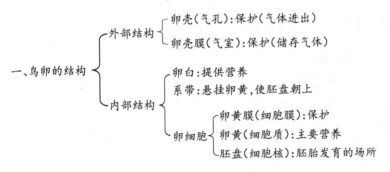

二、鸟的繁殖行为一般包括：筑巢→求偶→交配→产卵→孵卵→育雏
　　　　　　　　　　　　　必要的过程

【课堂实录】

一、创设情境，明确目标

师：俗话说："苍蝇不叮无缝的蛋"，似乎暗指鸡蛋等鸟类的蛋表面本该是完整而没有缝隙的。同学们课前观看了微课，并选了自己喜欢的方法进行观察，蛋壳表面实际是怎样的呢？

生:其实鸡蛋的表面有许多气孔,并不是完全封闭的!

师:那蛋壳上的气孔有什么重要作用呢?

生:便于气体进出,保障孵化过程中对氧气的需要。

师:其他同学你们同意他的解释吗?

生:同意!

师:可见,我们不能只看表面,还应该探索事物的本质特点。鸟类产卵繁殖后代,属于卵生,那么,完整的鸟卵是否一定能孵化出小鸟呢?今天,我们带着这个问题共同探讨关于鸟卵以及鸟类繁殖发育相关的知识。

(板书:第四节 鸟的生殖和发育)

(课件呈现:学习目标,请一位同学读一下本节课的学习目标)

生:"1.观察并说出鸟卵的结构;2.描述鸟类繁殖和发育的特点;3.举例说出鸟类与人类生活密切相关。"

二、新课学习,实现目标

(一)鸟卵的结构

微课展示,改进实验。

(板书:一、鸟卵的结构)

师:今天除了有大家常见的鸡蛋,老师还准备了另外两种也很常见的鸟卵,同学们认识这几种鸟卵吗?

(课件呈现:鸡蛋、鸭蛋、鹌鹑蛋)

生:认识,小的是鹌鹑蛋,大的是鸭蛋。

师:通过观察,你发现鸟卵大小有什么规律?

生:和鸟的身体大小有关系,体型大,鸟卵大;体型小,鸟卵小。

师:是的,鸟卵的大小与鸟的体型成比例。不过外形基本相似,大多呈卵圆形,较膨大的一端称为钝端,较尖小的一端称为锐端。

今天每组同学就以各自分配到的鸟卵,按照"由外向内"的顺序观察鸟卵的结构。先不用工具,只用肉眼观察,鸟卵的最外层是什么结构?

生:蛋壳。

师:专业名称应该是?

生:卵壳。

师:你推测它有什么用途?

生:对内部结构起到保护作用。

师:是的,卵壳较为坚硬,有一定的保护作用。关于分布其上的气孔,你选用了哪种方法观察,结果和微课中的现象一致吗?

生1:我选了水煮法,煮鸡蛋时气泡可以从卵壳上冒出,很容易观察!

生2:第三个煮染法,墨水在卵壳和卵壳膜上染了很多小点,气孔很小。

师:气孔很小,多数同学们观察到了现象,但也有少部分同学没能观察清楚。我们再来看一遍微课中的不同实验现象。

(播放微课——观察鸡蛋卵壳上的气孔)

(生观看、思考)

师:微课中有"放大镜观察法""水煮法""墨水煮染法",以及三种状态的实验现象,其中煮染法是对水煮法的改进,大家还可以开动脑筋想出更好的方法! 你还想用什么方法观察呢?

生:用显微镜观察,放大很多倍就能看到!

师:嗯,有一定的道理! 不过显微镜要求被观察的材料薄而透明啊! 你可以再考虑改进一下试试! 此外,同学们也可以多选几种鸟卵进行气孔观察。希望大家继续想出其他的办法哦!

师:如果有人用胶水涂满鸡蛋表面,鸡蛋还能被孵化吗?

生:不能,胶水堵住了气孔,不能进行气体交换,胚胎不能正常发育。

师:是的! 生活中还有人觉得把买回来的鸡蛋在水中洗干净,可以保存更长时间。这种做法合适吗? 为什么?

生:不合适,清洗时,水中的细菌等微生物会从气孔进入鸡蛋内部,使鸡蛋更容易变质。

师:既然卵壳上有许多气孔,为什么内部的蛋清液没有从气孔漏出来呢? 鸡蛋内还有哪些结构呢? 请同学们借助桌上准备好的容器、镊子、牙签等工具有序观察。

(课件呈示:剥壳的方法图)

师:请各小组的同学参照方法图,用镊子轻敲"钝端"直至出现裂纹,剥去少部分卵壳,从开口处向内观察,相邻的小组还可以互相比较一下！你看到了什么现象?

生1:大的这头有空腔。

师:是的！请你看看剥下来的卵壳,它的内表面有什么结构?

生2:卵壳内表面有膜状结构。

师:如果从开口处向内看,你能观察到类似的结构吗?

生2:能看到内部被一层薄膜包裹着。

(课件呈示:鸟卵钝端结构图)

师:这两层都是卵壳膜,按位置依次分为外壳膜和内壳膜,具有防止水分散失、病菌侵入等作用,两者在大部分区域互相贴合,通常在钝端区域有分离,形成了一个小空间,称为气室。通过阅读教材,你能说出气室有什么作用吗?

生:能储存一定的空气,为胚胎发育提供氧气。

师:可见,气室和气孔,共同保障了胚胎发育过程中对氧的需要。接下来,请用牙签轻轻挑破内壳膜,将开口朝下,让内部物质流淌到透明饭盒中,参照教材区分各个结构,注意不要急于戳破卵黄。

(生观察,并参照教材认识相关结构,交流比较)

(课件呈示:鸟卵结构剖面图)

师:哪位同学试着说出图片上各个结构的名称?

生:透明黏液状的是卵白;黄色圆团内部是卵黄;在卵黄的上面那个小白点,叫胚盘,它含有细胞核;卵黄外包裹着一层透明的膜,是卵黄膜;卵黄膜的两端各有一个系带。

师:观察鹌鹑蛋、鸭蛋的同学,你们所观察到的结构是否类似?

生:大小有差别,但也有这些结构。

师:可见,不同种类鸟卵基本结构是相同的！请阅读教材,认识这些结构的功能。首先,哪些结构能提供营养?

生:卵白含有水分和营养,卵黄是主要的营养部分,它们都能为胚胎发育提供营养。

师:很好。哪些结构能保障对氧气的需求?

生:气孔和气室。

目标引领 活动达成

师:具有保护作用的主要是哪些结构?

生:主要是卵壳、卵壳膜。

师:看来大家会自己从书中发现关键信息了!咱们日常所说的蛋清、蛋白,专称是卵白。至于系带,它用于悬挂卵黄,并使胚盘始终朝上,便于孵化。胚盘含有细胞核,是将来发育成雏鸟的结构,但只有受精卵的胚盘可以进行胚胎发育。

(课件呈现:胚盘对比图)

师:通过比较两幅图片中的胚盘大小,你能分辨出哪幅图是受精卵吗?

(学生各持己见,有的认为胚盘较大的图中是受精卵,有的则相反。)

师:受精卵一旦形成,生命活动就开始了,会在雌鸟体内温暖的环境下进行生长发育,因此,透过灯光照射这样的鸡蛋,会发现胚盘较大,颜色较深,所以胚盘较大的是受精卵。含受精卵的鸟卵被生下后因为失去温暖的环境,胚胎发育暂时停止,还有机会继续发育吗?

生:母鸟去孵或者人工孵化。

师:若能再次及时获得合适的温度,如:亲鸟的体温或人工孵化箱,胚胎会继续完成发育,成为雏鸟。有人认为一个鸡蛋就是一个卵细胞,这种说法对吗?

生1:是对的!

生2:不对,卵细胞很小!

师:他的考虑有一定道理!通常细胞结构需要借助显微镜来观察,但卵细胞由于细胞质含有大量营养,所以体积被扩增,比一般细胞大。现在你觉得鸟卵中的卵细胞可能包含哪些结构?

生1:卵黄。

生2:卵黄膜包裹的一团。

生3:整个鸡蛋内部。

师:第二位同学更准确哦!每个正常的鸟卵都含有卵细胞,真正的卵细胞包括:卵黄膜、卵黄、胚盘三部分,卵黄膜是卵细胞的细胞膜,卵黄属于细胞质,胚盘含有细胞核,但只有受精卵才能孵出小鸟。通过刚才的学习,你认为与两栖动物的卵相比,鸟卵的哪些结构有利于适应陆地环境?

生:卵壳膜能防止水分散失,气孔进行气体交换,卵白为胚胎提供水、丰富的营养等,都有利于鸟卵适应陆地环境。

师:同学们分析得很好! 鸟卵的结构的确更适应陆地环境。鸟卵孵化的关键内因是什么?

生:必须是受精卵。

师:是的! 为了形成受精卵、顺利繁衍后代,鸟类常表现出多种繁殖行为!

(板书:二、鸟的繁殖行为)

(二)鸟的繁殖和发育

1.丰富视听,全面认知

(展示图片:多种鸟类筑的巢)

师:这些鸟巢形态各异,除了作为产卵的场所,你能推测出它有哪些功能吗?

生1:产卵。

师:鸟卵外虽有卵壳,但其硬度是有限的,保护也是有限的,所以鸟卵被生下来时往往需要一个较为柔软的支撑,鸟巢就具有这样的功能。鸟卵含有丰富的营养,是很多动物喜欢的食物,鸟类往往选择在高处或隐蔽的地方筑巢。除了作为产卵的场所,它还有哪些功能呢?

生2:鸟"妈妈"会在鸟窝里孵卵。

师:噢! 作为孵卵的场所。不过孵卵的也有的是雄鸟哦! 鸟巢还有别的功能吗?

生3:刚孵出来的小鸟还不会飞,要待在鸟窝里。

师:可见,鸟巢是鸟在繁殖季节产卵、孵卵、喂养雏鸟的场所。有的雄鸟还会以巢吸引配偶,有的则在找到配偶后共同筑巢。

(课件呈现图片:多种鸟类雌雄对比及不同求偶方式)

师:请你根据图片和常识,你能判断这些鸟类的雌雄吗?

生:公鸡比母鸡更高大、羽毛更鲜艳,雄孔雀比雌孔雀的羽毛更华丽。

师:是的! 通常雄鸟比雌鸟羽毛靓丽、美观! 鸟类属于雌雄异体,繁殖后代需要找到异性配偶,这一过程称为"求偶"。图片展示了哪些方式?

生:丹顶鹤会跳舞,雄孔雀会展示漂亮的羽毛,军舰鸟会通过鸣叫来吸引配偶。

师：不同的鸟有不同的求偶方式，通过展示漂亮的羽毛，舞蹈，鸣叫，争斗……以此吸引异性同类，寻找配偶，进而进行交配。

（课件呈现图片：鸟类的繁殖行为"交配"）

师：鸟类交配是为了形成受精卵，雄鸟会把精子排入雌鸟的体内，与卵细胞结合形成受精卵。这种繁殖方式为"有性生殖"，受精方式为"体内受精"，与蛙类等动物的体外受精相比，有什么优势？

生：更有利于形成受精卵。

师：体内受精，便于精子与卵细胞结合，并且摆脱了水的限制，提高了受精率。对于雌鸟，无论受精与否，卵细胞都会依次被包裹上卵白，卵壳膜，卵壳，最终被生下来，这被称为产卵。不同鸟类产的卵数量会完全相同吗？

（课件呈现图片：鸟类的繁殖行为"产卵"）

生：不会，有的多，有的少。

师：鸟卵的数量、大小有一定差别。产卵后，胚盘的生长发育暂时停止，需要在一定时间内获得热量继续生长发育，否则胚胎就会死亡。你见过母鸡孵卵的情景吗？

（课件呈现图片：鸟类的繁殖行为"孵卵"）

生：母鸡孵卵的时候，会伏在鸡蛋上，孵很多天。

师：鸡蛋大约要孵21天。但有些鸟类雌鸟和雄鸟交替孵卵，比如企鹅、天鹅等，总之，孵卵过程中，亲鸟长时间蹲伏在鸟巢中，需要配偶喂食、守候或者换班，长达数日，直至雏鸟破壳而出。发育好的雏鸟会一点点啄破卵壳，最终破壳而出。这个过程得靠自己努力完成，不宜借助外力帮忙。请你观察图中两种雏鸟，它们的生存能力和活动能力各有什么特点？

（课件呈现图片：鸟类的繁殖行为"育雏"）

生：小鸡孵出后，身上毛茸茸的，会随母鸡四处觅食；小燕子孵出后，羽毛少，不会飞，只能在鸟窝中等待亲鸟喂食。

师：嗯！所以根据雏鸟发育程度不同，可以把鸟类分为早成鸟，如鸡、鸭、鹅、大雁等，羽毛多，眼睛能睁开，后肢有力，活动能力较强；还有晚成鸟，如燕子、麻雀、老鹰、画眉等鸟类，羽毛少，眼睛睁不开，后肢无力，活动能力较弱，羽毛丰满后,才能独立生活。这些雏鸟的形态结构与成鸟相比没有发生巨大变化,发育方式不是"变态发育"。雏鸟生存能力有限,需要亲鸟的喂养和照料,育雏的行为有助于雏鸟存活。

师:看来鸟类为了繁殖后代要忙活的事情还真不少,那是不是所有的鸟都这么辛苦呢? 请大家仔细观看视频,一会儿谈谈你的发现?

(播放杜鹃鸟的视频)

生1:杜鹃不筑巢,把卵产在别的鸟巢里!

生2:它很可恶,不自己孵卵,让别的鸟帮它孵卵! 而且它产下一枚卵后,还会吞掉鸟巢中原有的一枚卵当食物!

生3:它也不抚养小鸟,小杜鹃会把别的鸟卵推出鸟巢,独占养父母找来的食物!

师:可见,杜鹃不筑巢,不育雏,也不孵卵,偷偷借助别的鸟类来帮自己完成。那它所有的繁殖行为都可以由别的鸟代替吗?

生:不是,它必须自己求偶、交配、产卵!

师:是啊,否则它就不能产生自己的后代了! 可见,鸟类生殖和发育一般过程:筑巢、求偶、交配、产卵、孵卵、育雏,其中求偶、交配、产卵是必要的。杜鹃的行为虽然令人讨厌,但它就是人们常说的"布谷鸟",会报示节气、会捕食大量害虫,也是益鸟,所以,我们不要因为个人喜好来简单评价一种生物的价值。鸟类所表现出的种种繁殖行为是适应自然的结果,都是值得我们探索的奥秘。

2. 前后联系,建构概念

师:如果将今天所学的鸟类和已学的两栖动物的繁殖发育特点进行比较,你能找出鸟类更适应陆地环境的原因吗?

(课件呈现:鸟类与两栖动物的繁殖发育特点对比表格)

种类	两栖动物	鸟类
生殖方式	有性生殖、卵生	有性生殖、卵生
受精方式	多为体外受精	体内受精
发育方式	变态发育,幼体离不开水	不是变态发育
卵	无卵壳,离不开水	有卵壳,适合陆地

生:鸟类更适于陆地的生活环境,体内受精的方式,提高了受精率,也摆脱了水对受精和发育的限制,此外,鸟卵的结构也更适于陆地环境。

师:可见,不同的生物繁殖后代的方式可能不同,发育方式也可能不同,这是因为它们适应的是不同的生活环境。

(三)鸟类与人类生活的关系

联系生活,延伸拓展。

师:根据鸟类的行为规律,候鸟秋去春来,回来时,我国大多数地区处于温暖的三四月份,正是鸟类的繁育季节,它们会筑巢、寻找配偶、捕食害虫来育雏。因此,民间有"不打春日三月鸟"的说法。请你根据图片,说说鸟类与人们的生活有哪些关系?

(课件呈示:鸟类与人类生活的关系)

生:提供禽肉和蛋,促进家禽的养殖业;捕食害虫,维持生态平衡,是农林业的卫士。

师:多姿多彩的鸟类,还有观赏、研究、文化等价值,鸟类与人类生活的关系密切。

(课件呈示:延伸拓展"爱鸟周"的宣传语和宣传画)

自1981年,我国各地区根据气候特点将4月至5月的某一星期确立为"爱鸟周",举行学术报告会,悬挂人工鸟巢,张贴爱鸟宣传画、宣传语,开展宣传教育,安徽省把每个五月的第一周定为"爱鸟周"。此外,冬季野外觅食困难,也可以开展喂养野鸟的活动。

三、总结练习,巩固目标

师:经过今天的学习,如果今后有同学进行家禽养殖,你要怎么确保鸟卵能顺利孵化,需要具备哪些内部和外部条件?

生1:鸟卵必须是完成受精的,结构必须是完好的。

生2:储存环境必须清洁通风,保存时间不宜过长,孵化的温度要适当,保证通风换气。

师:这些对我们生产生活有帮助的知识,正是通过对鸟类的行为进行观察、分析得来的。因此,请同学们在对待鸟类以及其他动物,应遵循大自然的规律,合理利用,不能肆意捕杀。接下来,请同学们及时运用所学的知识完成练习。

（课件呈示：练习题）

师：第一题,"几处早莺争暖树,谁家新燕啄春泥","须臾十来往,母瘦子益肥"分别描述了鸟类的哪些繁殖行为?

生：第一句描述的是"筑巢",第二句说的是"育雏"。

师：好的! 第二题,分析表格,你发现鸟的孵化期有什么规律? 与什么有关?

生：鸟的孵化期与鸟卵的大小有关,鸟卵越大孵化时间越长。

师：第三题,一只雌蛙每年产卵量约八千枚,而大多数雌鸟每年只能产几枚卵。你能说出其中的道理吗?

生：青蛙后代存活率低,需要多产卵,才会有后代;鸟类受精率高,存活率高,所以产卵少。

师：鸟类,体内受精,受精率高,且卵较大、含有丰富的营养物质、有卵壳保护,并有亲鸟筑巢、孵卵和育雏等行为,所以孵化率、成活率比青蛙高,可以少产卵。动物繁殖和发育方式不同,产卵数量的不同,都是对各自生活环境的适应。

【执教感言】

怎样实现"教学目标、教学活动"的协调统一

本节课的内容主要包括:鸟卵的结构与功能,鸟类生殖和发育的过程。学生课前有一定的知识基础,但学习方法还不完善。为了实现教学目标,满足教学需要,我进行了一定的思考与尝试,我针对本节教学内容作了调整,补充了多个图片、视频"杜鹃鸟繁殖行为"、微课"观察鸡蛋卵壳上的气孔"以及生熟两种鸡蛋的实物观察。在这节课的教学设计与实施过程中,注重指导学生进行观察和自主学习,培养学生观察、分析、表达等多方面的能力。课后,我针对教

目标引领　活动达成

学目标的设定与课堂活动的目标达成情况进行了反思,针对如何实现"教学目标、教学活动"的协调统一,总结如下:

一、教学目标要符合学生发展需要

为了设置合理的教学目标,课前要充分分析教材、教参、课程标准、学生特点,并将教学目标细化为教学过程中指向明确、容易实现、方便检测的阶段目标,结合预设的问题引导学生参与教学,逐一实现目标。进行鸟卵结构特点的教学时,可细化为通过看实物和学习微课"观察鸡蛋卵壳上的气孔",学生能说出鸟卵外部结构特点;进而通过对鸡蛋结构的观察实验,以四个问题:(1)请学生指认鸟卵结构图,说出各结构的功能。(2)请学生比较胚盘图分辨受精卵。(3)与蛙卵相比,鸟卵的哪些结构有助于它适应陆地环境?(4)能孵出雏鸟的卵除了外表完整,内部应具备哪些关键条件? 引导学生指认鸟卵各结构,理解其适于在陆地上发育的意义,并锻炼动手实验、观察、分析等能力。再如,对鸟类生殖与发育的教学,细化为先观看不同繁殖行为的图片和视频,归纳出鸟类生殖与发育的一般过程和必需过程;再比较鸟类和两栖动物繁殖和发育的特点,说出鸟类更适应陆地环境,学生能认同"不同的生物生殖发育的方式可能不同"和"有的动物的幼体可能与成体不同,有的则相似",顺利形成重要概念。

各项教学活动目标明确具体,这样的方式运用于整个教学中,有助于教师明确每个教学活动目的,便于指导,并及时通过学生的回答和表现检测教学效果,获取反馈信息,实现教学与评价相结合,能够有效地引导学生参与学习,实现知识、能力、情感态度与价值观三个维度的教学目标,促进学生素质的全面发展。本节课较好地实现了这一点。

二、教学活动要符合学生认知特点

初中学生的认知特点和思维发展规律决定了学生更易通过视觉接受信息。因此,图片、视频等信息载体更利于吸引学生参与学习,提高教学效率。教学内容的呈现方式和教学活动的设置,要遵循这一特点。

微课作为信息载体,能结合图片、视频、讲解于一体,能形象地展示被观察的事物、指导方法,是最近被广泛关注的热点。如何发挥微课的价值? 是我一直在思考的问题。我个人认为:可以根据实际需要选择何时用、怎么用,课前用于预习,课上用于教学,课后用于复习补缺,只要充分发挥其传递信息的作

生物·鸟的生殖和发育

用,激发学生自主学习的兴趣,就能体现一定的价值。

本节课中,利用微课展示了三种观察气孔的方法及现象,直观地验证了气孔的存在、指导了观察方法,弥补了学生观察的随意性,突出了对气孔、气室、外壳膜及内壳膜的观察,能有效激发学生的探究兴趣。由于学生家庭条件不同,并不都能在课前观看学习,为了确保所有学生都能获得学习机会,课堂教学时,再次播放了微课,并结合学生手中的鸡蛋,完成对外部形态结构的观察。学生参与活动的积极性很高,兴致勃勃地进行了对鸡蛋结构的观察,逐一指认出各个结构,归纳功能,很自然地理解了鸟卵结构与功能相适应的关系。整个认知过程由"外"到"内",由"形象"到"抽象",由"结构"到"功能",符合学生的学习习惯和认知规律,根据课堂延展的提问,可以看到学生的学习效果也很不错。

三、教学成效能指导学生行为

教学的目的不只是教授学生识记,更应深化到学生今后的日常行为中,要能体现教育在生活中的指导意义。

在学习鸟类繁殖行为时,我对六种行为进行了整理排序,补充了杜鹃的繁殖行为视频,引导学生分析行为间的关联和顺序,学生能轻松归纳出鸟类生殖发育的一般过程和必须过程,避免混淆,认知较为全面。随后采用列表的形式比较鸟类与两栖动物的繁殖和发育特点,学生也比较喜欢,能顺利形成重要概念"不同的生物生殖发育的方式可能不同","有的动物幼体与成体相似"。让我惊讶的是:有部分同学看视频时,对杜鹃的"恶劣行为"很反感。这个意外的反应,使我看到了同学们单纯和质朴的心理,也意识到要借此机会纠正学生片面的观点,引导学生全面地看待身边事物,不只凭个人的好恶来评断其价值,应该遵循自然规律,爱护多种生物。

总的来说,本节课与生活联系密切,教学难度不大,在适当引导后,学生能广泛参与活动,自主解决大部分的问题。学生在活动中的表现和反应,也让我对学生的思维特点和认知规律有了具体的感受和思考。在今后的教学中,我会根据对教材和课程标准的理解,根据学生实际情况,积极开发课程教学资源,设置合适的教学活动,力求活动与目标能相互统一,能激发学生的思维,提高课堂教学效率。

目标引领　活动达成